KB144607

나는 이제 겸손한 사람Humble One이다.

내 감독 경력 전체를 분석하려고 노력했다.

단지 지난해뿐만 아니라, 내 모든 경력에 대해 분석했다.

그것이 진보를 의미한다.

문제점을 찾고, 해결책을 찾는 것이다.

감독 경력 내내 수많은 실수를 저질렀다.

같은 실수를 반복하지 않겠다.

더 준비되었다는 것은 아니다.

난 언제나 준비되어 있었다.

다만 더 편해졌고, 더 동기부여가 됐으며,

감정적인 면에서 더 강해졌다.

내가 여기에 온 지 12일 정도 된 것 같은데,
벌써 손흥민과 사랑에 빠진 것 같다.
손흥민은 환상적인 선수이자, 훌륭한 인간이다.
구단의 모든 사람들은 그와 있을 때 행복을 느낀다.

한국 선수들은 매우 겸손하고 코치가 가능하다.

그들은 항상 배우길 원한다. 이는 문화적인 차이 같다.

손흥민 부모님을 최근에 만났는데,

그의 모든 것이 어디에서 왔는지 알 수 있었다.

기자 회견장에 들어선 순간부터 경기는 시작된 것이다.

경기 후 기자 회견장에 갔을 때도, 아직 경기는 끝난 것이 아니다.

승리하지 못하면 특별할 수 없다.

특별해지기 위해선 가진 능력의 최대치로 일하며

확실하게 동기부여가 되어 있어야 한다.

팬들이 팀의 주인이다.

그들은 경기를 위해 돈을 지불하고 원하는 대로 표현할 수 있는 권리가 있다.

난 이 야유를 환호로 바꾸기 위해 일할 것이다.

오직 즐겁기 때문에 이 일을 계속해야 하는 것이다.

나는 감독으로 매일을 즐긴다.

승리는 아름답다. 패배는 적들에게 아름다울 것이다.

선수들이 성공할 수 있도록 돕는 일은 환상적이다.

팬들을 기쁘게 한 것도 잊을 수 없다. 이 일에 관련된 모든 것을 사랑한다.

MOUR NHO
EFFECT

리더라면 무리뉴처럼!

무리뉴
이펙트

MOURINHO
EFFECT

한준 지음

bs

무리뉴의 이야기는
현재 진행 중

"손흥민과 사랑에 빠졌다."
"손흥민이 3경기 결장 징계를 받았을 때, 솔직히 한 번 울었다."

비현실적인 장면이 펼쳐졌다. 2019/2020시즌 도중 토트넘 홋스퍼 지휘봉을 잡고 프리미어리그 무대로 돌아온 주제 무리뉴 감독은 한국 대표팀의 주장 손흥민과 함께 일하게 됐다. 2004년에 자신의 전성시대를 연 무리뉴 감독은, 세계적인 스타 감독이다.

한국 선수와의 인연은 2019년에 손흥민이 이미 속해있던 토트넘에 부임하며 시작됐다. 손흥민은 한국의 국민적인 스타다. 무리뉴 감독은 한국에도 많은 지지층과 마니아를 보유했다. 이 둘의 조합에 대한 기대와 관심이 높은 가운데 《무리뉴. 그 남자의 기술》 개정판을 내게 됐다.

무리뉴 감독의 리더십이 각광받은 지도 10여 년의 시간이 흘렀다. 독설의 시대, 카리스마의 시대는 끝났다. 하지만 입담과 재치의 가치는 여전히 유효하다. 토트넘 부임 회견에서 "나는 챔피언스리그 결승전에서 져본 일이 없어 그 느낌을 모른다"라며 토트넘이 맞이한 2019/2020시즌의 상황에 대한 질문을 넘긴 무리뉴 감독은 여전히 지적이며, 위트 있는 리더의 표상이다.

무리뉴의 방식은 성공 방정식이 되기도 했지만, 실패도 따랐다. 실패 속에 배우기도 했고, 같은 실수를 반복하기도 했다. 완벽한 사람은 없기 때문이다. 무리뉴는 명확한 개성으로 인해 호불호가 갈렸던 인물이기도 하다. 토트넘홋스퍼의 뒷이야기를 공개한 아마존 프라임 다큐멘터리 〈All or Nothing Tottenham Hotspur〉는 사실상 무리뉴 감독 다큐멘터리라고 불릴 정도로 무리뉴 감독의 지

분이 크다. 무리뉴 감독의 인간미, 프로다움, 리더십이 드러나면서 최근 보인 몇 몇 실패에도 여전히 그가 이 시대 최고의 리더십을 구현하는 인물이라는 재평가가 이뤄지고 있다.

2020/2021시즌은 무리뉴 감독, 그리고 토트넘홋스퍼와 대한민국 축구 대표팀의 주장 손흥민에게 최고의 해가 될 것이라는 전망이 지배적이다. 세계적인 축구 스타 가레스 베일, 스페인 축구 대표팀의 차세대 풀백 세르히오 레길론이 무리뉴 감독과 함께 하겠다고 레알마드리드에서 토트넘으로 왔다. 그리고 무리뉴 감독과 함께 하고 있는 손흥민은 자신의 능력을 극대화하며 세계 최고의 공격수 중 한 명으로 평가받고 있다. 무리뉴 감독의 토트넘 시대는 그가 포르투를 이끌고 언더독을 챔피언으로 만들었던 신화적 업적의 두 번째 버전으로 기대를 모으고 있다.

무리뉴의 경력은 여전히 현재 진행형이다. 이 책이 나온 뒤에도 새로운 사건과 새로운 성공, 또 다른 실패가 발생할 수도 있다. 이 책은 무리뉴의 '위인전'은 아니다. 무리뉴라는 한 시대를 대표하는 축구 감독의 여정을 따르며, 그의 인생이 이 세상에 남긴, 남길, 기억할 만한 이야기와 메시지를 정리했다. 분명한 점은 무리뉴라는 인물의 이야기를 알고, 이해하는 데 시간을 쓰는 것이 충분히 가치 있다는 점이다. 축구 역사에 영원히 기억될 몇 안 되는 리더의 이야기 속으로 여러분을 초대한다.

2020년 11월

한준

축구계에서 가장 특별한
남자에게 배우는 성공의 기술

Jose Says, 승리하지 못한다면 특별할 수 없다. 하지만 난 승리한다. 특별해 지기 위해선 가진 능력의 최대치로 일하고 확실하게 동기부여가 되어 있어야 한다.

'독설'과 '돌직구'의 시대다. 전 국민의 예능화가 진행되고 있는 요즘 텔레비전을 틀면 솔직하고 당당한 화법이 대세다. 겸손한 자세로 자신을 감추고 낮추는 것보다 솔직하게 자신을 드러내는 것이 환영받는다. 과거에는 나서거나, 자랑하는 것이 부정적으로 비쳤지만, 이제는 '자기PR'로 불리며 사회 생활에 필수 덕목 중 하나로 여겨지고 있다. 무한 경쟁의 시대에 더 이상 뒤로 물러서는 것은 덕목이 아니다. 스스로 자신을 알리고 홍보해야 살아남을 수 있다. 예의를 차리느라 상대의 문제를 숨기기보다 솔직하게 지적해 주는 독설과 돌직구가 더 도움이 되는 때가 많다.

하지만 독설에도 육하원칙이 있다. 언제, 어디서, 누구와, 무엇을, 어떻게, 왜를 고려하고 돌직구를 던져야 한다. 언제 이 말을 해야 하는지, 어디서 해야 하는지, 누구에게 해야 하는지, 어떤 주제를 가지고 해야 하는지, 어떻게 해야 하는지, 그리고 왜 해야 하는지를 명확하게 알아야 한다. 다시 말해 독설은 방향성을 가져야 한다. 그렇지 않으면 그저 분쟁을 부르는 나쁜 혀, 말 그대로 '독'이 될 뿐이다.

세계 최고의 인기 스포츠인 축구계에는 유명한 독설가가 있다. 포르투갈 출신의 주제 무리뉴Jose Mario dos Santos Mourinho Felix. 그는 축구 역사상 가장 화려한 언변을 자랑하는 인물이다. 그가 독설가임에도 스타의 지위를 누리고,

성공 가도를 이어갈 수 있는 이유는 '독설의 육하원칙'을 잘 알고 있기 때문이다. 그리고 무엇보다 자신의 발언을 책임질 수 있는 성과를 내왔다.

무리뉴는 2004년 여름 잉글랜드 축구클럽 첼시FC^{Chelsea Football Club}의 입단 기자회견에서 다음과 같은 말을 남기며 본격적으로 유명세를 치렀다.

"부디 날 거만하다고 말하지 말아 달라. 내가 말하는 것은 사실이기 때문이다. 난 유럽의 챔피언이다. 난 주위에 있는 평범한 감독 중 하나가 아니다. 난 내가 특별한 존재^{Special One}라고 생각한다."

이후 그에게 여러 별명이 붙었지만, 이때 생긴 '스페셜 원'이라는 별명이 아직까지도 널리 쓰이고 있다.

내뱉은 말은 지켜져야 한다. 독설을 내뱉는 것은 그래서 많은 용기가 필요하다. 첼시 발언 이후 10년에 가까운 세월이 흐른 지금, 무리뉴는 전 세계 축구팬이라면 누구나 알고 있는 축구계에서 가장 성공적인 감독으로 인정받고 있다. FC포르투FC Porto, 첼시, 인터밀란FC Internazionale Milano, 레알마드리드Real Madrid CF 등 유럽 축구계의 엘리트 클럽을 두루 섭렵하며 20개의 주요 대회에서 우승했다. 세계 최고의 축구대회로 불리는 유럽축구연맹UEFA 챔피언스리그Champions League를 두 차례 우승했고, 소위 3대 리그로 불리는 잉글랜드 프리미어리그Premier League, 이탈리아 세리에A Serie A, 스페인 프리메라리가Primera Liga 우승으로 축구 역사상 처음으로 그랜드 슬램을 달성한 감독이 됐다. 다른 무엇보다 무리뉴는 지금 시대가 강박증처럼 추구하는 '성과주의'에 가장 충실했다. 게다가 무리뉴는 어마어마한 돈을 번다. 잘생기기까지 했다. 현대 사회가 원하는 트렌드를 고스란히 반영하는 인물이다.

그는 축구 감독을 꿈꾸는 이들뿐 아니라 지도자와 리더를 꿈꾸는 많은 이들의 역할 모델로 꼽힌다. 대학 시절 그를 가르쳤던 교수 마누엘 세르지우 Manuel Sergio는 "무리뉴는 감독 세계에서 펠레Pele와 마라도나Diego Maradona와 같은 위상을 갖는다"라고 평가했다. 전혀 과장된 이야기가 아니다. 무리뉴는 스스로 아직 자신의 경력이 반 정도밖에 지나지 않았다고 말하고 있다. 지금까지 이룬 업적만으로도 그는 축구사에 큰 획을 그었는데도 말이다.

필자 역시 개인적으로 무리뉴를 역할 모델로 삼고 동경해왔다. 아직도 2003/2004시즌 UEFA챔피언스리그 결승전 대진표가 결정된 뒤 많은 사람들이 보인 반응을 기억한다. 당시 국제적으로 무명이었던 무리뉴가 이끌던 FC포르투Porto와 AS모나코Monaco의 대결은 역사상 가장 시시한 결승전이라고 평가받았다. 나 역시 마찬가지였다. 경기에 대한 기대감은 현저히 적었다. 하지만 1년이 지난 뒤에 모두가 무리뉴의 경기를 보고 싶어 안달했다. 무리뉴는 유럽의 챔피언이 됐고, 첼시의 감독으로 자리를 옮겨 전 세계에서 가장 주목받는 인물이 되었다. 일대일로 만나 대화를 나눠본 적은 없지만, 축구기자로 일하면서 그의 기자 회견에 참가할 수 있었던 몇몇 기회는 큰 행운이라고 생각한다.

무리뉴를 실제로 처음 본 것은 2005년 5월 수원에서다. 당시 삼성전자와 스폰서 계약을 맺은 첼시FC가 수원삼성블루윙즈와 친선 경기를 치르기 위해 내한했었다. 첼시는 막 프리미어리그 우승을 이룬 참이었다. 어수선하고 무질서한 기자회견 분위기에도 무리뉴는 정갈하게 앉아 또렷하게 정면을 응시하며 머릿속에 있는 생각을 차분하게 전달했다. 첼시는 상당수의 주전 선수들을 데리고 오지 않았지만, 무리뉴 감독만으로 흥행성은 충분했다. 그저 의미 없는 '아시아 투어' 경기였지만, 그는 다른 내한 팀들의 감독과 달리 세심하고 진중했다.

"수원의 명단을 봤는데, 20세에서 25세 사이의 젊은 선수들이 많은 것이 인상적이었다. 젊은 선수들의 실력 향상을 위해서라도 세계적인 수준의 여러 팀들과 교류할 필요가 있다."

영국 기자들이 무리한 일정의 투어가 아니냐고 묻자 그는 불평 대신 프로페셔널리즘을 강조했다.

"우리 선수들은 모두 프로다. 축구뿐 아니라 상업적 관계 등 다른 부분의 요구사항에 대해서도 충분히 이해하고 있다. 우리는 삼성전자가 우리를 후원한다는 것에 자부심을 갖고 있다. 선수들은 미국에서 한 경기를 더 치르고 나면 7월까지 충분한 휴식을 가질 수 있다."

그리고 그는 아마추어와 프로의 차이를 확실하게 보여주었다.

다시 무리뉴를 직접 볼 수 있었던 것은 꽤 시간이 흐른 2009년 11월이다. 당시 나는 스페인에서 연수 중이었다. 무리뉴는 인터밀란의 감독직을 수행하고 있었다. 인터밀란은 UEFA챔피언스리그 조별리그와 준결승전에서 FC바르셀로나와 격돌했다. 그리고 2010년 2월에는 무리뉴가 친정팀 첼시를 적으로 만나게 된 16강전이 열렸다. 바르셀로나와의 경기 그리고 기자회견에서 무리뉴의 거침없는 입담과 당당함을 볼 수 있었다.

조별리그에서 무리뉴는 심드렁한 모습이었다. 경기 결과도 그 자신이 보인 모습처럼 기대치를 밑돌았다. 무리뉴는 이탈리아 언론과의 싸움에 매우 지쳐 있었다. 그는 UEFA챔피언스리그 기자 회견장에서 세리에A에 대한 질문을 받자 논점을 이탈했다고 거칠게 쏘아붙였다.

무리뉴의 팀은 만들어지고 있는 중이었다. 2010년 2월 이탈리아 밀라노로 건너가 인터밀란의 위대한 트레블Treble(리그, 컵 대회, 유럽대회 동시 우승)의 시발점이 된 첼시전 승리를 지켜봤고, 자신감과 여유를 되찾은 승리자 무리뉴의 모습을 볼 수 있었다. 무리뉴의 팀은 준결승전을 위해 다시 바르셀로나를 방문했고, UEFA챔피언스리그 결승전은 스페인의 수도 마드리드Madrid에서 열렸다. 다시 유럽의 챔피언이 된 무리뉴는 그대로 마드리드에 눌러앉았다. 레알마드리드의 감독으로 취임한 것이다. 한 시즌 동안 스페인 리그를 취재했지만 무리뉴가 입성한 시즌에 한국으로 돌아온 것은 큰 아쉬움이었다. 하지만 현장에 있든 그렇지 않든, 무리뉴와 같은 시대를 살며 그의 발전과 성공을 지켜보며 영감을 얻을 수 있다는 것만으로도 충분했다.

이 책은 그에게서 받은 영감을 내 나름대로 정리하는 과정에서 시작됐다. 그는 온몸으로 교훈을 주는 인물이다. 존경할 만한 사람이 사라지고 있는 시대에 몇 안 되는 위인이다.

축구 경기의 주인공은 예나 지금이나 늘 그라운드를 직접 내달리는 선수들이다. 하지만 축구라는 스포츠가 가장 매력적인 부분은 개인보다 팀이 우선시되며, 그로 인해 이변의 가능성이 가장 풍부하다는 점이다. 결국 하나의 팀을 어떻게 묶어내느냐가 승리의 키포인트다. 그러한 점에서 리더십의 역할이 가장 중요한 요소다. 좋은 선수들이 모여 있어도 오합지졸이라면 승리할 수 없다.

한 명의 천재는 세상을 바꿀 수 있다. 하지만 세상을 바꾸는 것과 승리는 다른 문제다. 한 명의 훌륭한 리더는 평범한 사람을 천재처럼 보이게 할 수 있고, 평범한 사람들을 이끌고 세상의 중심에 설 수 있다. 수많은 사람이 얽혀서 살아가는 우리네 삶에 직접적으로 투영할 수 있는 부분이 많다.

미국 방송 CNN은 2012년 스페인 마드리드로 찾아가 무리뉴 감독의 성공 비결을 파헤친 다큐멘터리 〈마스터 클래스〉를 제작, 방영하기도 했다. 축구의 불모지에서도 탁월한 축구 감독의 리더십에 큰 관심을 보낸 것이다. 이탈리아 축구 역사상 최고의 전술가 아리고 사키Arrigo Sacchi는 그가 반드시 연구할 가치가 있는 리더라고 추천했다.

"무리뉴는 논쟁의 여지가 없는 리더다. 그는 피뢰침이고 촉매제이며, 새로운 법을 만드는 사람이자 창조자다. 연구할 가치가 있는 천재다. 그는 클론이 존재하지 않는 유일한 인물이다."

2011년 12월 미국 잡지 〈롤링스톤Rolling Stone〉지는 무리뉴를 올해의 록스타로 선정했다. 선정의 변은 이렇다.

"그의 권모술수 기술은 전 세계를 화나게 만들었다. 주제 무리뉴의 아주 특별한 능력은 바로 그것이고, 그래서 올해의 록스타로 선정했다. 그의 도전적인 행동과 논쟁을 불러일으키는 메시지, 건방져 보일 정도의 지적임 등 모든 면. 그가 벤치에서 도발적인 행동을 하고 기자회견에서 보인 모습들이 올해 마지막 표지를 장식하도록 한 동인이다."

말 한마디, 행동 하나하나가 감명을 주는 사람은 흔치 않다. 대체 무리뉴는 무엇이 그렇게 특별한 것일까? 그 많은 성공과 화술의 비결은 무엇일까?

클럽 내의 파워 게임과 선수단 장악, 그리고 그라운드 위의 천재적 전술과 용병술까지,《무리뉴. 그 남자의 기술》을 통해 리더 무리뉴와 축구인 무리뉴의 성공 비결을 따라가 봤다. 이 책이 축구 지도자를 꿈꾸는 이들뿐 아니라 정치인과 기업인을 꿈꾸는 사람들, 작게는 한 부서의 팀장과 학교의 임원 및 동아리의 회장에 이르기까지 공동체를 이끌고 목표를 달성하길 꿈꾸는 모든 이들에게, 무리뉴처럼 특별한 성공을 거둘 수 있는 안내서가 될 수 있길 바란다.

2013년 여름
한준

차례

개정판 서문 | 무리뉴의 이야기는 현재 진행 중　　　　　　　　004

초판 서문 | 축구계에서 가장 특별한 남자에게 배우는 성공의 기술　007

1. 아버지는 감독, 아들은 분석관: 메이킹 무리뉴　　　　　　　017

2. 성공의 여정을 함께한 팀 무리뉴: 무리뉴의 사람들　　　　115

3. 패배는 프로 인생의 일부일 뿐: 무리뉴의 실패　　　　　　211

4. 전쟁의 결과를 지배하는 비결: 무리뉴의 전술 노트　　　　249

5. 무리뉴와 손흥민의 만남: 토트넘 시대　　　　　　　　　289

1.

아버지는 감독,
아들은 분석관

: 메이킹 무리뉴

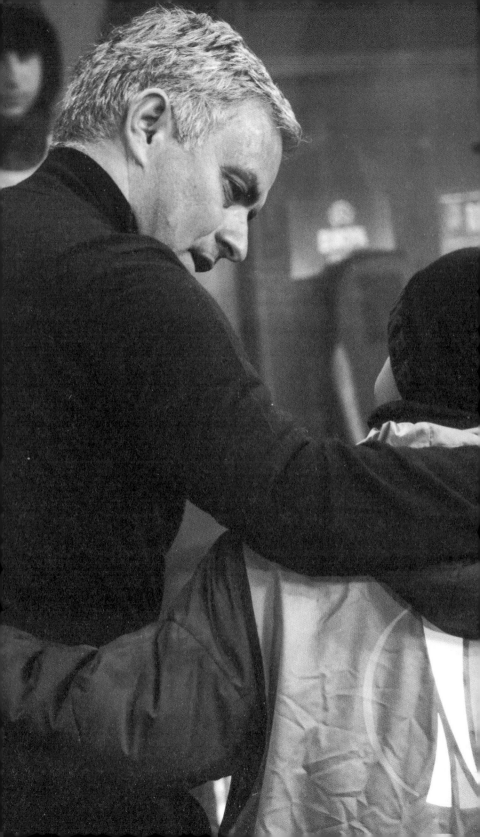

내 일만 할 줄 아는 사람은
아무 일도 할 줄 모르는 무능력자다

Jose Says, 그저 축구만 아는 감독은, 자신이 아는 축구가 무엇
인지조차 모르는 사람이다. 감독은 축구에 대해서, 그리고 다른
영역에서 생기는 차이에 대해 알아야 한다.

훌륭한 선수가 뛰어난 감독이 되는 경우는, 그렇지 않은 축구 코
치들이 지도자 경력을 통해 프로 감독으로 성공하는 경우에 비해
그리 많지 않다. 코치 라이선스를 따는 데 패스트트랙이 깔리지만,
감독으로 성공하기 위해 필요한 경험을 쌓는 데 꼭 유리하다고 할
수 없다. 본질적으로 선수와 감독은 전혀 다른 일이라고 하는 이들
도 있다.

주제 무리뉴 감독의 삶을 돌아보면, 많은 부분에서 고개가 끄덕

여진다. 그 역시 선수 경력이 전무한 것은 아니지만, 그보다는 지도자로 성공하기 위해 필요한 경험을 훨씬 더 어린 나이부터 습득하기 시작했다. 어쩌면 그의 유년기는 철저히 감독으로 성장하기 위해 계획된 기반이 아니었을까 싶을 정도로 좋은 경험을 많이 쌓았다.

최고의 감독이 되기 위해 최고의 선수여야 할 필요는 없다. 축구계의 많은 사람들이 '역사상' 최고의 감독이라고 칭송해 마지않는 무리뉴는 이 주장에 대한 가장 확실한 증거다. 대신 무리뉴는 최고의 감독이 되기 위해선 최대한 많은 것을 알아야 하고, 이해해야하며, 경험해야 한다고 주장한다. 즉, 통합적 사고가 가능해야 한다는 것이다.

1990년대 초 이탈리아 축구클럽 AC밀란의 황금시대를 이끌며 축구 전술사에 큰 족적을 남긴 감독 아리고 사키는 프로 선수 경력이 전무했다. 그는 "최고의 기수가 되기 위해 말이 되어야 할 필요는 없다"라고 말했다. 최고의 축구 기술을 갖췄던 선수로 그라운드를 누비는 일이 한 팀을 통솔하고 조직하며 승리로 이끄는 일에 필수적인 것은 아니라는 뜻이다.

무리뉴의 생각도 그와 같다. 무리뉴는 이탈리아 세리에A 클럽 인터밀란의 감독으로 부임하면서 선수 출신의 명감독 카를로 안첼로티 Carlo Ancelotti 가 이끄는 AC밀란과 라이벌 구도를 이루게 됐다. 당시 안첼로티 감독이 자신의 선수 경력이 부족한 것에 대해 지적하자 "안첼로티는 밀란의 가장 전설적인 감독에 대해 잊은 것 같다. 아리고 사키는 최고 레벨의 프로 축구에서 선수로 뛰어본 경험이 나보다도 적다. 개인적으로 나의 치과의사는 매우 훌륭하지만 단 한 번도 이가 아파 본 일이 없다더라"라며 응수했다. 대신에 그는 평소 자신의 지도자에 대한 지론을 다음과 같이 밝혔다.

"요즘 감독들은 다양한 역할을 수행해야 하며, 여러 방면에 조예가 깊어야 한다."

감독의 역할을 수행하기 위해 중요한 것은 오직 한 분야의 장인이 되거나, 일가를 이루는 일보다 최대한 다양한 분야의 일을 경험하는 것이다. 무리뉴 감독은 결국 이탈리아 무대에서 안첼로티를 뛰어넘어 모든 대회 우승을 차지하며 영광을 독차지했다. 이후 무리뉴 자신이 일했던 첼시의 감독으로 안첼로티가 부임한 2009/2010시즌 UEFA챔피언스리그 16강전에서 격돌해 승리를 거두며 맞대결에서 승리했다.

2004/2005시즌 UEFA챔피언스리그 16강전의 결과도 그 좋은 예다. 당시 첼시 감독으로 재직 중이던 무리뉴는 AC밀란에서 화려한 선수 시절을 보낸 네덜란드 감독 프랑크 레이카르트 Frank Rijkaard 와 맞대결을 벌였다. 무리뉴는 경기 전 기자회견에서 이렇게 말했다.

"레이카르트의 선수 경력은 나와 비교할 수 없다. 그의 선수 경력은 환상적이었지만 나는 아무것도 한 것이 없기 때문이다. 나의 감독 경력은 레이카르트의 감독 경력과 비교할 수 없다. 왜냐하면 그는 감독으로 단 하나의 트로피도 들지 못했고, 난 수많은 우승을 해봤기 때문이다."

결국 8강 진출에 성공한 것은 무리뉴의 첼시였다.

레이카르트는 이듬해 무리뉴를 상대로 설욕에 성공한 뒤 UEFA 챔피언스리그 우승을 이뤘지만, 무리뉴가 현재까지도 축구계에서 활발하게 활동하고 있는 반면 레이카르트는 FC바르셀로나 임기 말년을 실망스럽게 보내고 떠난 이후 뚜렷한 족적을 남기지 못하며 중심에서 멀어졌다. 무리뉴가 감독으로 롱런할 수 있는 비결은 다양한 상황과 위기에 대처할 수 있었기 때문이고, 이는 그가 감독이 되기까지 다양한 경험을 쌓았기 때문이다.

직종에 관계없이 사회생활을 하면서 생기는 의견 충돌과 마찰은 상호 간의 위치와 처지, 그리고 상황과 작업 방식에 대한 온전한 이해가 없기 때문에 발생하는 경우가 대부분이다. 지시를 내리는 쪽과 실제 일을 수행해야 하는 측이 같은 사안에 대해 바라보는 관점과 판단은 다를 수밖에 없다. 지시를 내리는 쪽이 현장의 상황을 파악하지 못하고 있다면 목표점에 도달하는 과정에 수많은 잡음이 생길 수밖에 없다. 애초에 목표 자체를 잘못 설정할 가능성도 크다. 더 많은 분야를 포괄해서 책임져야 하는 윗단계의 리더로 올라갈수록 그 간극은 더욱 벌어진다.

리더와 팀원의 의견 차이를 최소화하기 위한 가장 좋은 방법은 리더가 팀원의 일을 모두 경험해 보는 것이다. 글이 아니라 실행으로 배워야 한다. 팀원이 부재 중일 경우 일을 처리하지 못하는 리더는 반쪽짜리다. 리더가 모든 업무를 직접 수행할 수 있어야만 조직의 중심을 지탱할 수 있다. 존경심 역시 거기에서 나온다. 무리뉴는 축구팀을 구성하는 다양한 분야의 일을 직접 경험했다. 축구 선수로 성공하지는 못했지만, 축구 선수로 뛰면서 다양한 역할을 자처했던 것이 그가 다재다능한 감독이 되는 데 가장 큰 밑거름이 됐다.

물론 다재다능함이 전부는 아니다. 그 모든 것들을 통합적용하고 심리적 압박감을 이겨내며 추진할 수 있는 리더십을 갖춰야 한다. 무리뉴는 이러한 능력을 '감정적 사고력Inteligencia emocional이라고 표현했다. 감독은 이 모든 능력을 갖고 끊임없이 관찰하고 분석하고 선택해야 한다. 하지만 그것만으로 충분하지 않다. 전력분석관이 아니라 지시를 내려야 하는 리더이기 때문이다. 이론적인 능력뿐 아니라 정신적인 강인함도 필요하다. 무리뉴는 "경기가 진행되는 90분 동안 한시도 최고치의 집중력을 잃어선 안 된다. '잠깐 기다려, 생각 좀 해봐야겠어. 경기의 앞 장면으로 다시 비디오를 돌려봐'라고 할 수 없기 때문"이라며 리더에겐 엄청난 압박감 속에서 상황을 해석할 수 있는 능력이 가장 중요하다고 강조한다.

볼보이, 프로선수 그리고 전력분석관

—

무리뉴의 경우 프로 선수 경력 없이 감독이 된 것은 아니다. 그는 포르투갈의 작은 클럽 벨레넨세스Belenenses, 히우 아브Rio Ave, 세싱브라Sesimbra에서 총 5년간 선수 생활을 했다. 그는 주로 중앙 수비수와 수비형 미드필더로 뛰었는데, 전혀 인상에 남지 않는 시간을 보냈다.

사실 그는 본격적으로 프로 선수 생활을 시작하기에 앞서 고작

15살의 나이에 자신의 진로에 대한 명확한 판단을 내렸다. 그는 아버지에게 자신이 선수로 대성할 가능성이 없으며 대신 세계 최고의 감독이 되기 위해 노력하겠다고 말했다. 비록 최고의 무대와 최고의 팀에서 뛰어보지는 못했지만, 프로 선수 생활을 경험한 것은 훗날 그가 감독직을 수행하는 기반이 되었다.

무리뉴의 아버지 펠리스^{Jose Manuel Mourinho Felix}는 짧게나마 포르투갈 축구 국가대표 선수를 지내기도 했던 골키퍼였고, 축구 지도자로도 20여 년의 세월을 보냈다. 그런 아버지가 그에게는 첫 번째 스승이었다. 그는 아버지의 훈련과 경기를 빼놓지 않고 지켜봤고, 아버지 역시 자신의 경험과 생각을 빠짐없이 아들에게 이야기해 주었다. 현역 선수에서 은퇴한 펠리스는 포르투갈 3부리그 클럽 칼다스^{Caldas}에서 지도자 경력을 시작했는데, 10대 초반에 불과한 아들과의 대화를 통해 그가 축구 경기를 이해하고 분석하는 능력이 비범하다는 것을 느꼈다.

소년 무리뉴는 아버지의 팀 드레싱룸에 늘 상주하며 선수들을 가까이서 지켜보며 성장했다. 무리뉴 스스로도 "10살이나 12살 즈음, 아버지와 축구를 보면서 이야기를 하던 때가 기억난다"라며 스스로 남들과는 조금 다른 면이 있었다고 추억했다.

"축구에 미친 아이가 아니라 감독의 입장에 서서 대화를 나눴다. 경험이 더해지면서 점점 더 나아졌다. 감독들은 경기의 냄새를 맡는다. 경기를 읽고, 또 느낀다."

수많은 천재 선수들의 경우 이 나이에 이미 기막힌 기술을 선보이며 주목받는다. 천재 감독인 무리뉴는 이 나이에 이미 경기를 분석하는 놀라운 능력을 보였다. 펠리스는 자신의 아들을 상대팀 경기 분석을 위해 파견했고, 소년 무리뉴는 완벽한 보고서를 제출했다.

펠리스는 지도자로 승승장구했다. 칼다스에서의 인상적인 성과로 2부리그 클럽 아모라Amora로 이적했고, 1978/1979시즌에는 클럽을 1부리그로 승격시켰다. 무리뉴는 아버지가 이끌던 팀의 볼보이로 일했는데, 펠리스는 아들에게 선수들을 향해 전술 지시를 전달하도록 시켰다. 만 16세의 무리뉴는 이미 팀의 전력분석관으로, 그라운드 위의 숨은 코치였던 것이다.

무리뉴는 아버지 펠리스가 현역 생활을 마감한 벨레넨세스 유소년 팀에서 성장했다. 그리고 아버지가 감독으로 부임한 히우 아베에 입단하면서 포르투갈 1부리그를 경험했다. 이곳에서도 무리뉴는 아버지를 위해 상대팀에 대한 스카우팅 리포트를 만들었고, 16세 이하 팀을 코치했다. 그러나 히우 아브에서의 1년은 그의 선수 경력에 최악의 시간으로 남았다. 1982년, 대부분의 시간을 리저브팀에서 보내던 무리뉴는 스포르팅리스본Sporting Club de Portugal과의 빅매치에서 주전 수비수의 부상으로 인해 투입 기회를 얻었다가 1-7 참패의 원흉이 되었다. 히우 아브를 리그 5위로 이끌며 최고의 성적을 냈던 펠리스는 아들의 기용이 실패로 돌아간 뒤 아들과 함께 해고 통보를 받았다. 무리뉴는 큰 상처를 입고 대학교 진학을 선택했다.

· SPECIAL TIP ·

내가 보고 싶지 않은 내 모습까지 낱낱이 파헤쳐라

분석의 출발은 언제나 자기 자신이 되어야 한다. 아무리 업무에 대한 지식이 많고, 타인과 주변 환경에 대해 잘 알고 있더라도 나 자신의 상태를 모른다면 그 어떤 일도 처리할 수 없다. 업무를 위한 분석의 출발은 그 업무를 수행해야 하는 나 자신에 대한 분석이다. 지피지기 백전백승에서 선행되어야 하는 것은 상대를 아는 것知彼보다 나를 아는 것知己이다. 내가 하고 싶은 것도 중요하지만 어떤 것을 잘할 수 있는지를 가장 먼저 분석하라. 나 자신에 대한 분석을 마쳐야 나의 커리어를 완벽하게 만들어 갈 수 있다.

뛰어난 학생이자 뛰어난 교사

—

축구 선수 중에는 아버지가 선수였던 경우가 꽤 많다. 비단 축구 선수가 아니더라도 직업 선택에 있어 부모의 영향을 받는 게 일반적이다. 그러나 부모가 해당 분야에서 굉장한 성공을 거뒀을 경우 이를 뛰어넘기란 좀처럼 쉽지 않다. 무리뉴에게도 그랬다. 무리뉴는 최고의 골키퍼였던 아버지처럼 축구 선수로 살고 싶었지만 자신이 가진 능력의 한계치를 깨달았다. 그러나 무리뉴는 실패를 좌절이 아니라 터닝 포인트로 삼았다. 무리뉴는 10대의 나이에 일찌감치 축구 감독이라는 진로를 결정했던 순간을 이렇게 회고한다.

"아버지처럼 되고 싶다는 꿈을 꿨지만 그렇게 될 수 없다는 것을 느꼈을 때, 바로 그 지점에서 '동기'를 발견했다. 난 정말로 축구계의 거물이 되고 싶었다. 난 축구 코치나 감독이 될 수 있는 조건을 갖췄다고 느꼈다. 그래서 준비를 시작했다. 그리고 그 작업을 사랑했다. 난 대학에 진학했고, 스포츠 과학을 배웠다. 이것이야말로 진정한 열정이며 방법론이다."

23살의 무리뉴는 어머니의 권유로 비즈니스 스쿨에 입학했으나 하루 만에 그만두고 나왔다. 그리고 자신이 바랐던 리스본 기술대학의 ISEF Instituto Superior de Educacao Fisica에 진학해 본격적으로 스포츠 과학에 대한 공부를 시작했다. 이론을 정립하기 위한 시기였다. 무리뉴는 "어머니에게 내가 축구계에서 성공할 수 있다는 것을 증명해야 했다"라며 누구보다 열정적으로 학업에 열중해야 했던 이유를 밝혔다. 그는 특히 스포츠 과학의 체력 파트와 심리 파트에 열중했는데, 사람들의 감정이 경기력에 어떻게 작용하는지에 대한 부분에 강하게 심취했다. 무리뉴는 마누엘 세르지우의 철학 강의를 가장 좋아했다. "무리뉴는 우월한 학생이었다"라고 말한 세르지우는 수업을 듣던 무리뉴가 '새를 사냥하는 고양이'처럼 집중력을 보였다고 회고했다.

물론 대학 시절을 공부로만 보낸 것은 아니었다. 무리뉴의 학교 동창 주제 토레이루Jose Toreiro는 "입학 첫해를 함께 보냈는데, 아주 재미있고 행복하며 즐거운 친구였다"라고 회고하며 그가 늘 부지런했다고 전했다.

"수업이 없을 때는 아버지의 일을 도우러 갔고, 대학 내 축구팀에서 선수로도 뛰었다. 그는 굉장히 다재다능했다. 골키퍼도 봤고, 센터백, 중앙 수비수나 미드필더로도 뛰었다. 그는 뛰고 싶은 곳은 어디든 뛸 수 있었다. 끝없는 에너지를 갖춘 사람이었다."

스포츠 과학 학위를 취득한 무리뉴는 이후 3년간 포르투갈 전역을 돌며 초등학교와 중고등학교에서 체육교사로 일했다. 그는 장애 아동들도 스포츠를 배울 수 있도록 세심하게 배려했던 것으로 전해진다. 무리뉴의 성공비결을 분석한 《무리뉴: 승리자의 해부 (Mourinho: Further Anatomy of a Winner)》에는 아랑게스 지역 학교에서 무리뉴의 지도를 받았던 안드레 친의 회고가 소개되어 있다.

그는 좋은 선생님이었다. 자신의 전급 방식을 아주 잘 이해하고 있었고, 모든 아이들에게 관심을 가졌다. 문제가 있으면 언제나 그가 함께했다.

무리뉴는 축구 감독이 되기를 꿈꿨지만, 그 과정에서 수행한 일들을 억지로 해야 하는 통과 의례로 여기지 않았다. 매 순간 자신의 일을 즐기고 전력을 다했다. 그가 속한 분야에 대해 온전한 이해를 얻을 수 있었던 비결이다.

무리뉴는 체육 교사로 일한 뒤 다음 단계로 넘어갔다. 1988년 본격적으로 축구 지도자의 길로 들어서기 위해 스코틀랜드축구협회 SFA가 주관한 UEFA 코칭 라이선스 코스에 참가했다. 무리뉴가 지도자 라이선스를 따기 위해 굳이 스코틀랜드까지 날아간 이유는 당시 포르투갈이 유럽의 코칭 커리큘럼을 제대로 구축하지 못하고 있었기 때문이다. 게다가 당시 스코틀랜드가 선진적인 축구 교육을 진행하는 것으로 알려져 있던 터라 무리뉴뿐 아니라 다른 나라에서 찾아온 수강생들도 상당히 많았다.

무리뉴는 스코틀랜드 라그스Largs에 위치한 인버클라이드 Inverclyde 국립 스포츠센터에서 2년간 축구 지도자가 되기 위한 실전 교육을 받았다. 맨체스터유나이티드Mancheter United를 27년간 지휘한 명장 알렉스 퍼거슨Sir Alex Ferguson 감독이 수학한 곳이다. 당시 인버클라이드에는 총 150명의 교육생이 있었는데 대부분 유럽인들이었고 미국인이 일부 있었다. 포르투갈 출신도 무리뉴 외에 두 명이 더 있었다. 이제는 무리뉴를 배출한 곳으로 가장 유명하다. 당시 무리뉴를 지도한 감독은 스코틀랜드 감독을 역임한 바 있는 UEFA 기술위원장 앤디 록스버그Andy Roxburgh다.

무리뉴의 연수 생활은 어땠을까? 무리뉴와 같은 기간에 고든 스트라칸Gordon Strachan 전 셀틱Celtic 감독 역시 지도자 코스를 밟고 있었다. 그는 "12명이 하나의 조를 이뤄 공부했기 때문에 다른 조원들에 대해선 거의 알지 못했다. 교육이 끝난 뒤 펍Pub(영국식 선술집)에 모여서 이야기를 나누는 일은 있었는데 무리뉴는 그곳에 오지 않았던 것 같다"라고 전했다. 록스버그 역시 그가 다른 수강생에 비해 특별히 튀거나 인상적인 에피소드를 남기지는 않았다고 회고했다. 하지만 무리뉴가 지도자 교육을 받는 것과 동등한 자격을 얻을 수 있는 유소년 팀 지휘를 위해 고향 세투발Setubal로 떠나겠다고 이야기했던 일이 있다고 기억했다.

무리뉴 감독은 강의실에서 공부하는 것보다 현장에서 경험을 쌓는 것이 더 유익하다고 판단했다. 그래서 그는 라이선스 획득을 미루고 일할 수 있는 기회를 찾아 고향 세투발로 돌아갔다. 무리뉴는 지도자 연수의 첫 번째 코스를 마친 뒤 일을 얻었다. 비토리아 세투발의 16세 이하 팀과 18세 이하 팀을 지휘하는 일을 맡았다.

무리뉴의 성과는 즉각적이었다. 곧 1군 팀 감독 마누엘 페르난데스 Manuel Fernandez는 유소년 팀 코치 무리뉴를 신임했다. 그는 포르투갈 국가대표 공격수로 12년간 스포르팅리스본이라는 명문 팀의 공격수로 활약한 포르투갈 축구계의 영향력 있는 인사였다. 1988년 세투발에서 현역 은퇴한 페르난데스는 막 감독으로 부임한 참이었다. 그는 감독으로도 성공적인 시간을 보냈는데, 에스트렐라 다 아마도라 Estrela da Amadora에서 클럽 역사상 첫 우승인 포르투갈컵 우승을 이뤘다. 그리고 이 우승 뒤에는 무리뉴가 있었다. 페르난데스가 세투발에서 에스트렐라로 팀을 옮기며 무리뉴를 피지컬 코치로 데려간 것이다.

UEFA 코칭 라이선스 과정을 밟고 있던 무리뉴에게 페르난데스와 보낸 시간은 큰 경험이었다. 포르투갈컵 우승으로 에스트렐라는 UEFA컵위너스컵 Cup Winner's Cup에 진출했고, 1군 선수들과 처음으로 함께 일하게 된 무리뉴는 20대의 나이로 유럽클럽대항전을 경험하게 됐다. 그러나 이듬해 2부 리그로 강등을 당하며 페르난데스와 무리뉴 모두 일자리를 잃게 됐다. 하지만 인연이 꼬리에 꼬리를 물며 무리뉴는 포르투갈 축구계에 계속해서 남을 수 있었고, 때마침 포르투갈 리그에 입성한 영국인 감독 보비 롭슨 Sir Bobby Robson 을 만나면서 축구 인생의 거대한 전환기를 맞게 된다.

무리뉴가 다시 코칭 라이선스 획득을 위해 스코틀랜드로 돌아온 것은 12년 뒤인 2000년이다. 당시에도 무리뉴는 FC바르셀로나의 코치로 일하고 있었다. 무리뉴는 모든 수업을 집중적으로 들을 수 있을 정도의 시간적 여유가 없었다. 하지만 지도자 자격증에 대한 열망이 컸기 때문에 업무를 수행하는 틈틈이 스코틀랜드로 날아와 수업을 듣고 실습에 임했다. 이미 유럽 최고의 명문클럽에서 많은 것을 경험한 무리뉴는 수강생들 사이에서 비범함을 뽐낼 수밖에 없었다.

스코틀랜드 국가대표를 역임했던 풀백 출신으로 2000년 킬마녹에서 은퇴한 뒤 지도자 연수를 시작한 토시 맥킨리는 "훈련장으로 걸어 들어오는 모습에서부터 그가 우리들과는 다르다는 것을 알 수 있었다. 무리뉴가 축구에 대해 이야기하는 것을 들으면서 엄청난 영감을 얻었다. 우리는 거의 말하지 않고 듣기만 했다"라고 회상했다.

연수가 진행된 2000년 여름에는 네덜란드와 벨기에에서 유럽선수권대회가 열리고 있었다. 교육 과정에 8강전 전 경기에 대한 경기 분석이 시험 주제로 나왔다. 무리뉴는 가장 우수한 성적으로 이 시험을 통과했다. 무리뉴와 같은 조에 속했던 수강생 개리 볼란은 "우리 모두 그가 보비 롭슨, 루이스 판 할과 함께 FC바르셀로나에서 일했던 것을 소문으로 들어 알고 있었다. 그러나 그는 그에 대해 전혀 내색하지 않았고, 펍에 내려와서도 전혀 스타처럼 굴거나 으스대지 않았다. 좋은 친구였다. 하지만 훈련장 위에서는 누구보다 인상적으로 소리치고 지도했다. 주저하지도 스스로를 의심하지도 않았다. 그는 자신의 능력에 대해 강한 확신을 가지고 있는 것 같았다"라고 말했다.

1988년에 처음 연수를 받기 시작해 수료한 2000년까지 무려 12년의 시간이 걸렸지만, 무리뉴는 결국 원하던 프로 지도자 자격을 얻었다. 21세기, 무리뉴라는 스타 감독 신화가 이룩되기 위한 기반이 마련된 것이다.

· SPECIAL TIP ·

강의실보다 현장에서 배워라

이론의 정립도 중요하지만 이론 자체가 실전에서의 경험을 토대로 구축된 교과서다. 실전에서 직접 몸으로 부딪히는 게 강의실에서 배우는 것보다 이해가 빠르다. 기초 없이는 실전에 나설 수 없다. 기초를 다진 뒤 현장에서 응용하고 적용한 뒤 이론을 재정립하라.

통역사 그 이상

—

축구 마니아들에겐 널리 알려진 이야기지만, 지금 세계 최고의 감독으로 불리는 주제 무리뉴의 전직은 통역사다. 무리뉴의 학창 시절 포르투갈의 중고등학교는 의무적으로 두 개의 외국어를 필수 과목으로 지정하고 있었다. 무리뉴는 수학에서는 낙제점을 받곤

했지만 언어 습득 능력에는 탁월했다. 그는 이미 중학 시절에 영어와 스페인어, 프랑스어에 능통했다. 그뿐만 아니라 기본적인 이탈리아어도 할 줄 알았다. 어린 나이에 쌓아온 뛰어난 언어 능력은 그의 인생에 결정적인 기회를 가져다주었다.

많은 축구 지도자들이 감독을 보좌하는 코치로 일하며 경험을 쌓지만, 무리뉴는 통역사로 일하면서 보다 깊이 있는 배움의 시간을 가졌다. 그저 그런 감독이 아니라, 세계 최고의 명장 중 하나인 잉글랜드의 보비 롭슨을 보좌하며 감독으로서 갖춰야 할 요건과 덕목을 체득했다. 코치에겐 비밀이 있을 수 있지만, 클럽과 선수단 그리고 언론을 향해 자신의 의도를 정확히 전달하기 위해선 통역사에게 최대한 솔직해야 한다.

롭슨 감독은 무리뉴에게 비밀이 없었다. 그래서 무리뉴는 롭슨을 보좌한 그 어떤 코치들보다 많은 것을 배울 수 있었다. 심지어 롭슨의 단점까지도 파악해 그것을 보완해나가며 자신만의 방식을 구축했다. 무리뉴는 롭슨을 필생의 스승으로 여겼다. 그는 이미 고인이 된 롭슨을 통해 청출어람을 실천했다.

또 하나 흥미로운 사실은 그를 불구대천의 원수로 삼는 FC바르셀로나Futbol Club Barcelona에서 통역사로 일하며 감독으로 첫걸음을 내딛는 마지막 발판을 만들었다는 점이다. 하지만 그는 단순한 통역사가 아니었다. 롭슨을 따라 스페인 바르셀로나로 이주한 무리뉴는 FC바르셀로나에서 롭슨의 전임 통역사이자 '오른팔'로 계속해서 일했다. 롭슨이 떠난 뒤에도 판할 감독을 보좌하는 코치로 일하며 능력을 인정받았다는 점에서 그가 단순한 통역사가 아니었다는 점이 증명된다.

무리뉴가 처음 통역사로 일하게 된 것은 1992년이다. 무리뉴는 페르난데스와 함께 에스트렐라에서 해고된 이후 작은 클럽 오바렌스Ovarense에서 일했다. 그러던 중 포르투갈의 명문클럽 스포르팅리스본이 현역 시절 공격수로 활약했던 페르난데스를 수석코치로 불러들였다.

당시 스포르팅은 축구 종가 영국이 자랑하는 명장 보비 롭슨의 영입을 확정한 상태였다. 입스위치타운Ipswich Town에서 1978년 FA컵 우승, 1981년 UEFA컵 우승을 이루며 지도력을 인정받은 롭슨은 잉글랜드 대표팀을 이끌고 1990년 이탈리아 월드컵에서 매력적인 축구를 선보이며 4강 진출을 이끌었고, 그로 인해 세계적인 명성을 얻었다. 이후 다른 잉글랜드 출신 감독들과 달리 적극적으로 해외 진출을 시도했다. 1990년 네덜란드 클럽 PSV에인트호번Eindhoven 감독으로 부임해 2년 연속 리그 우승에 성공했다. 롭슨은 새로운 도전을 찾아 포르투갈 땅에 당도했다.

문제는 롭슨이 포르투갈어를 전혀 할 줄 모른다는 점이었다. 네덜란드에서는 영어로 의사소통이 어느 정도 가능했지만, 포르투갈 클럽 이사진과 선수들 중에는 영어에 능통한 선수가 없었다. 롭슨과 선수단의 가교 역할을 위해 선수로나 감독으로 좋은 성과를 냈던 페르난데스가 선택됐다. 그리고 페르난데스는 스포르팅에도 무리뉴를 함께 데려가길 바랐다. 페르난데스가 스포르팅 클럽에 무리뉴를 추천했던 이유는 그의 유창한 영어 실력 때문이었다. 아직 빅클럽의 코칭스태프로 합류하기에는 검증된 바가 없었던 무리뉴는 롭슨의 전담 통역사로 포르투갈 최고의 팀 스포르팅에 입단했다.

무리뉴는 롭슨의 역사적인 포르투갈 입성 시점에 이미 존재감을 드러냈다. 리스본 공항 입국장에 롭슨이 도착했을 때 가장 먼저 맞이한 인물이 무리뉴였다.

"내가 처음 주제를 만난 것은 리스본으로 비행기를 타고 날아왔을 때다. 스포르팅 감독을 맡기 위해 리스본에 왔고, 클럽 회장과 스포팅 디렉터Sporting Director(스포츠 이사)가 마중을 나왔다. 그리고 무리뉴가 통역을 위해 와 있었다. 그는 두 가지 면에서 인상적이었다. 표준 영국어를 잘 구사했다는 것과 아주 잘생긴 청년이었다는 점이다. 그때는 그가 이렇게 위대한 감독이 될 줄은 몰랐다."

작고한 롭슨의 회고다. 무리뉴는 롭슨을 처음 만난 자리에서 "헬로, 미스터. 난 주제 무리뉴라고 합니다"라고 인사하고 악수를 청했다. 백발의 명장 앞에서 무리뉴는 주눅 들지도, 고개를 조아리지도 않았다. 그는 꼿꼿이 허리를 펴고 당당하게 서 있었다. 그리고 곧바로 스포르팅 회장단에 롭슨의 인사를 통역하기 시작했다. 그는 마치 자신이 롭슨이 된 것처럼 그의 말투와 제스처까지 모사하며 롭슨의 뜻이 온전히 전달되도록 했다.

사실 영국에서 기사 작위까지 받은 롭슨에게 한참 어린 청년이 '헬로'라든가, '미스터'라는 표현을 사용한 것은 다소 무례하게 느낄 수 있는 상황이었다. 미스터Mister는 포르투갈과 이탈리아, 스페인어권 국가에서는 감독을 뜻하는 단어(영국이 다른 지역에 축구를 전파했기 때문에 이러한 문화가 생겨났다)지만, 영국에선 그렇지 않기 때문이다. 그러나 '쿨'한 감독 롭슨은 개의치 않았다. 시작부터 또렷한 눈을 가진 통역사 무리뉴의 확실한 일처리, 그야말로 완벽한 통역사로 기능했던 것에 흡족해했다. 생전 롭슨의 회고를 계속해서 들어보자.

"무리뉴는 매일 같이 경기장에서 나와 함께했다. 그는 늘 내 뒤에 있었다. 포르투갈어를 할 줄 몰랐지만 포르투갈 선수들과 일하는 데에 아무런 문제가 없었다. 주제가 일을 정말 잘해줬다. 그는 들었고, 배웠으며, 지켜봤고, 기억했다. 그는 총명했고, 신중했으며 지적이었다. 그러나 무엇보다도 내가 그를 가장 좋아했던 것은 내가 선수들에게 지시하는 점을 완벽하게 전달했다는 점이다. 그는 내가 말하고자 하는 느낌과 의도를 정확하게 선수들에게 전했다. 그것이야말로 그의 재주였다. 그는 자신이 나의 대체자라고 생각했고, 선수들에게 아주 가까이 다가가 내가 선수들에게 끌어내고 싶은 반응을 이끌어낼 줄 알았다. 그가 지시해도 내가 선수들에게 지시하는 것과 같은 반응이 나왔다. 그가 축구계에서 일했던 것이 도움이 되었는지는 모르겠지만 그는 정말로 나와 강하게 결속되어 있었다. 난 주제에게 드레싱룸에서 선수들이 나누는 모든 이야기들, 전술에 대해서라든가 나에 대한 이야기도 빠짐없이 전해달라고 했다. 루이스 피구^{Luis Figo}가 나에 대해 어떤 불평을 하는지 낱낱이 말해달라고 말이다. 만약 내가 어떤 선수에 대해 화가 났다면, 주제는 나의 말을 적당히 전달하는 것이 아니라 아주 강력하게 전했다. 주제는 통역사로서 흔들릴 수 있는 상황에 굴하지 않고 자신 있게 그렇게 했다. 그는 내 메시지를 있는 그대로 전했다. 어떤 선수도 두려워하지 않았다. 피구라고 해도 마찬가지였다."

무리뉴는 단순히 언어의 사전적인 뜻을 통역해서 전달하는 것이 아니라, 완벽하게 그 사람이 되었다. 통역사 그 이상이라고 할 수도, 아니면 이것이야말로 진정한 통역이라고 할 수 있다. 어찌 되었거나 무리뉴는 자신의 일을 100퍼센트 이상으로 완벽하게 수행했다. 프로 선수 생활을 했고, 대학에서 스포츠 과학과 피지컬 트레이닝을 공부했으며, UEFA 지도자 연수까지 받은 무리뉴는 롭슨이 페르난데스에게 기대했던 오른팔 역할을 자신이 해냈다.

롭슨은 때때로 그를 팀 훈련 중에 선수 중 하나로 기용하기도 했는데, 이때도 호나우두Ronaldo, 펩 과르디올라Pep Guardiola, 흐리스토 스토이치코프Hristo Stoitchkov 등 세계적인 스타들과 보조를 맞추어 뛰는데 문제가 없었다. 롭슨은 "만약 경기 중이었다면 달랐겠지만 훈련 중에는 전혀 당황하지 않고 같이 뛰었다"라며 무리뉴가 자신이 함께 일한 최고의 스태프였다고 칭찬했다.

롭슨은 스포르팅에서 한 시즌 만에 어떠한 성과도 내지 못한 채 경질됐다. 무리뉴와 페르난데스도 동시에 일자리를 잃었다. 롭슨은 다음 행보에 대해 무리뉴와 상의할 정도로 신뢰를 보냈다. 그는 포르투갈의 라이벌 클럽 FC포르투의 제안을 받았다. 무리뉴는 "그들을 그냥 보내지 마십시오. 포르투로 꼭 가야 합니다"라고 추천했다. 결국 롭슨은 무리뉴와 함께 포르투에 입단했고, 포르투갈 리그 2연속 우승으로 명예회복에 성공했다.

1996년 여름 FC바르셀로나가 롭슨에 손을 내밀었다. 무리뉴는 롭슨의 스페인행도 함께했다. 역할은 통역사였다. 무리뉴의 당시

나이는 33세였다. 롭슨은 "난 그에게 코치직을 제안하지는 않았다"라고 말했다. 공식적으로 두 가지 업무를 병행하는 것은 무리였다. 하지만 실제로는 두 가지 이상의 직무를 수행했다. 무리뉴는 늘 통역사 그 이상의 영향력을 행사했다. 훈련 시스템을 구성하고 지도했으며, 전략을 고민했다. 상대팀에 대한 분석 리포트를 작성하는 것부터 롭슨이 필요로 한 모든 일을 했다. 대신에 기자회견에서 언론을 상대로 롭슨의 말을 전하는 일은 줄어들었다.

사실상 그는 통역사 이상일뿐 아니라 코치 이상이었다. 그가 많은 일을 할 줄 알았기 때문이다. 롭슨은 무리뉴의 보고서를 받아들고 "충격을 받았다. 흠잡을 데가 없었기 때문이다. 더할 나위 없이 훌륭했다. 내가 본 가장 완벽한 보고서였다."라고 극찬했다. 그는 무리뉴에게 "잘했다, 아들아"라고 말한 적까지 있었다. 클럽 역시 이 사실을 잘 알고 있었다. FC바르셀로나 입성 당시 무리뉴의 연봉은 3만 5천 파운드였다. 한국 돈으로 6,000만 원가량이다. 당시 물가를 감안하면 엄청난 액수다. 그는 축구 역사상 최고액 급여를 받은 통역사였다.

롭슨은 1996/1997시즌에 수페르코파 데 에스파냐Supercopa de Espana, 코파델레이Copa del Rey, UEFA 컵 위너스 컵Cup Winner's Cup 우승을 이뤘다. 롭슨과 무리뉴 모두에게 스페인 바르셀로나에서의 생활은 커다란 도전이었다. 무리뉴는 심지어 완벽한 통역, 선수단과의 친화를 위해 그전까지 공부한 바 없는 카탈루냐어까지 배웠다.

이처럼 롭슨의 성공 뒤에는 무리뉴의 노력이 있었다. 당시 FC바르셀로나에서 뛰었던 오스카르 가르시아Oscar Garcia는 "난 영어를 조금 할 줄 알았는데, 드레싱룸에서 무리뉴가 롭슨 감독의 말을 그대로 전하는 것이 아니라는 것을 알 수 있었다. 롭슨 더하기 무리뉴였다. 그리고 그 점이 효과를 냈다"라며 무리뉴가 자신의 방식으로 해석하고 덧붙인 통역을 했다고 밝히기도 했다.

그러나 FC바르셀로나는 롭슨 감독의 후임자를 이미 내정한 상황이었다. 롭슨에게는 총감독직을 제안하고, 요한 크루이프Johan Cruyff의 후계자로 일찌감치 점찍었던 네덜란드 출신의 루이스 판할Louis van Gaal이 1997년 여름 부임했다. 무리뉴는 판할을 보좌하며 FC바르셀로나에서 본래의 임무를 계속 이어갔다. 판할 역시 무리뉴의 능력을 인정하고 그를 신임했다. 판할은 롭슨보다 더 많은 경기에서 무리뉴를 전력 분석가로 파견했다. 판할 역시 만만치 않은 강한 개성을 갖추고 있어 종국에는 마찰이 있었지만, 무리뉴는 판할에게서도 많은 점을 배웠다.

롭슨은 이후 1998년부터 1999년까지 PSV에인트호번, 1999년부터 2004년까지 뉴캐슬유나이티드 감독으로 일한 뒤 은퇴했다. 롭슨은 이때도 무리뉴에게 다시금 함께 일할 것을 제안했으나 무리뉴는 자신만의 일을 하기 위해 이를 정중히 거절했다. FC바르셀로나의 연장 계약 제안도 거절했다. 무리뉴를 잃은 뒤 롭슨은 더 이상 우승컵을 들지 못했고, FC바르셀로나도 한동안 침체기를 겪었다. 통역사 무리뉴의 영향력이 어느 정도였는가를 증명하는 결과였다.

무리뉴에게도 통역사로 보낸 8년여의 시간이 최고의 감독이 되기 위한 가장 좋은 자양분이 된 시간이었다. 물론 단순히 통역사가 아니라 대외적으로도 코치직을 수행한 인물로 인정받았고, 지도자 경력에 불꽃을 피울 수 있었다. 무리뉴는 롭슨과 판할에게서 많은 영향을 받았다고 인정한다.

"보비 롭슨은 연구하거나 조직화하고 훈련 계획을 짜는 것에는 큰 흥미를 보이지 않았다. 그는 피치 위에서 선수들과 함께 호흡하는 것을 중시하는 감독이었다. 그는 훈련을 함께 하고 선수들과 직접 접촉하는 것을 선호했다. 그는 공격적인 감독이었다. 경기를 세 부분으로 나눈다면 롭슨의 역할은 마지막 파트였다고 할 수 있다. 마무리하고 득점하는 부분에 집중했다. 그 부분에 가장 초점을 뒀다. 난 한 걸음 물러나 공격적인 부분을 지켜보고 조직력을 개선하기 위해 노력했다. 이런 조직화 줄기야말로 수비에 직접적으로 영향을 주는 것이었다. 판할과 함께할 때 나는 훈련시간보다 30분 먼저 도착했다. 모든 훈련은 완벽하게 준비되어 있었기 때문에 신경 쓸 것이 없었다. 어떤 훈련이 이어질지 모두 알고 있었다. 체력 훈련부터 방법론적인 목적 모두 철저했다. 아주 세밀한 부분까지 계획되어 있었다. 그 어떤 것도 운에 맡기지 않았다. 다른 코치들과 내게 주어진 일은 그저 이를 실행할 뿐이었다. 롭슨과 함께 일할 때 부족했던 부분을 많이 배울 수 있었다."

판할 역시 무리뉴와 일하며 얻은 것이 많다고 밝힌 바 있다.

"그는 감독의 권위를 잘 존중하지 않는 오만한 젊은이였지만, 난 그런 그가 좋았다. 그는 고분고분한 타입이 아니었다. 그는 내가 틀리면 바로 반박했다. 내가 듣기 싫어하는 이야기를 하는 유일한 사람이었다. 결국 그의 말을 경청하기 시작했고, 종국에는 다른 누구의 말보다 그의 말을 귀담아듣게 되었다.”

무리뉴는 단순히 배움을 위해 아첨을 하거나 자신의 의견을 숨기지 않고 적극적으로 팀의 개선을 위해 노력했다. 자신이 도움을 받는 만큼 같이 일하는 다른 이들에게 도움이 되기 위해 최선을 다했다. 책임감이 투철했다.

2000년 여름, 지도자 자격증을 취득한 무리뉴는 FC바르셀로나로부터 코치직을 권유받았다. 주젭 루이스 누녜스Josep Luis Nunez 회장이 물러났고, 루이스 판 할 감독도 물러날 판이었지만 신임회장 조안 가스파르트Joan Gaspart는 무리뉴의 능력만큼은 인정했다. 그러나 무리뉴는 거절했다. 포르투갈로 돌아가 감독 일자리를 기다리며 무직으로 시간을 보내던 때에는 뉴캐슬유나이티드에 부임한 롭슨이 후임 감독직을 약속하며 수석코치 합류를 요청했지만 무리뉴는 이 역시 마다했다. 아래 단계의 경험은 충분했다.

“닮고 싶은 좋은 멘토를 만나는 것은 중요하다. 멘토는 성장할 수 있는 기반이 되어준다. 하지만 그를 무작정 따라 하려고만 한다면 그를 능가할 수 없다. 항상 자기 자신의 정체성을 유지해야 한다.”

무리뉴는 시간 낭비를 끔찍이 싫어하는 사람이다. 그는 모든 코치직 제안을 뿌리치고 감독으로 경력을 준비했다. 밑바닥부터 차근차근 단계를 밟아 경험을 축적한 ‘스페셜 원’은 신화의 서막을 열기 위한 모든 준비를 마쳤다.

“경험이 침착할 수 있도록 많이 도와준다. 부정적인 상황이든 긍정적인 상황이든 그렇다. 통제력을 잃은 시간이 있었고 감정 조절

을 하기 어려운 순간도 있었다. 지금도 그렇다. 이런 흐름은 계속
겪어야 하는 일이다."

· SPECIAL TIP ·
함께하는 이들의 장점을 흡수하라

무리뉴가 통역사 자리에 대한 제안을 자존심이 상하는 일로 받아들이거나, 문자
그대로 통역 업무에만 치중했다면 많은 배움도 기회도 잡지 못했을 것이다. 만약
통역 업무를 위해 감독을 보좌하는 일 자체에만 집중했다고 해도 다음 단계로 도
약할 수 없었을 것이다. 주어진 업무에 최선을 다하고, 나보다 많은 경험과 노하우
를 갖춘 상급자의 덕목을 온전히 흡수하고 배워야 한다. 그렇다고 그대로 모방하
라는 것은 아니다. 여러 사람의 장점을 모아 조합하고 자신의 개성을 가미한다면
자신만의 정체성을 확립한 더욱 뛰어난 리더가 될 수 있다.

02

트로피로 실력을 증명하다
: 무리뉴의 우승 역사

Jose Says, 단기 목표를 이루지 못하고 장기 계획이 필요하다는
것은 핑계에 불과하다.

성공이란 무엇인가? 저마다 다른 기준과 관점을 가지고 있기 때
문에 정의하기 어려운 문제다. 인간의 평가 기준에 완벽한 객관이
란 존재하지 않는다. 그나마 가장 주관적인 요소가 드러나지 않는
것은 결국 '숫자'다. 주제 무리뉴는 2000년 벤피카^{Benfica} 감독을 시
작으로 2013년 첼시 감독직 복귀, 맨체스터유나이티드 감독직을
거쳐 토트넘홋스퍼 감독으로 부임하기까지 20년 동안 총 4개 리그
에서 24개의 우승 트로피를 차지했다. 벤피카 시대 이후 그가 거친
팀 중에 우승컵을 들지 못하며 사임한 팀은 없었다. 객관적 지표에

서 성공이라는 평가를 내리기 충분하다.

하지만 무리뉴가 높은 명성을 얻은 이유는 그가 거둔 트로피의 숫자 때문만은 아니다. 때론 아무리 많은 트로피를 챙겼어도 높은 평가를 받지 못하는 경우도 있다. 그가 어떤 팀에서 어떤 트로피를 들어 올렸는지가 중요하다.

무수히 많은 사람들이 종사하고 있는 축구계에서 트로피를 차지하는 것은 한정된 이들에게 주어지는 특권이다. 어떤 분야든 정점에 오르는 것만이 성공은 아니다. 무리뉴 역시 백전백승의 무적은 아니다. 축구 클럽의 가치는 승리로만 평가되는 것이 아니다.

다시 처음의 질문으로 돌아가 보자. 성공이란 무엇인가? 무리뉴의 답은 명쾌하다.

"성공이란 어떤 목표를 설정하느냐에 따라 결정된다."

무리뉴가 감독으로 성공적이었다는 평가를 할 때 주목해야 할 점은 그가 어떤 목표를 설정하고 어떻게 이루었는가다. 그 목표는 자신의 주관으로 세우는 것이 아니다. 팀이 무엇을 원하느냐를 파악하는 게 우선시된다.

무리뉴는 13년 남짓한 그의 감독 경력에 적지 않은 '이직'을 했고, 저마다 다른 팀의 니즈를 완벽하게 파악한 뒤 직무에 돌입했다. 기대 이상의 성과를 거두기도 했고, 기대에 미치지 못한 결과가 나오기도 했다. 하지만 그의 경력 안에 '실패'라는 평가가 따라붙지 않는 이유는 자신이 맡은 팀이 요구한 목표에 철저히 집중했기 때문이다. 무리뉴에게 목표 설정의 오작동은 없었다.

많은 사람들이 무리뉴의 성공에 대해 알고 있지만, 그가 처음 감독직을 시작하던 당시의 이야기에 대해선 잘 알려져 있지 않다. 대부분의 사람들이 UEFA컵과 UEFA챔피언스리그 우승을 이루며 화려하게 등장한 포르투갈의 명문클럽 FC포르투 시절부터 첼시, 인터밀란, 레알마드리드를 거치며 '빅클럽'만 지휘하면서 좋은 지원과 선수단 속에 성공적인 경력을 쌓았다고 오해한다.

무리뉴는 그에 앞서 포르투갈 무대의 벤피카와 우니앙 데포르티부 디 라이리아Uniao Deportivo di Leiria의 감독을 맡아 본격적인 감독 경력을 시작했다. 그리고 이 시기야말로 그가 짧은 기간 얼마나 팀의 니즈를 잘 파악하고 충족시켰는지를 보여준다. 이어 FC포르투, 첼시, 인터밀란, 레알마드리드로 이어지는 빅클럽의 여정은 그가 거대한 목표를 어떻게 이성적으로 수행해 나아갔는지를 보여준다.

무리뉴는 성공을 위한 필수 조건으로 '목표'와 '원칙'이라는 두 단어를 강조했다. 팀과 감독, 선수가 공감하고 동의하는 명확한 목표가 없다면 방향성을 가질 수 없고, 원칙이 없다면 목표에 도달하기 위한 동력을 얻을 수 없다.

이번 장에서는 무리뉴가 각기 다른 문화와 재정, 변화무쌍한 상황 속에서 어떻게 목표를 설정하고 달성했는지 개별 사례를 통해 살펴보도록 하겠다.

무리뉴의 바이블

—

앞서 조직의 니즈를 파악하는 것에 대한 중요성을 역설했다. 하지만 그에 앞서 명확하게 정해야 하는 것은 개인의 목표다. 나 자신의 비전을 확립하지 못한 채 조직에 들어가면 나 자신이 사라지는 우를 범할 수 있다. 조직의 니즈에 충실해야 하지만 그 안에 매몰되어서는 안 된다. 내가 할 수 있는 것과 내가 해야 하는 것을 분명히 파악해야 한다.

무리뉴는 감독 일자리를 구하는 동안 이보다 더 완벽할 수 없는 자기소개서를 만들었다.

"나는 나를 고용하고 싶어 하는 누구에게든 소개할 수 있는 '프로젝트'를 가지고 있다. 나는 분명한 목표와 야망을 가지고 있다. 그리고 나의 작업을 신뢰할 수 있도록 방향을 정리한 문서도 가지고 있다."

구직 기간 동안 해야 할 일은 단순히 이력서를 넣거나 제안을 기다리는 것이 아니다. 무리뉴는 처음으로 맞이한 자유로운 시간을 달콤한 휴식만으로 보내지 않았다. 그는 자신이 걸어온 길을 모조리 정리해 자신만의 '바이블'을 만들었다. 자신의 인생과 경력을 총결산하고, 정리해 자신의 철학을 정립했다.

"그날을 잘 기억한다. 내 생에 처음으로 가져본 휴일을 맞은 해였기 때문이다. 8월이었고, 난 절대 출판될 일 없는 문서를 작성하기 시작했다. 그것은 나의 '트레이닝 파일'이다. 거기에는 내 작업의 모든 방향성이 담겨 있다. 이 문서는 목적에 따른 훈련법과 방법, 어떻게 성취하는지, 예를 들면 '이 목표를 위해선 이런 훈련을 하라' 같은 것들이 담겨 있다. 사실 이 문서는 내 아이디어를 체계화해서 정리한 것일 뿐이다. 제목을 붙인다면 '나의 트레이닝 콘셉트의 진화'가 될 것이다. 1990년의 나는 2000년과 같은 트레이닝을 하게 될 것이라고는 상상도 하지 못했다. 예를 들면 내가 스포르팅에 있을 때는 피트니스 트레이닝에 대해 많은 것을 배웠다. 두 명의 피지컬 전문가 호제르 스프리와 테르지스키에게 배움을 얻었다. 하지만 오늘날 내 접근법에는 전통적인 피지컬 트레이너를 위한 자리는 없다. 많은 것들이 시간이 지나면서 변했다. 난 그래서 매일 같이 노트에 필기를 하는 습관이 생겼다. 훈련에 대한 것은 아주 간단한 생각이라도 적었다. 내가 처음 일을 시작했던 때, 에스트렐라 다 아마도라에서 마누엘 페르난데스와 일했을 때부터 난 매일 훈련하면서 모든 것을 적었다. 사실 이 노트란 것이 내가 말한 것들을 모두 정리한 파일의 컬렉션이라고도 할 수 있다. 이걸 쓰기 시작하면서부터 난 감독이 될 준비가 명확해져 있었다."

이와 같은 작업이 가능했던 이유는 스스로 밝혔듯 꾸준히 모든 것을 기록해왔기 때문이다. 기록이 기억을 부르고, 이를 통해 오류 없이 완벽한 자신의 '로드맵'을 구성할 수 있었다. 그는 단순히 지나간 일을 정리한 것뿐 아니라 현재 축구계의 트렌드를 이끄는 수많은 자료를 검토해 자신의 바이블과 재조합했다.

무리뉴는 쉬는 동안 수백여 편의 축구 경기 비디오와 DVD를 검토했다. 과거와 현재를 융합해야 미래를 준비할 수 있기 때문이다.

무리뉴는 매번 일자리에 대한 제안을 받거나 새로운 팀과 이야기를 시작할 때 자신의 방향성을 설명하는 프레젠테이션을 준비한다. 방향성에 대한 공감이 이루어져야 마찰 없이 작업에 착수할 수 있기 때문이다. FC포르투와 계약을 맺기 전에도 그랬다. 이미 꾸준히 정리해온 '바이블'이 준비되어 있기 때문에 많은 시간을 들이지 않고 활용할 수 있었다.

"난 전체 과정을 안내하는 방향성을 담고 있는 유형의 문서를 갖는 것이 대단히 중요하다고 생각한다. 내가 회장에게 전한 것은 파워포인트 프레젠테이션 형태로 정리한 것이다. 가장 먼저 배치한 다이어그램은 전체 프로그램의 기반이 되는 아이디어다. '클럽의 콘셉트가 선수보다 중요하다.' 이 콘셉트는 첫 번째 슬라이드에 배치되어 문서 전체가 갖고 있는 구조의 기초 역할을 했다. 내가 만든 이 문서를 지금에 와서는 '바이블'이라고 부른다. 내 바이블은 전체적으로 이러한 기반을 바탕으로 작성됐다."

성장과정과 성격, 경력, 자격증은 실제로는 나의 직무 능력에 대해 전혀 설명해 줄 수 없다. 실제로 착수해야 할 일을 얼마나 잘할 수 있느냐를 말할 수 있어야 한다.

· SPECIAL TIP ·

나 자신을 어필하는 데 타인의 방식을 모방하지 말라

자기소개서 대필은 이미 흔한 일이고, 면접 전문 학원까지 생겨나고 있다. 구직도 공부하는 시대다. 팁이나 노하우를 얻는 것이 전혀 도움이 되지 않는 것은 아니지만, 본질이 아니다. 기교가 없어도 본질이 확고하면 드러나기 마련이다. 무리뉴는 "자신의 정체성을 잃지 말라. 언제나 스스로에게 당당해져라. 어느 누구도 두려워해선 안 된다"라고 조언한다. 기교를 만들고 전수하는 이들은 그들 스스로 수많은 연구 끝에 자신만의 방식을 구축했다. 단순히 다른 사람을 따라 하려고 한다면 허점이 드러나기 마련이다. 쉽게 남이 만든 성공의 길을 따라가면 나만의 특수한 막다른 골목에 다다랐을 때 해결책을 찾을 수 없다. 술책 부리려 하지 말고 솔직한 자신이 되고자 노력해야 한다. 짝퉁은 절대로 진짜를 이길 수 없다. 무리뉴가 전하는 채찍이다.

올바른 목표 설정이 성공의 절반이다

—

통역관이자 코치로 무리뉴를 신임했던 네덜란드 출신의 명장 루이스 판 할은 무리뉴의 철학에 대해 이렇게 설명했다.

"그는 언제나 공격보다는 수비에 더 많은 믿음을 가졌다. 내 철학은 대중을 더 환호시킬 수 있는 축구이기에 공격에 치중했다. 그의 철학은 승리였다."

이는 무리뉴가 자신만의 색깔을 가지지 못했다는 뜻으로 해석할 수도 있지만, 어떤 팀이라도 맡을 수 있는 융통성을 가진 감독이라고도 해석할 수 있다. 자신의 색깔에 집착하게 되면 맡을 수 있는 팀이 제한된다. 팀을 맡게 돼도 자신의 방식으로 작동시키기 위해 많은 일을 오랜 시간에 걸쳐 준비해야 한다. 참을성이 사라지고 있는 요즘 같은 시대에 살아남기 힘든 방식이다.

무리뉴는 "장기적 팀 빌딩이라는 표현은 감독들에게 커다란 핑곗거리가 된다. 왜 첫 시즌에 팀을 구성하고 우승할 수 없는가? 팀은 언제나 발전할 수 있다."라는 말로 자신의 철학에 대한 세간의 비판을 일축하는 동시에, 성공하지 못한 다른 감독들의 방식에 비판을 가했다. 목표 설정의 방향성을 다르게 하면 빠른 성공을 거둘 수 있다는 것이다.

무리뉴의 오른팔로 유명한 코치 후이 파리아Rui Faria는 경기에 임하는 무리뉴의 우선순위를 설명했다.

"첫 번째는 멋진 경기로 승리하는 것이고 두 번째는 멋진 경기는 아니지만 승리하는 것이다. 세 번째는 멋진 경기로 무승부, 네번째는 경기 내용이 좋지 않지만 비기는 것이다. 마지막이 패배다. 무리뉴에게 패배란 어떤 경기를 하든 멋진 경기가 될 수 없다."

철저한 승리주의자인 무리뉴는 레알마드리드 부임 첫 시즌에 팀이 6년간 이어온 UEFA챔피언스리그 16강 징크스와 올랭피크 리옹Olympique Lyon 징크스를 무너트린 뒤 기뻐하는 플로렌티노 페레스Florentino Perez 회장에게 "너무 그럴 것 없다. 나와 함께라면 정상적인 일이다. 그전까지 있었던 일들이 비정상적이었다"라고 의기양양하게 말했다.

무리뉴는 자신의 철학을 구축하는 것만큼이나 다양한 사회 문화적 환경에 대해 파악하는 것이 성공의 중요한 요소라고 말한다. 그것 또한 올바른 목표 설정 과정에 중요한 요소라는 것이다.

"축구의 성공에 있어서 문화적인 측면은 아주 중요하다. 첼시 감독으로 바르사Barça(FC바르셀로나의 애칭)를 상대했을 때 이런 말을 한

적이 있다. 많은 이들이 같은 질문을 한다. 누가 더 강한가? 당시 첼시는 아주 강했다. 잉글랜드 챔피언이었다. 바르사 역시 스페인 챔피언이었고, 우리는 챔피언스리그에서 격돌했다. 난 말했다. 첼시는 잉글랜드 챔피언이지만 스페인에선 우승하지 못할 것이다. 그리고 바르사는 스페인 챔피언이지만 프리미어리그에서 우승하지 못할 것이다. 팀을 구축하는 과정에서 문화적인 면을 파악해야 한다. 그리고 우승하기 위해 어떤 능력이 필요한지 알아야 한다. 4~5년 전의 바르사라면 프리미어리그에서 우승하지 못했을 것이다. 뭐, 오늘날 바르사라면 가능하겠지만. 감독은 이런 말을 해선 안 된다. '이게 내 시스템이고 철학이다.' 만약 펩 과르디올라가 잉글랜드나 이탈리아로 간다면 그의 팀이 바르사처럼 플레이할지 보고 싶다. 내가 레알마드리드에서도 인터밀란에서 했던 축구를 똑같이 할 수 있을까? 불가능하다. 문화적 측면이 아주 중요하다. 국민성이라는 면도 고려해야 한다. 감독들은 자신만의 경기 스타일이 있고, 그 점을 포기할 수 없지만 클럽의 특징과 리그의 특징을 고려하는 것이 기본이다. 그 점을 무시하고 자신의 고집만 생각하면 자기 자신을 적으로 삼게 되는 것이다."

무리뉴가 단기적 성과에만 집착한 것은 아니다. 전지전능한 감독, 백전백승의 감독도 없다. 리그와 상황, 클럽마다 다른 여건에 충실한 목표 설정을 해야 한다. 인터밀란 감독 부임 당시 무리뉴는 "모든 대회에서 우승하고 싶지만 쉬운 일은 아니다. 이탈리아에는 우승을 열망하는 3~4개의 팀이 있다. 모라티 회장은 나와 같은 류의 열정을 가지고 일해 왔다. 회장과 나는 지속적으로 우승할 수

있는 팀을 만드는 미래의 기반을 구축하는 것이 필요하다고 뜻을
모았다"라고 말했다.

경쟁, 규율을 잃은 팀을 두 달 만에 변화시킨 마법

무리뉴는 1999/2000시즌 말미 포르투갈의 명문클럽 벤피카
로부터 처음으로 제안을 받았다. 당시 벤피카는 독일 출신의 유
프 하인케스Jupp Heynckes와 2년 계약을 맺었고, 무리뉴에겐 수석코
치직으로 4년 계약을 제시했다. 그러나 무리뉴는 이를 거절했다.
2000/2001시즌이 시작된 지 4주 만에 하인케스 감독이 경질되자
벤피카는 감독직을 원하던 37세의 젊은 무리뉴에게 팀을 맡겼다.
클럽이 원한 것은 유소년 출신의 선수들로 포르투갈의 정체성을
갖는 것과 우승 트로피를 통해 다시 명문클럽의 위상을 되찾는 것
이었다.

시즌 도중에 부임한 무리뉴는 추가적으로 선수 영입을 할 수 없
었다. 기존의 자원으로 목표를 달성해야 했다. 어려운 여건이었다.
무리뉴가 부임했을 때 파악한 벤피카의 가장 큰 문제는 선수단이
규율을 잃은 것이었다. 훈련을 하지 않는 4~5명의 선수들이 늘 있
었다. 몇몇 주전 선수들이 사소한 부상을 핑계로, 단순한 근육 경
련을 이유로 팀 훈련에서 빠졌다. 이들은 클럽 의료진과 친밀한 관
계를 이용해 힘든 훈련을 빠져나갔다. 훈련 분위기에 의욕이라고
는 찾아볼 수 없었다. 심지어 정강이 보호대를 착용하지 않고 팀
훈련에 임하는 선수도 수두룩했다. 훈련 중에 격렬한 몸싸움도, 기
필코 내가 상대를 넘어 멋진 장면을 만들어 보겠다는 의지도 보이

지 않았다. 무리뉴는 선수들에 대해 "우스꽝스러운 수준"이라고 표현했다. 겉보기로는 그럴싸한 멀끔하게 잘 생긴 몸 좋은 청년들이 무의미한 공놀이를 하는 수준이었다.

문제가 명확하면 해결책을 찾는 것도 그만큼 쉽다. 무리뉴는 클럽의 기대대로 유소년 팀 출신 선수들을 활용했다. 그리고 이것이 팀의 훈련장 분위기를 바꾸는 계기가 됐다. 팀이 팀다운 모습을 찾기까지는 두 달이 채 걸리지 않았다. 노력하는 선수들이 나타나기 시작했고, 최선을 다한 선수들이 선발 명단에 들었다.

"난 한 달에 750유로 정도를 벌면서 운동하는 B팀의 '무명' 선수 지오구 루이스 Diogo Luis, 제랄두 Geraldo, 누누 아브레우 Nuno Abreu를 1군에 합류시켜달라고 요청했다. 젊은 선수들은 '스타' 선수들과 훈련하고 싶어 했고, 굉장히 경쟁적이고 열정적이었다. 며칠 후 그들은 '대포알 형제들'로 불리기 시작했다. 이 세 명의 어린 선수들이 주입한 경쟁적인 상황과 명확한 목표 의식의 다른 모든 선수들까지도 사고방식을 바꾸도록 만들었다. 나 역시 변화를 줬다. 방법론을 바꾼 것은 아니지만, 훈련 방식을 다르게 했다. 예를 들어, 가로와 세로가 30미터인 정사각형 안에 두 팀이 공을 뺏는 게임을 시킨다. 그다음에는 30미터를 10미터로 줄인다. 그러면 선수들이 더 가까워지면서 신체적 접촉과 적극성과 경쟁심이 증가한다. 이를 통해 나는 또 다른 변화를 가져오는 데 성공했다. 선수들이 정강이 보호대를 착용하기 시작했다."

경쟁 구도는 B팀의 일부 어린 선수들을 1군 팀에 합류시키는 정도로 끝나지 않았다. 1군 팀과 B팀의 실전 같은 연습 경기를 개최

했다. 무리뉴는 이 경기에 정식 심판까지 세팅했다. 1군 선수들에 겐 자극을 주고 B팀 선수들의 진짜 능력을 확인할 수 있는 기회였다.

무리뉴는 이 경기를 통해서 정신자세에 교정이 필요한 선수를 색출하는 데 성공했다. 1군 팀의 주전 미드필더 마니시^{Maniche}가 경기 시작 2분 만에 거친 태클로 퇴장을 당했다. 그는 어슬렁어슬렁 드레싱룸으로 걸어 들어갔다. 무리뉴는 코치에게 마니시를 전반 전이 끝나기 전까지 경기장 주위를 뛰게 하라고 지시했다. 명백한 '얼차려'였다. 마니시는 온몸으로 불만을 표했다. 8분 동안 겨우 두 바퀴밖에 돌지 못했다. 무리뉴는 이 모습을 보고 라커룸으로 가서 샤워를 해도 좋다고 했다.

다음 날 마니시가 훈련장에 오자 무리뉴는 그에게 B팀으로 가라고 지시했다.

"어제 너는 8분 동안 고작 800미터밖에 뛰지 못했다. 이는 두 가지 사실을 의미한다. 네게 정신적인 문제가 있어서 이를 해결해야 하거나, 신체적 문제가 있으니 그것을 찾아서 치료를 해야 한다는 것이다. 그러니 더 이상 정신적, 신체적 문제가 없을 때까지 B팀에서 훈련하면서 문제를 찾아봐라. 그다음에 나를 만나러 와라."

마니시는 4일 뒤에 무리뉴 감독을 찾아와 자신이 보인 프로답지 못했던 태도를 정중하게 사과했다. 무리뉴는 그에게 1,000유로의 벌금을 매긴 뒤 다시 1군 팀 주전으로 기용했다. 마니시 사건이 벌어진 이후 벤피카의 규율은 확실하게 잡혔다. 무리뉴의 벤피카는 부임 첫 경기 패배를 제외하면 총 10경기에서 6승 3무 1패를 기록했다.

작은 팀이 성공하려면 빅클럽처럼 경기해야 한다

무리뉴는 코치직과 결별을 선언하고 감독 일자리를 구하던 당시 이렇게 말했다.

"몇몇 포르투갈의 감독들은 해외로 나가서 일하기를 원한다. 심지어 축구에 있어는 '제3세계' 같은 곳이라도 그렇다. 반면 포르투갈 안에 있는 작은 클럽에서 일할 바에야 아무것도 하지 않기를 택하는 감독들도 있다. 하지만 난 그런 경우에 해당하는 사람이 아니다. 결코 그렇게 되지 않을 것이다. 중요한 것은 자부심을 갖고 일하는 것이다. 난 그런 상황들과 싸워야 한다는 것을 알고 있었다. 머지않은 미래에 난 작은 팀에서 일하게 될 것이라고 생각했다. 1부 리그의 어떤 팀이라도 감독을 맡을 준비가 되어 있었다. 강등의 위협에 시달리는 팀이라도 상관없었다."

실제로 무리뉴가 맡은 첫 번째 팀은 벤피카라는 큰 팀이었지만, 그다음으로 부임한 UD라이리아는 포르투갈의 군소 클럽이었다. 시즌 도중 자신이 도출한 결과와 상관없이 일자리를 잃은 무리뉴는 2000년 4월 UD라이리아의 감독직 제안을 받고 이사진과 미팅을 가졌다. 오랜 기간 하부리그에 머물렀고, 1부 리그에서도 중하위권 성적을 기록하던 라이리아는 당시 마누엘 주제 감독의 지휘 아래 돌풍을 일으키고 있었다. 시즌이 채 끝나기도 전에 찾아온 제안에 무리뉴는 단도직입적으로 물었다.

"팀이 순항 중인데 왜 새로운 감독을 찾는 것인가? 라이리아는 지금 7위인데 이보다 더 잘하기를 바라는 건가?"

무리뉴 역시 대단한 야심가이지만 동시에 현실주의자다. 이미 기대치 이상의 성과를 낸 팀을 맡는 것은 위험한 도박이 될 수 있다. 그래서 무리뉴는 감독직 제의를 수락하기 전에 클럽 이사진이 바라는 명확한 목표를 듣고자 했다.

우선 UD라이리아의 돌풍을 이끈 마누엘 주제Manuel Jose 감독이 시즌을 마치는 대로 떠날 예정이었다. 라이리아 이사진은 여러 감독 후보 리스트를 가지고 있다고 솔직하게 털어놨다. 벤피카에서 검증된 무리뉴는 그중 최우선 순위에 있었다.

무리뉴에게 제시된 연봉은 벤피카 시절의 절반에 불과했다. 하지만 무리뉴에게 중요한 것은 연봉의 액수가 아니라 이제 막 시작된 자신의 감독 커리어에 UD라이리아라는 팀을 맡아 팀과 개인의 목표를 모두 완수할 수 있느냐였다. 무리뉴는 생각할 시간을 달라고 했다. 그 사이 그는 머릿속으로 막연한 고민을 한 것이 아니라 자신이 UD라이리아의 감독이 될 경우 시행할 '마스터 플랜'을 만들어 시뮬레이션을 해봤다. 이 작업이 성공적일 경우 수락하기로 한 것이다.

2차 미팅에서 무리뉴는 라이리아의 상황에 대한 분석 자료를 건넸다. 얼마 지나지 않아 UD라이리아 감독 부임이 확정됐다. 하지만 무리뉴는 작은 클럽에서 오래 있길 바라지 않았기 때문에 한 시즌을 보낸 뒤 빅클럽 중 한 곳으로 이적할 수 있다고 라이리아 회장인 주앙 바르톨로메우Juao Bartolomeu에게 솔직하게 말했다. 클럽의 목표만큼이나 자신의 목표에 대해서도 명확하게 설정하고 전달한 것이다. 그는 계약을 맺고 진행할 때 언제나 솔직했다.

무리뉴는 작업에 착수한 이후에는 떠날 것이라는 생각을 모두 지우고 눈앞에 보이는 일에만 매진했다. 브라질로 직접 날아가 한 달 동안 체류하며 클럽 재정에 알맞은 영입 선수를 물색했고, 수많은 경기 비디오를 검토했다. 새 시즌을 준비하고 있던 무리뉴에게 라이리아 감독직에 대한 부담감은 팀이 5위라는 클럽 역대 최고의 성적을 내면서 더욱 커졌다.

2000/2001시즌의 최종 순위표가 5위로 결정된 것은 무리뉴가 부임한 이후였지만, 이는 무리뉴 자신도 전임 감독 마누엘 주제의 성과로 여겼다. 이 성적은 무리뉴가 회장 선거라는 정치적인 이유로 시즌 도중에 지휘봉을 내려놓은 벤피카가 기록한 6위보다 높았다. 무리뉴는 "내게 임팩트를 준 결과였다. 난 어떤 상황이든 반드시 이것보다 나은 결과를 내자고 생각했다. 난 똑같은 결과를 재현하는 일에는 관심이 없었다. 오직 더 잘해내는 것에만 관심이 있었다"라며 당시를 회고했다.

그가 설정한 목표는 4위 이내였다. UD라이리아가 바라보기엔 불가능에 가까운 순위였다. 이제 막 경력을 시작하던 무리뉴에겐 강렬한 인상이 필요했다. 벤피카에서의 매듭짓지 못한 성공을 현실화해야 했다. 어설픈 결과는 시간낭비에 불과해진다. 성적은 보장하고 약속할 수 있는 것이 아니다. 무리뉴는 지난 시즌 UD라이리아가 보인 성공과 차별화되는 결과물을 내놓아야 했다. 그는 UD라이리아가 경제적으로도 성공적인 시즌을 보내게 하겠다는 목표를 수립했다. 빅클럽이 큰돈을 지불하고 UD라이리아의 선수를 데려가도록 하겠다는 것이다.

무리뉴는 시즌 개막에 앞서 주앙 바르톨로메우 라이리아 회장에게 다음과 같이 제안했다.

"회장님, 팀의 순위는 이제 충분히 회자되었습니다. 지난 시즌은 훌륭했고 그보다 더 잘하기란 아주 어려운 일이 되겠죠. 이 목표를 잃지 않으면서 우리가 더욱 박차를 가할 수 있는 다른 목표를 세워야 합니다. 시즌이 끝날 때 몇몇 선수들을 이적시켜 돈을 벌어야 합니다. 그러기 위해선 빅클럽이 관심을 끌 만한 선수로 만들어야겠죠. 그러려면 우리는 빅클럽처럼 플레이해야 합니다. FC바르셀로나, 포르투 그리고 스포르팅의 스카우트의 경우, 전 그들이 지금 어떤 방식으로 선수를 찾는지 알고 있습니다. 그들은 팀의 경기 철학에 맞게 뛰는 선수를 물색하죠. 그런 유형의 선수들이 그들에게 인상을 남깁니다. 팀의 수비에 기여하는 공격수에 관심을 갖는 이들은 없습니다. 스트라이커에 대해 말하려면 공격적인 축구를 좋아하고 그 무엇보다 공격적인 마인드를 갖춘 선수를 선호합니다. 기본적으로 스카우트가 작은 클럽에 있지만 빅클럽에도 통할 것이라고 느끼게 만들어야 합니다."

무리뉴는 선수들에게 "우리는 지난 시즌처럼 수비를 잘해야 하지만 더 적은 수의 선수들로 이를 구현해야 한다. 지배하는 경기를 더 많이 해야 하고, 지배당하는 상황은 최소화해야 한다. 역습은 줄이고 공격 점유율을 높이자. 더 많은 골을 넣어야 한다"라고 말했고, 무리뉴의 훈련 방식은 이를 가능하게 만들었다. 무리뉴의 방식은 회장과 선수단 모두에게 의심의 눈길을 받았다. 하지만 경기 내용이 공격적으로 바뀐 것과 더불어 성적이 뒷받침되면서 전폭적인 지지를 받을 수 있었다. UD라이리아는 2001/2002시즌 무리뉴 체제에서 전반기 19경기 동안 무시무시한 성과를 냈다. 3위에 승점 1점이 뒤진 4위까지 올라서며 목표에 도달했다. 전 시즌과 같은 시간 성적을 비교하면 승리와 득점이 모두 늘었고, 패배와 실점은 모두 줄었다.

무리뉴가 지키지 않은 약속은 한 가지였다. 그는 시즌이 끝난 뒤에 빅클럽으로 떠나겠다고 했지만, 전반기를 마친 뒤 새로운 직장으로 떠나게 됐다. 전반기에 최악의 부진을 겪은 벤피카와 FC포르투가 크리스마스 휴식기에 무리뉴에게 간곡한 제안을 해왔다. 무리뉴는 자신과 오랜 인연을 맺어온 FC포르투 회장 조르제 핀투 다 코스타Jorge Pinto da Costa의 제안을 거절할 수 없었다. UD라이리아는 무리뉴가 떠난 뒤 흔들리며 10위로 시즌을 마쳤지만, 몇 년에 걸쳐 핵심 선수 다수를 높은 값에 빅클럽으로 이적시킬 수 있었다.

포르투에서 공격 축구를 선언하다

무리뉴가 수비 전술을 가다듬는 데 많은 공을 들인 것은 사실이지만, 그의 축구 철학이 수비라고 생각하는 것은 큰 오해다. 지속적으로 언급한 대로 무리뉴는 클럽의 니즈를 충족시키는 데 주력했다. 포르투갈 리그 전통의 강호 FC포르투는 공격적이고 지배하는 축구로 우승하고 싶다는 열망을 피력해왔다. 무리뉴 역시 FC포르투가 바라는 바를 잘 이해하고 있었다.

무리뉴가 부임한 2001/2002시즌 후반기 포르투는 자신이 맡고 있던 UD라이리아보다 낮은 순위인 6위로 처져 있었다. 이미 포르투갈컵에서는 탈락한 상황이었다. 팀의 이름값은 UD라이리아보다 훨씬 높았지만, 상황은 훨씬 좋지 않았다. 무리뉴는 스스로 "26년 동안 지켜본 최악의 포르투"라는 독설을 서슴지 않았다. 무리뉴는 부임 당시 기자회견에서 두 가지 공약을 내걸었다.

"나는 우리가 올 시즌 우승을 차지했으면 좋겠다. 하지만 이는 우리에게 달린 문제가 아니다. 제3자의 영향을 받는다. 우리가 이기는 것만으로는 충분하지 않다. 먼저 토요일에 있을 마리치무Maritimo와의 경기에서 승리해 승점을 쌓는 것으로 시작할 필요가 있다."

"난 공격 축구를 시도할 것이라고 약속한다. 이 목표를 가지고 매일 같이 훈련할 것이다. 우리가 시스템적으로 완벽해지고 자동적인 모델을 갖출 때까지 공격 축구를 위해 나아갈 것이다. 그날이 오면 우리는 공격 축구를 보여줄 수 있을 것이다. 그전까지는 공격 축구를 위해 끊임없이 노력할 것이다."

공약을 동시에 이행할 수는 없었다. 무리뉴는 먼저 시급한 승리를 챙긴 뒤, 이 승리를 아름답게 꾸며나가겠다고 선언했다. 무리뉴의 부임과 함께 포르투는 4연승을 달렸다. 하지만 무리뉴는 자신의 영향력이 전혀 행사되지 않은 '마구잡이로 영입된 선수들이 모인 팀'을 우승으로 이끄는 기적은 일으킬 수 없었다. 그는 냉정하게 현실을 인정하고 이 나머지 반 시즌 동안을 다음 시즌을 위해 초석을 다지는 시간으로 사용했다.

"나는 딜레마를 마주했다. 다음 시즌에도 나의 팀에 속하게 될 10명에서 12명의 선수를 꽉 잡고 가야 할지, 그들을 중심으로 미래를 준비해야 할지, 아니면 내 방법이 먹히지 않는 전체 그룹 모두를 끌어올려야 하는 것이 좋을지? 시즌 도중에 일을 시작한 감독이 할 수 있는 것은 언제나 두 가지 선택뿐이다. 첫 번째는 심리적으로 충격을 주는 것인데, 난 이 방식을 별로 믿지 않는다. 또 다른 한 가지는 방법론적인 충격을 주는 것이다. 전자는 순수하게 감독이 바뀌었다는 사실과 관련해서 찾아오는 효과다. 아주 짧은 시간 동안밖에 효과를 주지 못한다. 선수들의 심리적 수준에 따라 달라지기 때문이다. 모두가 새로운 감독 앞에서 자신을 증명하고자 할 때는 먹히겠지만, 누가 선발로 나서고 누가 벤치에 앉게 될지 정해지면 원상 복구된다. 이 시점이 됐을 때 감독은 선택을 해야 한다. 소강상태에 처하고 모든 것이 이전과 같아진다면 감독은 방법론적인 충격을 줘야 한다. 이는 전자와 반대로 장기간 효과를 발휘한다. 구조 자체를 바꾸는 일이기 때문이다. 이 경우 일에 대한 철학과 플레이의 모델 자체를 바꿀 수 있다."

포르투는 2001/2002시즌을 3위로 마치며 다음 시즌 UEFA컵 출전권을 얻었다. 그리고 2002/2003시즌과 2003/2004시즌에 무리뉴의 포르투는 공격적인 축구로 자국 리그와 유럽 대항전 모두에서 역사적인 성공을 거두었다.

인터밀란, 개혁 없이 우승하기

무리뉴는 2008년에 인터밀란의 감독으로 부임하면서 "프로정신, 열정, 존중 그리고 한계 없는 야망이 나의 철학이다. 난 언제나 큰 도박과 같은 목표를 설정한다"라고 야심찬 출사표를 던졌다. 이는 그 자신이 자신만만해서가 아니라, 이탈리아 축구계가 원하고, 인터밀란이라는 클럽이 바라는 것이 바로 원대한 꿈을 이루는 것이기 때문이었다. 하지만 거대한 목표를 실행하는 과정에는 뜨거운 감성보다 냉철한 이성이 더 중요하다. 그는 이탈리아 축구계에서 성공하기 위해 자신이 그동안 해왔던 팀 빌딩 방식 대신 새로운 방법론을 실험했다.

"인터밀란은 내가 개혁에 나서지 않은 첫 번째 클럽이다. 포르투에 부임했을 때는 16명의 선수를 교체했다. 첼시에서도 첫 시즌에만 8명에서 10명의 선수들(페트르 체흐, 파울루 페헤이라, 히카르두 카르발류, 티아구, 디디에 드로그바, 아르연 로번 등 훗날 첼시의 뼈대를 이룬 선수들이 모두 무리뉴의 선택으로 첼시에 왔다)을 바꿨다. 인터밀란에서는 선수들을 그대로 남겨뒀다. 그리고 내가 좋아하는 아이디어를 적용하는 대신 그들의 잠재력이나 실력, 성격에 맞게 내 방법을 바꿨다. 새로운 경험이었다. 새로운 클럽을 맡을 때는 언제나 훨씬 단도직입적이었으니까. 첫날부터 전혀 다른 시도를 하곤 했지만 여기서는 그럴 수 없었다. 좋은 선수들이 아니라는 얘기는 아니다. 다른 철학을 갖고 있다는 것이다. 내 방식대로 끌고 가려고 했지만 그럴 순 없었다. 그러니 상황을 연구하고 적응해야 했다. 심지어 내 훈련방법까지 바꿔야 했다. 지금의 선수들과 함께 성공할 수 있는 환경을 조성하기 위해 적응해야 했다. 만일 내가 이곳을 개혁하겠다고 결심했다면 한 시즌은 걸렸을 것이고, 첫해에는 성공을 거둘 수 없었을 것이다. 나는 이탈리아인들의 성질을 알고 있기 때문에 승리를 원했다. 세리에A 우승이 큰 목표였다. 물론 챔피언스리그도 중요하다. 하지만 세리에A에서 우승하고 싶은 마음이 더 컸다. 그래서 선수들이 편안함을 느낄 수 있는 방식을 따라야 했다. 내가 팀에 맞춰야 했다."

무리뉴는 첫해에 목표로 삼은 세리에A 우승을 이뤘고, 이듬해 자신의 철학을 가미한 팀으로 UEFA챔피언스리그 우승을 이루며 도박과 같은 높은 목표를 달성하는 데 성공했다.

개별 사례로 세세하게 언급하지 않은 잉글랜드 클럽 첼시의 경우 돈으로 사들인 성공이라는 비판을 일축하기 위해 맨체스터유나이티드와 아스널, 리버풀 같은 역사를 가진 경쟁 팀들을 완벽히 제압하며 어설픈 승리가 아닌 압도적인 우승을 지속시키며 팀에 명문이라는 위상을 안겨다 주었다. 스페인 클럽 레알마드리드에서는 FC포르투 재직 시절과 마찬가지로 공격 축구를 시도했고, 가장 큰 목표였던 FC바르셀로나와의 엘클라시코 더비전에서 승리하고, 스페인 국내 타이틀을 모두 섭렵하는 성과를 냈다.

특정한 상황에만 통용되고, 한 가지 방법 외에 성공의 방정식이 없다면 반쪽짜리 리더십이다. 성공하는 리더가 되기 위해선 모든 상황에 반응할 수 있어야 한다. 무리뉴는 성공에 안주하지 않고 계속해서 추구하는 이상이 다른 여러 나라의 무대를 거치며 자신을 갈고닦았다. 이는 방랑벽이 아니라 자신의 부족한 점을 채우기 위한 여정이다.

간접 경험은 결코 직접 경험을 이길 수 없다. 시뮬레이션은 언제나 실제 결과와 오차가 있을 수밖에 없다. 가장 완벽한 방법론을 구축하기 위해선 끊임없이 새로운 상황에 적용하고 시험해야 한다. 내가 자리 잡고 있는 이 무대도 결국 거대한 변혁의 소용돌이에 휩쓸려 새로운 방식을 필요로 할 순간이 오기 마련이다. 세상은 어느 때보다 빠르게 변하고 있다. 세상보다 빠르게 변화해야 변화의 물결에 휩쓸려 좌초하지 않을 수 있다.

· SPECIAL TIP ·
다른 나라에서 같은 직종의 작업 방식을 경험하라

무리뉴는 잉글랜드 축구의 속도, 이탈리아 축구의 전술, 스페인 축구의 기술을 배우기 위해 다양한 리그에 도전하는 것을 감독으로서 목표로 설정했다. 다른 나라에서는 내가 종사하고 있는 분야의 작업 방식이 어떤 면에서 같고, 어떤 면에서 다른지 조사하라. 그들이 가진 남다른 노하우를 배우고 국내 실정에 어떻게 적용할 수 있는지 연구하라. 이는 나 자신의 방법론에 다양성을 가져다줄 뿐 아니라, 다른 나라에서 일할 수 있는 기회의 발판이 될 수도 있다. 직접 경험하는 것도 좋지만 상황이 여의치 않으면 방문답사와 일대일 교류를 통해 배워라.

샴페인을 터트리기 전에 혁신하라

—

"한 번 이겼다고 웃는 사람들이 있다. 그러나 내겐 승리를 자축할 시간이 없다."

다양한 목표를 수립하고 달성했다는 것은 그만큼 자신의 방법론에 혁신을 시도했다는 이야기다. 무리뉴 감독은 눈앞에 거둔 승리에 취하는 사람이 아니다. 이는 굳이 무대를 옮길 때만 통용되는 이야기가 아니다. 한 번 성공을 거둔 방식은 또 다른 도전을 받게 되기 마련이다. 무리뉴가 FC포르투를 이끌던 시절 골문을 지켰던 비토르 바이아Vitor Baia는 "무리뉴는 새로운 해결책을 찾기 위해 언제나 진화한다. 첼시, 인터밀란, 레알마드리드라는 판이한 현실을 잘 받아들였다. 챔피언이었던 감독이 매번 똑같은 방식을 쓴다고 상상해보라. 분명 실패할 것이다. 상황은 고정된 것이 아니다. 항상 유동적"이라고 말했다.

산의 정상에 오르는 것보다 정상을 지키는 것이 더 어렵다. 수많은 성공적인 축구팀들이 정상에 오르는 데 걸린 시간보다 빠르게 정상에서 내려왔다. 하지만 무리뉴의 팀은 쉽게 정상에서 내려오지 않았다. 포르투는 2년 연속 리그 우승과 유럽대항전 우승을 이뤘고, 첼시는 22년 만에 2년 연속 프리미어리그 우승을 차지한 팀이 됐다. 인터밀란 역시 2년 연속 리그 우승을 지켰고, 레알마드리드는 3년 연속 매 시즌 한 개씩의 트로피를 들어 올렸다. 무리뉴는 해당 시즌의 우승 행사가 진행된 이후, 여름휴가 기간을 가지기도 전에 우승의 단꿈에 젖어 있는 선수들의 정신 다잡기에 나선다.

"내가 지나친 생각을 하는 것일 수도 있고, 내 생각이 완전히 틀릴 수도 있다. 하지만 나는 치료하는 것보다는 예방하는 것이 더 좋다고 생각한다. 난 어떤 종류의 충돌에도 준비가 되어 있다. 타이틀 몇 개를 얻었다고 해서 느슨해져선 안 된다. 나를 도와달라. 모두 힘을 합쳐 우리 모두가 우리 삶에 등장한 새로운 상황에 대처하는 법을 알고 우리를 유혹하는 모든 종류의 게으름과 맞서 싸우자. 우리는 언제나 우리의 감정을 컨트롤할 수 있어야 한다. 개인의 수준과 팀 수준 모두에서 그렇게 할 수 있어야 한다. 그렇지 못한다면 우리는 여정의 도중에 패배하게 될 것이다."

무리뉴의 첫 번째 공식 자서전을 쓴 포르투갈 언론인 루이스 로렌소Luis Lorenço는 다음과 같이 평가했다.

"무리뉴는 꾸준히 발전하는 감독이다. 그의 아이디어, 트레이닝 방법론, 전술적 측면은 모두 철저한 분석과 연구에서 나오는 것이다. 그는 이렇게 발전해왔다. 매 시즌의 끝에는 그가 이뤄낸 타이틀이 있다. 그러나 그는 항상 휴가를 반납하고 미래를 준비한다. 지난 시즌의 성과와 별개로 그는 언제나 다음 시즌을 바라본다. 결코 제자리에 머물러 있지 않는다."

하지만 혁신을 위해서는 감독을 위한 지지대가 필요하다. 눈앞의 성적에 급급해선 혁신이라는 더 큰 한 걸음을 나아갈 수 없다. 무리뉴는 전술적으로 가장 뛰어나다는 평가를 받은 이탈리아 세리에A의 정체 현상에 대해 일침을 가했다.

"해임에 대한 두려움과 돈에 눈이 먼 클럽 회장들이 칼초Calcio(이탈리아에서 축구를 뜻하는 말) 감독들로 하여금 안전제일주의 전술을 선택하게 강요하고 있다. 세리에A 감독들은 혁신적이기를 원하지 않는다. 그들은 단지 살아남기만을 원한다. 잉글랜드 감독들은 첫 번째 계약기간을 채우는 경우가 많다. 심지어 두 번, 세 번 계약기간을 연장하는 경우도 있다. 그러면서 팀을 발전시켰다. 이탈리아는 결과에만 너무 집착한다. 이기면 살아남고 그렇지 못하면 바로 떠나야 한다."

· SPECIAL TIP ·

나의 방식을 누구든 따라 할 수 있다

스스로 성공을 위한 방정식과 구조를 만들었다고 안주해서는 안 된다. 정보 공유가 급속도로 발달하고 있는 이 시대에 더 이상 비밀은 없다. 나의 방식을 누군가가 보완하고 발전시켜 나의 지위를 위협하는 일은 언제든 일어날 수 있다. 이를 비판해봤자 패자의 변명이 될 뿐이다. 애플의 아이폰과 아이패드 시리즈와 모방 논란을 빚은 삼성의 갤럭시 시리즈는 계속된 혁신을 통해 애플을 뛰어넘는 판매량으로 시장의 판도를 뒤집기도 했다. 무리뉴는 "난 내가 새로운 방식을 도입했다고 말하고 싶지 않다. 축구계에는 지적 재산권이란 개념이 존재하지 않기 때문이다. 이런저런 것에 자신이 선구자라고 말하는 누군가는 언제든지 나타날 수 있다"라고 혁신의 필요성을 역설했다.

날 원하지만 더 이상 필요로 하지 않는다면 떠나라

—

이 세상에 완벽한 사람은 없다. 혁신과 진화에도 한계가 있다. 누구나 살다 보면 새로운 자극과 동기부여를 위해 이직을 하거나 삶의 영역과 터전을 바꿔야 하는 터닝 포인트가 찾아온다. 중요한 것은 성공 가도를 달려오던 현재의 자리에서 떠나야 할 때를 어떻게 가늠하느냐 하는 점이다.

무리뉴가 설정한 잔류의 원칙은 행복감이다. 무리뉴는 첫 번째 첼시 감독 재임 시절에 로만 아브라모비치 Roman Abramovich 와의 허니문 기간이 끝나고 있는 것이 아니냐는 기자의 질문에 "20년 넘게 아내와 허니문은 끝나지 않았다. 내가 이 클럽에서 행복하지 않다고 느끼는 날이 내가 떠나는 날이 될 것"이라고 답했다.

무리뉴는 여러 클럽에서 성공했지만, 한 클럽에 최대 3년 이상의 기간을 머무르지 않았다. 가장 오랜 기간 잔류한 팀은 2004년 7월부터 2007년 9월까지 재임했던 첼시였다. 네 번째 시즌을 한 달 보낸 뒤 물러났다.

어느 팀을 맡든 무리뉴는 두 번째 시즌에 최고의 모습을 보였다. 일반적으로 축구 감독은 세 번째 시즌에 완벽한 팀을 구축한다. 무리뉴도 FC포르투에서는 세 번째 시즌에 UEFA챔피언스리그와 포르투갈리그 우승을 해냈다. 그러나 첼시, 인터밀란, 레알마드리드에서 최고치의 경기력을 낸 것은 두 번째 시즌이었다.

무리뉴는 "팀을 떠나기 위한 최적의 시기는 UEFA챔피언스리그 우승을 이루었을 때"라고 말했다. 하지만 실제로 이 말을 지킨 것은 FC포르투와 인터밀란에서의 두 차례뿐이다. 첼시와 레알마드리드에서는 총 5번이나 준결승전에서 고배를 마시며 우승이라는 과업을 완수하지 못했다. 여기는 승부차기에서의 불운 등이 겹쳤다.

무리뉴는 포르투를 떠나 첼시 감독직을 맡았던 2004년 여름에 "조용한 삶을 원했다면 쉬운 일이다. 포르투에 남았으면 됐다. 그곳에는 아름다운 파란색 의자가 있고, 우리는 리그 우승팀, UEFA 컵과 UEFA챔피언스리그 우승팀이었다. 신이 있었다. 그리고 신 다음이 나였다"라는 말로 도전을 찾아 이직을 결정했다고 말했다.

첼시에서는 UEFA챔피언스리그 우승 계획이 틀어지면서 타이밍이 어긋났다. 그는 첼시에서 보낸 네 번째 시즌이 자신의 경력에 있어서 최대의 실수라고 말했다.

"내 가장 큰 실수는 첼시를 9월이 아니라 7월에 떠났어야 했다는 것이다. 어려운 환경 속에서 겨우 3개월 동안 일하느라 한 시즌을 보내는 대신 말이다. 당시 나를 원하는 빅클럽이 있었다. 시즌이 시작되기 전에 그 팀으로 떠났어야 했다. 그랬다면 내 경력에서 최악이었던 2007/2008시즌도 좋게 보낼 수 있었을 것이다. 첼시에 남은 건 잘못된 결정이었다."

이는 감독으로서 첫 직장이었던 벤피카에서 이미 겪었던 문제였다. 자신을 지지했던 주앙 발레 아제베두 회장이 패한 뒤 무리뉴 역시 입지를 잃었지만 마누엘 빌라리뉴 체제에서 자신의 진가를 선보이려고 했다. 빌라리뉴 회장은 토니^{Toni}를 새 감독으로 내정한 상황이었지만, 성공 가도를 달리며 여론을 등에 업었던 무리뉴를 즉각 해임할 수는 없었다. 이러한 상황에서 이사진의 100퍼센트 지원을 받지 못한 무리뉴의 팀은 결국 흔들렸고, 무리뉴는 감독으로서의 첫 번째 경력을 상처 입은 채 시즌 도중에 떠날 수밖에 없었다.

"개인적인 자존심 때문에 난 벤피카에 남았다. 내가 일을 잘 해낼 수 있다는 것을 보여주기 전까지는 떠날 수 없다고 생각했다. 지금에 와서는 팀에 남았던 것이 실수였다고 고백한다. 이런 생각들도 당시엔 나를 집어삼켰다. 난 화가 잔뜩 난 어린애들처럼 믿기 어려울 정도로 분노한 채 팀을 떠나야 했었다."

레알마드리드에서는 끝내 UEFA챔피언스리그 우승에 실패했지만 벤피카와 첼시에서의 실수를 반복하지 않고 미련 없이 떠났다. 그 자신이 이사진의 온전한 지지를 받지 못하고 있다고 느끼자 미련 없이 세계 최고의 팀을 떠나기로 결심했다. 스페인의 저명한 칼럼니스트 기옘 발라게Guillem Balague는 무리뉴가 클럽과 거취를 논하는 협상 방식에 대해 이렇게 설명한다.

"만약 무리뉴가 떠나겠다고 위협한다면 그 시기는 1월이 될 것이다. 그때가 자신이 가장 강한 영향력을 갖췄다고 느낄 시점이다. 그는 통제력을 잃기 시작했다고 여기면, 그때가 새로운 일을 시작할 때라고 여긴다. 무리뉴의 위협 수준은 그 이상도 이하도 아니다. 클럽에게 자신의 위치를 요구하는 것이다. 첼시에서도 같은 일이 있었다. 캄노우Camp Nou에서의 터널에서 일(FC바르셀로나와의 챔피언스리그 경기를 마친 뒤 레이카르트 감독이 심판실에 들어갔다고 공개적으로 비판한 것에 대해 아브라모비치 회장 등 첼시 구단 측에서 적극적으로 무리뉴의 행동을 지지하지 않았다)이 벌어진 후 아브라모비치의 지지가 부족했다고 여겼다. 그 점이 분명하다면 무리뉴는 떠나기로 결심한다. 그는 최고의 권한과 개선된 계약을 원했다. 그의 세 번째 시즌의 1월에 그는 원하는 선수를 영입해 주지 않으면 떠나겠다고 클럽을 위협했다. 하지만 그 싸움에는 승자가 없었다. 무리뉴는 2개의 컵 대회 우승을 이루어냈지만 리그 우승은 놓쳤다. 아브라모비치 회장과는 여름에 화해했지만 네 번째 시즌은 잔뜩 꼬인 채 시작했다. 결국 9월에 팀을 떠나고 말았다. 무리뉴는 이 경험을 통해 배웠다. 대중의 숭배를 받는 선수가 팀 내에 있다면 감독이 패배한다는 것을 깨달았다.”

“인터밀란 부임 첫해에 그는 전보다 더 막강한 권한을 얻었지만 팀을 떠났다. 마드리드로 가기 위해서였다. 두 번째 시즌에 그는 이미 마드리드와 계약한 상태였다. 마시모 모라티Massimo Moratti 회장은 선수단을 재편할 수 있는 통제권을 주었으나 이미 모든 대회 우승을 이룬 상태였다. 마드리드에서 두 번째 위협이 있었다. 전략은 같았다. 그는 피로를 느꼈고 이사진에 패배할 징후를 느꼈다. 물론 얼마 전에 열린 자세로 모두 잘 됐다고 말하긴 했지만 말이다. 그는 라리가와 챔피언스리그 우승을 원한다. 하지만 그는 이 특별한 바르사를 상대로 첫 번째 과업을 이룬 뒤 지원을 받지 못한다고 느끼면 떠날 것이다.”

무리뉴의 행보는 발라게의 말대로 이루어졌다.

날 원하는 곳이 아니라 날 필요로 하는 곳을 택하라

영국의 인기 가족 영화 '내니 맥피'의 주인공인 마법사 맥피의 대사 중에 이런 말이 있다. "내가 일하는 방식에 대해 네가 알아야 할 것이 있어. 네가 날 필요로 하지만 날 원하지 않을 경우 난 남을 거야. 하지만 네가 날 원하지만 더 이상 필요로 하지 않는다면 난 떠날 거야. 이쪽이 더 슬픈 일이지만, 그래야만 해." 무리뉴의 성공 방정식을 파헤친 '무리뉴 코드Codigo Mourinho'는 무리뉴가 내니 맥피와 같은 철학을 가지고 있다고 분석했다.

03

기자 회견장을 전쟁터로 만든 감독

Jose Says, 기자 회견장에 들어선 순간부터 경기는 시작된 것이다. 경기 후 기자 회견장에 갔을 때도, 아직 경기는 끝난 것이 아니다.

전술적으로 무리뉴가 얼마나 뛰어난 사람인지에 대해선 축구 마니아가 아니라면 잘 알기 어렵지만, 그가 얼마나 화려한 언변을 자랑하는 감독인지는 국내 주요 포털사이트의 해외축구란 제목만 읽는 사람이라고 해도 충분히 알 수 있다. 무리뉴는 직접 자신의 기자회견이 그저 현란한 입담을 과시하기 위한 자리가 아니라 경기 전략의 과정이라고 밝힌 바 있다.

"기자회견은 경기의 일부다. 내가 경기 전 기자 회견장에 갔을 때 내 심리 게임은 이미 시작된 것이다. 경기 후 기자회견에 들어 갔을 때도 경기는 아직 끝난 것이 아니다. 그리고 경기가 끝난 뒤 엔 이미 다음 경기가 시작된 것이다."

한 정신 분석학자는 《무리뉴, 승리자의 해부》에서 "무리뉴가 하는 모든 의사소통은 모두 업무의 일부다. 궁극적인 목적은 커뮤니케이션이 그저 커뮤니케이션이 아니라, 그의 팀을 승리하도록 하기 위한 기회로 이어가려는 것이다. 그는 기자 회견장에 있는 사람들에게 말하는 것이 아니라 그 뒤에 있는 사람들을 향해 말한다. 그의 선수들, 다른 감독들, 협회 같은 이들이다"라고 분석했다.

무리뉴의 기자회견은 전략적일 뿐 아니라 매력적이다. 자신의 상품 가치와 매력에 긍정적으로 작용한다. 이는 자신의 브랜드 가치를 높이는 데도 일조한다. 마드리드의 여성 주지사 에스파란사 아기레Esperanza Aguirre는 노골적으로 무리뉴에 대한 호감을 표시했다.

"무리뉴의 스타일은 센세이션하다. 난 그에게 굉장히 매료됐다. 그는 지도하는 것뿐 아니라 소통하기 때문에 21세기 최고의 감독이라 할 수 있다. 무리뉴의 기자회견은 절대 기대를 어긋난 적이 없다. 축구 경기는 지루할 수 있지만 무리뉴의 기자회견은 절대 그런 적이 없다."

이 점은 저명한 영국인 저널리스트 존 칼린John Carlin도 동의했다.

"그는 타고난 승리자일 뿐 아니라, 위대한 쇼맨이다. 그의 독창적인 독설과 그리스 신화 속에나 나올 법한 거만함은 이 위대한 땅 위에서 헤아릴 수 없을 만큼 막대한 가치의 쇼를 제공한다. 그를 얻는 것은 축구계가 오래도록 잃어가던 비타민을 주입하는 것 같다."

이쯤 되면 무리뉴를 '말 한마디로 천 냥 빚을 갚는다'는 우리의 유명한 속담에 완벽하게 부합하는 인물이라고 지정해도 될 것 같다. 그의 화술은 다양한 상황에서 자신을 유리하게 이끈다. 유럽축구연맹은 아예 공식 매거진을 통해 무리뉴의 화법을 연구하라고 권유했다.

> 미디어를 다루는 무리뉴의 솜씨는 새로운 미디어 대응방식의 표준을 만들어냈고, 많은 감독들이 그런 방식을 따르고자 한다. 단지 보이는 모습만이 아니다. 표면적인 이미지는 속임수일 뿐이다. 미디어를 잘 다루는 정치가처럼 그는 좋은 이야깃거리를 제공한다. 그는 2009년 언론에서 알렉스 퍼거슨과 언쟁을 벌인 라파 베니테스Rafael Benitez와 같은 우를 범하지도 않는다. 진지함을 잃지 않으면서도 너무 심각하게 발언하지 않을 만큼 영리하다. 베니테스는 평정심을 잃은 호통가라는 낙인만 찍혔다. 그의 인터뷰는 행위 예술에 가깝다. 패배에서도 자신감을 주고 선수들 서포터 그리고 라이벌들에게 정확한 메시지를 보내기 위한 인터뷰 기술을 배우고 싶다면 무리뉴를 연구하라.

무리뉴의 레알마드리드 시대를 현장의 아주 가까운 곳에서 취재한 스페인 기자 미겔 앙헬 디아스는 그에 대해 다음과 같이 설명했다.

"무리뉴는 타고난 선동가다. 그는 자신이 원하는 집을 만들기 위해 꼭 마음에 드는 가구를 찾을 때까지 쉬지 않을 사람이다. 마이크와 TV 카메라가 꺼지고 나면 무리뉴는 가족을 걱정하고, 그의 동반자들과 선수들을 걱정하는 사람의 한 명이며, 농담을 멈추지 않는다. 하지만 그는 배우처럼 변신하는 것을 추구한다. 그것도 아주 거친 캐릭터다. 그는 기자 회견장에서 언제나 그런 모습을 보일 것이다."

무리뉴가 가진 수많은 덕목 중 가장 확연하게 드러나는 그만의 장점은 천재적인 화술이다. 이번 장에서는 무리뉴의 화법에 대해 보다 심도 있게 살펴봤다.

지적인 타락보다 정신적인 타락이 낫다

—

기자 회견장에서 진실만을 말해야 한다는 생각은 매우 순진하다. 팀원들을 향해서도 마찬가지다. 전략적인 이유의 하얀 거짓말은 비즈니스 세계에선 상식이다. 사실 반드시 진실만을 말하도록 요구되는 법정에서조차 자신에게 불리한 발언은 진술하지 않는 이들이 허다하다. 무리뉴는 그래서 지적인 타락보다 정신적인 타락이 낫다고 말했다. 솔직하고 순수한 모습으로 '대책 없이' 패배자가 되느니 교활하게 진실을 속이더라도 '철저하게' 승리하는 편이 낫다는 의미다. 그렇다고 해서 윤리와 도덕을 해쳐서라도 승리를 쟁취하겠다는 극단적인 이야기는 아니다.

2004년 여름 잉글랜드 프리미어리그 축구클럽 첼시FC와 계약을 맺으며 축구계의 메이저 무대에 입성하던 41세의 무리뉴는 언론 앞에서 "부디 날 거만하다고 말하지 말아 달라. 내가 말하는 것은 사실이기 때문이다. 난 유럽의 챔피언이다. 난 주위에 있는 평범한 감독 중 하나가 아니다. 난 내가 특별한 존재Special One라고 생각한다"라고 당당하게 말했다. 1년의 시간이 지난 뒤 그는 첼시를 51년 만에 프리미어리그 우승팀으로 만들어놓으며 자신이 특별하다는 사실을 증명했지만, 자신을 거만하다고 말하지 말아 달라는 부탁은 지금까지도 지켜지지 않고 있다.

사람들은 그를 거만하지만 특별한 사람이라고 여긴다. 하지만 그가 정말 거만한 사람일까? 무리뉴의 부친 펠리스는 무리뉴가 언론을 통해 보이는 모습은 인공적으로 만들어진 것이라고 말한다.

"그에게서 보이는 거만함은 거만함이 아니다. 그것은 프로페셔널리즘이다."

누구나 상황에 따라 다른 자아와 정체성을 갖는다. 무리뉴는 팀의 리더로서 철저하게 상황을 우군에게 유리하도록 만든다. 그렇기에 가끔은 그의 생각과 다른 발언을 하기도 한다. 법정이 아니라 프로의 세계에서 기자회견은 진실을 말하는 자리가 아니라 심리 게임을 벌이는 전장이다.

"사람들이 나에 대해 부정적인 말을 할 때도 내 가족들은 내가 집에서 보이는 가장의 본모습을 알고 있다. 그리고 내 주변의 다른 사람들 모두 나를 잘 알고 있다. 때로는 나도 완벽한 클럽맨은 아니다. 사람들은 많은 감독들이 클럽보다 자기 자신을 더 생각한다고 내게 말한다. 하지만 난 내 이미지보다 클럽에 대한 관심을 더 높게 둔다. 그 점이 내 삶을 좀 더 어렵게 만드는 것 같다. 난 변할 수 없다. 난 조직의 리더다. 지금은 첼시, 전에는 포르투, 내일은 또 다른 어떤 조직의 리더가 될 것이다. 비난은 날 바꾸지 못한다. 절대 기회는 없다! 난 내 팀이 졌을 때 절대 숨지 않는다. 난 내 팀이 이겼을 때, 사라질 수 있다."

무리뉴는 2012년에 CNN과 가진 인터뷰에서 '스페셜 원'의 명언이 탄생한 이유로 "영국 언론이 연일 나에 대해 의구심을 보내고 무시하더라. 솔직히 내가 잘났다는 생각도 했지만 나 스스로 더 당당한 모습을 보여 지겹도록 이어지는 의심을 끝내버리고 싶었다. 이제는 누구도 나를 그렇게 대하지 않기 때문에 그런 말을 할 필요가 없다"라고 말했다. 그가 자신만만하고 오만하기 때문에 나온 발언이 아니라, 자신감을 보여줘야 하는 상황에서 계산을 통해 나온 발언인 것이다.

신출내기나 무명의 경우 가진 능력과 관계없이 신뢰를 얻지 못할 수 있다. 그리고 이런 경우 의구심 그 자체가 부담으로 작용해 본래 가진 능력보다 더 나쁜 성과를 낼 수 있다. 사회생활을 하면서 누구나 처음 일을 시작하는 단계에서 맞닥뜨릴 수 있는 상황이다. 이럴 때는 무리뉴처럼 뻔뻔할 정도로 당당해지는 방식도 효과를 낼 수 있다. 거만하다는 이야기를 들을 정도가 되어선 안 되겠지만, 긍정적이고 낙천적인 모습을 보이는 게 자신감 없고 소심한 모습을 보이는 것보다 다른 사람의 믿음을 얻는 데엔 더 효과적이다.

2013년 맨체스터유나이티드 감독으로 부임한 데이비드 모예스David Moyes 감독은 무리뉴가 아주 호감 가는 친구라고 말했다.

"우리는 술도 한잔하고 이야기도 나눴다. 그가 언론에서 보이는 모습은 하나의 페르소나로 만들어 넣은 것이다. 나는 그가 우리들 모두와 마찬가지로 실패에 대한 걱정을 갖고 있는 게 아닌가 의심해본다."

모예스 감독 역시 무리뉴가 만든 자신만만한 페르소나가 이러한 과정에서 구축된 것일 수 있다는 의견을 보였다. 물론 이러한 자신만만함을 보이기 위해선 스스로 그만한 내공과 능력을 쌓아두고 있어야 한다. 내실 없이 자신감만 보이면 실체가 곧 드러나기 마련이다.

러시아 출신 감독 레오니드 슬러츠키Leonid Slutsky 감독은 "그가 언론과 사회와 소통하는 방식은 업무적인 이유로 스스로 만들어낸 것이다. 함께 첼시에서 일했을 때 그는 아주 호감 가는 사람이었다. 업무적인 이미지를 떠나면 그는 아주 좋은 사람이다. 그의 작업에 대해 말하자면, 어떤 방법으로도 평가할 수 없다고 생각한다. 무리뉴는 매우 인상적인 커리큘럼을 가지고 있다"라고 말했다.

축구 지도자를 위해 공부하던 시절 심리학에 누구보다 강한 관심을 보였던 무리뉴는 현대 축구에서 가장 뛰어난 심리적 전략가로 불린다. 그는 취임 기자 회견이나 경기 전 기자 회견에서 팀이 어떤 상황에 처해 있든 우승과 승리에 대해 강한 자신감을 드러낸다. 일단 리더가 교체되었다는 것은 기본적으로 팀에 문제가 있다는 이야기다. '죽는소리'를 하거나 필요 이상의 '겸손'을 보이는 것은 그 어떤 경우에도 승리하지 못하고 있는 팀에 도움이 되지 않기 때문이다.

2001/2002시즌 도중 FC포르투 감독으로 부임한 무리뉴 감독이 첫 번째 기자회견에서 꺼낸 이야기는 "우승은 아직 가능하다"라는 말이었다. 하지만 실제로 무리뉴는 자신의 자서전을 통해 "선수단에는 과거에 볼 수 있었던 야망은 이미 온데간데없었다. 내가 알고 있던 클럽이 아니라 놀랐다"라며 우승이 불가능하리라고 생각했다. 그는 심지어 훗날 "26년간 본 최악의 포르투"라고 말하기도 했다.

그러나 그는 언론을 통해 이 같은 생각이 새어나가지 않게 했다. "그저 클럽이 주는 돈에 만족하고 좋은 환경에서 일하는 것 자체에 만족하는 선수들이 있었다. 경기에 이기거나 지는 것은 별로 상관없이 구는 선수들이었다. 이런 선수들은 방출 명단에 올렸다. 시즌 도중에 왔기 때문에 우승할 수 있다고 생각하지 않았다. 나의 팀도 아니고 선수라고 할 만한 선수도 얼마 없었기 때문이다."

그는 팀이 다시 야망을 회복하기 위해서는 현 상황에 대해 처절한 비판을 하는 것이 효과가 없다고 판단했다. 패배감을 악화시킬 필요는 없었다. 살릴 수 있는 자원은 최대한 자신감을 줘야 했다. 무리뉴는 할 수 있다는 생각과 변해야 한다는 생각 두 가지를 선수단에 전달하며 자신의 방법론에 따라오지 못하는 이들에 대해 가혹한 평가를 내렸다. 다음 시즌 시작을 앞두고 지금과 같은 문제가 지속되지 않게 하기 위해서다.

벤피카에서 시즌 도중 감독으로 부임했을 때도 그가 직면한 상황은 매우 유사했다. 무리뉴는 선수단과의 첫 번째 미팅에서 자신의 원칙을 단호하게 설명했다. 이는 언론을 상대로 이야기한 내용과는 전적으로 달랐다. 그리고 선수들로 하여금 언론을 통해서는 자신과 어떠한 소통도 시도하지 말 것을 가장 강조했다.

"딱 두 가지의 가능성만 있다. 함께 배에 타거나, 내리는 것. 난 두 가지 약속을 했다. 첫 번째는 수준 높은 작업을 보장하겠다는 것이다. 선수들에게 개인적인 면에서나 팀플레이에 대한 면 모두 발전시켜주겠다는 것이다. 그리고 난 선수들과 직접 이야기하겠다고 약속했다. 벤피카가 정보와 소문, 가십, 내부 정보의 유통 등 다양한 면에서 영향을 받는 팀이라는 것을 알고 있었다. 그래서 난 축구 선수단 영역에 있어서만큼은 확실한 방탄 장치를 만들어주겠다고 약속했다. 어떤 종류의 지시든, 감독으로부터 나오는 것은 선수들이 가장 먼저 알게 될 것이라고 약속했다. 난 그룹이 외부보다 내부적으로 가까워지길 바랐다. 그래서 내부가 견고해지길 바랐다. 난 언론이 벤피카 선수단의 소통 수단이 되어선 안 된다고 믿었다. 오직 직접 소통만이 가능한 방식이고 사무실의 문은 언제나 모든 선수들에게 열려 있다고 했다."

무리뉴는 언론이라는 통로, 간접적인 의사 전달 통로가 오해와 왜곡으로 점철되어 회복할 수 없는 신뢰의 금을 만들어낼 수 있다고 인식하고 있었다. 그래서 그는 언론을 철저히 이용하면서, 자신의 팀은 이용당하지 않기 위한 방어막을 만들었다.

2002/2003시즌, 무리뉴는 포르투에서 자신의 의도대로 선수단을 꾸렸는데, 개막에 앞서 꺼낸 말은 "우리는 우승팀이 될 것이다"라는 보다 확정적인 말이었다. 가능성을 언급했던 2001/2002시즌

하반기 부임 당시의 말과 달리 확신에 차 있었다. 실제로 무리뉴는 리그 우승을 이뤘다. 리그 우승뿐 아니라 UEFA컵과 포르투갈컵까지 총 3개 대회의 챔피언이 되었다.

셀틱과의 2002/2003시즌 UEFA컵 결승전을 앞두고 가진 기자회견에서 무리뉴는 "자신감도 넘치고 팀의 단결력도 최고다. 심리적인 강인함까지 갖췄기 때문에 압박감이 심한 결승전에서 유리한 것은 우리 팀이다"라고 말했다. 그때까지만 해도 유럽 축구계의 무명 감독이었던 무리뉴의 호언장담에 언론은 요란하게 보도에 나섰다. 하지만 무리뉴 팀의 내부 분위기는 결승전이라는 축제 같은 전쟁을 앞둔 부산함과 달리 차분함과 평정을 유지하고 있었다. 쇼의 무대 위에서 무리뉴는 화려했지만, 뒤로 내려가서는 실리적인 행동을 취했다. 중립 지역에서 열린 결승전의 요란한 분위기에 휩쓸린 것은 상대팀 셀틱이었다.

2003/2004시즌 UEFA챔피언스리그 8강전에서 올랭피크리옹을 대전 상대로 만났을 때는 달랐다. 열렬한 홈팬들을 더 강한 적으로 만들 필요가 없었기 때문이다.

"리옹은 언제나 홈경기 분위기가 대단하다. 90분 내내 헌신적으로 응원을 보내는 팬들이 있는 팀이다. 그래서 나는 우리 팀을 감싸고 있는 8강 진출의 기쁨을 떠나보내려고 했다. 외부에선 쉬운 대진표라고 말했지만 그것이 우리 선수들에게 어떤 식으로든 영향을 미치지 않길 바랐다. 그래서 난 대진 추첨 소식을 라디오로 듣자마자 TV 방송과 인터뷰를 했다. 고개를 숙이고 리옹이 아주 강하고 파워풀한 상대라고 말했다. 승리를 자신하기 어려운 팀이라고 말이다."

내가 어떤 팀의 감독이고, 어떤 팀원을 가졌느냐에 따라 언론을 향해 말하는 방식은 달라져야 한다. 자신감을 갖는 것과 자만심을 갖는 것은 명백히 다르다. 이를 조절하기 위해선 명확한 상황 판단이 필요하다. 시도 때도 없이 자신감을 보이는 것은 조직을 허영에 빠지게 할 수 있다. 자신만만한 태도를 보이는 것은 상대의 이름값이 아니라 상대의 특징과 우리 선수단의 심리적 상태, 경기가 열리는 장소에 따라 달라져야 한다.

· SPECIAL TIP ·

재미있는 사람은 착할 것이라는 신화를 이용하라

겸손한 모습을 보이거나, 재미있는 이야기를 하는 사람은 착한 사람일 것이라는 신화가 있다. 단순히 표면적으로 드러나는 꾸며낸 단면임에도 우리를 찌푸리게 하지 않고, 웃게 하는 이들이기 때문이다. 무리뉴는 겸손한 모습을 보이는 인물은 아니지만 기자 회견장이나 인터뷰 시 유머러스한 모습과 농담을 던지며 분위기를 밝게 만든다. 이를 통해 오만할 수 있는 자신의 이미지를 인간적이고 선하게 희석시킨다. 강약 조절을 해야 한다. 강할 땐 강하게, 하지만 나를 보호할 보호막도 필요한 법이다. 그는 특별히 기분이 나쁠 때가 아니면 기자들을 친구처럼 대한다. 격 없이 농담하고, 인사하고 눈짓하고 웃는다. 착한 사람이 되기 위해 보다 유용한 방법은 겸손함 대신 유머감각을 발휘하는 것이다.

스포트라이트를 독점한 이유

—

축구 경기에서 가장 큰 스포트라이트를 받는 대상은 선수다. 대부분의 경우는 그렇다. 하지만 무리뉴의 팀에서는 감독이 선수보다 더 큰 주목을 받는다. 혹자는 무리뉴가 선수 시절에 주목받지 못했기 때문에 가지고 있는 콤플렉스라고 혹평하기도 한다. 그가 관심을 끌고 싶어 한다는 것이다. 그러나 실제로 무리뉴가 여론의 이목을 자신에게 집중시키는 것에는 다른 의도가 숨어 있다.

셰필드 할람 대학교 스포츠 운동센터의 피트 린제이 교수는 "선수가 팬의 반응을 신경 쓰고, 언론에 모든 사생활이 공개되기 시작하면 원래 세웠던 개인 목표를 망각하는 경우가 생긴다. 비관적이 되고 다리가 무거워지며 숨 쉬는 방법에도 변화가 생길 수 있다"라는 말로 마인드 컨트롤의 중요성을 강조했다.

말로는 쉽다. 이해도 쉽다. 하지만 요동치는 마음을 컨트롤하는 것은 의지만 가지고는 하기 어려운 일이다. 무리뉴는 선수들의 압박감을 덜어주기 위해 대중의 스포트라이트를 자신에게 향하게 한다. 이는 리더가 유명해지고자 욕심을 부리는 것이 아니라, 선수단이 받게 될 부담감을 자신에게 집중시키는 책임감을 발휘하는 것이다.

인터밀란에서 무리뉴의 지도를 받았던 아르헨티나 공격수 디에고 밀리토Diego Milito는 "무리뉴 감독은 확실히 다르다. 팀에 쏟아지는 압박을 모두 혼자 감당해서 선수들이 비판에서 벗어나 좀 더 자유로운 플레이를 하도록 배려한다. 언제나 승리를 향한 열정을 품고 또 실현한다. 인터밀란이 패배해도 빨리 추슬러 다시 일어날 수 있는 원동력이다. 그런 감독은 어디에도 없다. 그는 팀이 어려운 상황에 처했을 때 긴장감을 줄여주는 감독이다"라고 말했다.

이탈리아와 마찬가지로 스페인 역시 무리뉴의 이러한 태도를 단정하지 못하다고 비난했다. 하지만 스페인 수비수 알바로 아르벨로아Alvaro Arbeloa는 용감하게 무리뉴를 두둔하고 나섰다.

"무리뉴 감독은 팀을 위해 자신의 이미지를 깎아내리는 것도 감수했다. 선수들은 그러지 못했다. 무리뉴 감독은 자신보다 팀을 먼저 생각했고, 헌신했다. 그가 떠나는 것은 모두의 책임이다. 자신이 나서서 언론을 상대했고, 이는 선수단에 우승컵보다 많은 것을 가져다줬다. 클럽 안에 그렇지 못한 사람들이 있었다. 언론을 어떻게 대해야 하는지 이해가 부족한 이들이다."

외부에는 진정성에 대한 의구심이 생길 수 있지만, 가까이서 무리뉴를 지켜본 내부자들은 본래 의도를 모를 수 없다. 직무 수행 과정에 대한 정확한 평판과 평가는 함께 일한 이들에게서 나온다. 외부의 시선보다 내부의 시선이 더 중요하다.

그는 과르디올라 감독과 이루게 된 적대적 관계에 대해 오직 직업적인 마찰일 뿐이라고 말한다.

"과르디올라와 문제는 없다. 문제가 있다면 축구적인 부분에서 그럴 뿐이다. 무리뉴와 과르디올라 사이의 문제가 아니라 레알마드리드 감독과 바르셀로나 감독 사이의 문제다. 이건 완전히 다른 문제다. 나는 그를 존중하고 그도 나를 존중하리라 생각한다."

무리뉴는 나아가 직업적으로 생기는 다툼과 마찰이 자신의 감정에 영향을 주지 않는다고 밝혔다. 공과 사에 대한 엄격한 구분을 통해 프로의 모습을 여실히 보여준다.

"개인적인 문제는 없다. 오히려 그 반대다. 만약 개인적으로 친분이 있는 사람이 나에 대해 안 좋은 말을 한다면 그것은 문제라고 할 수 있다. 내가 나쁜 일을 했든지 아니면 그 사람에게 뭔가 문제가 있는 것이니 말이다. 하지만 날 모르는 사람이 나에 대해 안 좋은 말을 한다면 그건 아무런 문제도 만들지 못한다. 축구는 내게 좋은 것을 아주 많이 줬고, 많은 권리를 줬지만 동시에 나쁜 일도 따라올 뿐이다. 축구계 밖에서 난 전혀 다른 사람이다. 축구계에 있을 때 난 모든 위험을 감수한다. 판세를 주도하기 위해 위험을 감수해야 하고 소통을 위해, 언론과의 관계와 수단을 위해 위험을 감수해야 한다. 팀을 위해 위험을 감수할 것이다. 보시는 대로다. 이건 내 프로적인 삶이다."

실생활에서 무리뉴는 도발적이고 도전적인 인물이 아니다. 늘 신중하고 조용하며 무모한 행동을 하지 않는다.

"나는 1유로도 위험을 감수하지 않는다. 내 사회적 삶을 좋아하지 않는다. 거짓말 때문이다. 내가 가장 싫어하는 것이다. 사람들은 내가 케냐에서 휴가를 보내자 마녀와 계약을 맺었다고 떠들더라. 정말 창조적인 거짓말 아닌가!"

팀원들이 리더가 자신들을 위한 총알받이 역할을 한다는 것을 인지하면, 충성심과 유대감은 비약적으로 상승한다. 리더가 스포트라이트를 독점함으로써 얻을 수 있는 일석이조의 효과다. 루이스 로렌소는 무리뉴의 첫 번째 공식 자서전《메이드 인 포르투갈

(Made in Portugal)》에서 벤피카 감독 시절의 무리뉴를 설명하며 "언론, 라디오와 TV에서도 무리뉴를 깎아내렸다. 많은 해설자들과 기자들, 현역 선수 출신 축구인들을 비롯해 경기와 관련된 많은 사람들이 그의 경험 부족을 문제 삼았다. 하지만 그들은 감독을 공격하면 할수록, 클럽의 멤버들과 무리뉴 사이의 공감대가 더 두터워진다는 것을 몰랐다. 무리뉴를 도와준 셈이다"라고 전했다.

무리뉴는 스포트라이트를 자신에게 집중시켜 선수들의 압박감을 덜어주는 대신 자신에게 가해지는 압박의 강도를 높인다. 무리뉴는 오히려 이러한 상황을 자신의 동기부여를 높이는 데 이용했다. 심리학자 앤디 바턴Andy Barton은 "아마 무리뉴는 자기 자신을 극한 상황에 밀어 넣어 임무 수행을 위한 최고 수준의 집중력을 유지시키고 있을지도 모른다. 그렇게 함으로써 그는 고도의 심리상태를 지속시켜 자기 자신을 천하무적처럼 느끼고 있는 것이 아닐까?"라고 가설을 제기했다. 그리고 이 가설은 매우 큰 신빙성을 갖는다.

무리뉴는 FC포르투에서 성공을 거두고 첼시FC로 옮긴 뒤 다음과 같은 말을 남겼다.

"사람들은 내가 재정적인 이유로 첼시에 갔다고 생각한다. 난 위선자가 아니다. 돈이 내 가족들에게 중요하지 않다고 말하지 않겠다. 하지만 내가 첼시로 온 이유는 압박감 속에서 일하고 싶어서다."

무리뉴는 자신을 향해 가해지는 압박으로 자신이 최고의 집중력을 갖고 일에 몰두하도록 스스로를 몰아세웠다. 그래서 언론을 향해 때로는 과도한 자신감과 자기애를 표출했다. 그 유명한 "나는 특별한 존재"라는 말 외에도 무리뉴가 자신감을 표한 방식은 다양했다.

"축구계에 완벽한 사람은 없다. 난 예외다."

"난 세계 최고의 감독이 아니다. 그러나 나보다 뛰어난 감독은 보지 못했다."

자기 자랑도 이 정도 수준이면 예술이다. 무리뉴는 인터밀란 감독 시절 2009/2010시즌의 UEFA챔피언스리그 결승전을 앞두고 "내가 축구다"라는 과감한 발언을 하기도 했다. 그리고 자신이 호언장담한 대로 우승을 차지하며 이탈리아 클럽 역사상 최초의 트레블을 이뤘다. 운명과 우연에 기댄 결과는 아니었다. 영국 신문 《인디펜던트》는 이후 '실험실에서 고안된 발명품처럼' 당연하게 승리했다고 썼다. 극한의 준비만이 승리로 이어질 수 있다. 나 자신을 궁지에 몰아넣는 것이 결국 최선을 끌어내는 확실한 방법이다.

무리뉴는 압박감을 스스로 컨트롤할 수 있는 능력과 방법을 알고 있는 리더다. 그는 자신을 간 보려는 언론의 질문에 주저나 고민 없이 이렇게 답한다.

"내가 그런 질문에 답할 것 같나? 난 바보가 아니다!"

우문에 대하는 가장 명쾌한 방법이다.

· SPECIAL TIP ·

언론의 인터뷰 요청에 항상 주도권을 잡아라

인터뷰 요청을 받는 것은 설레는 일이다. 대외 홍보의 좋은 기회가 된다. 하지만 널리 알려진다는 것은 위험부담을 수반하기도 한다. 언론이 인터뷰를 하는 목적은 원하는 말을 끌어내기 위해서다. 내 생각보다 그들이 듣고 싶어 하는 코멘트가 더 중요하다. 수많은 인터뷰를 통해 노하우가 쌓인 언론과의 대결에서 주도권을 내주면 숨기려던 이야기, 본래 목적과 다른 이야기를 유도당할 수 있다. 이용당하지 말고 이용해야 한다. 무리뉴는 "난 언론이 원할 때가 아니라 내가 원할 때 말한다"라고 말했다. 물론 이러한 주도권을 잡기 위해선 미묘한 줄다리기가 필요하다.

언론, 팀의 사기를 끌어올리는 수단

—

'말 한마디로 천 냥 빚을 갚는다'는 속담이 있다. 선수단의 사기를 높이는 방법으로는 많은 보너스와 포상금을 지급하는 방식이 가장 선호되지만, 그보다 말 한마디가 더 위력을 발휘할 때가 있다. 그리고 때로는 돈을 쓰고도 원하는 동기 부여의 효과를 내지 못하기도 한다. 결국 팀원들의 사기를 끌어올리기 위해 가장 중요한 것은 리더의 말 한 마디다. 언론을 상대로 달변인 무리뉴는 선수단을 상대로도 독특한 화법을 통해 팀이 가진 능력을 최대치로 끌어올렸다.

목적은 같다. 팀원이 더 뛰어난 퍼포먼스를 보이도록 하는 것이다. 보통 방식은 두 가지다. 칭찬으로 고래도 춤추게 하거나, 외면과 채찍질로 자극을 주는 것이다. 어떤 메시지를 전달하는 데 있어서 중요한 것은 어떤 방식으로 전달하느냐다. 행동심리학자 데스먼드 모리스Desmond Morris는 무리뉴가 '새로움'을 통해 특유의 카리스마를 갖추게 되었다고 분석한다.

"카리스마는 예측 불가능성에서 나온다. 사람들은 그의 말에 사로잡힌다. 그는 주제와 관련이 있는, 진지하게 생각해볼 만한 말을 한다. 그는 클리셰를 피한다. 부주의한 언사에도 빠져들지 않는다. 그는 책에서 본 진부한 표현을 쓰지 않는다. 무리뉴가 질문에 대답할 때, 그는 대답에 대해 생각한다. 다른 감독들도 수십 년을 거치며 인상을 남겨왔다. 브라이언 클로프 외에도 토미 토허티나 알렉스 퍼거슨도 그랬다. 내가 첼시의 모든 경기를 지켜본 이유는 무리뉴 때문이었다."

선수단의 사기를 높이기 위해 언론을 이용하기 위해선 먼저 선수들의 마음을 헤아려야 하고 선수들이 어떤 생각을 하고 있는지를 정확히 알아야 한다. 감독은 선수들과 상하관계나, 분리된 위치에 있는 것이 아니라 한배에 탄 동료라고 생각하면 이 같은 인식 체계를 이루는 것은 간단하다. 이러한 일체화가 이루어지지 않으면 외부를 통한 모든 평가는 저항감만 불러올 뿐이다.

스타군단 레알마드리드를 맡았을 때, 무리뉴는 첫 기자회견에서 "나는 훗날 내가 레알마드리드의 감독이었다는 이야기를 하기보다 레알마드리드에서 어떤 대회를 우승했다는 이야기를 듣고 싶다"

라고 말했다. 더불어 많은 돈을 받으면서 성과를 내지 못하고 있는 레알 선수들이 받고 있는 질타 혹은 부담감을 덜기 위해 그는 선수들 역시 자신과 같은 생각을 하고 있다며 레알마드리드라는 스타 군단이 '배부른 돼지'는 아니라고 강조했다.

"이 친구들은 언제나 승리하고 싶어 한다. 많은 사람들이 생각하는 것처럼 이 선수들은 단지 레알마드리드에서 뛴다는 것만으로 안심할 입장이 아니다."

첼시의 감독으로 일할 때는 언론과 여론으로부터 선수들이 재미없는 축구를 한다고 질타를 받자 단호하게 대응했다.

"우리는 8경기에서 모두 이겼고 16골을 넣었다. 그런데 사람들은 우리가 '플레이Juego'하지 않았다고 한다. 우리가 광대들처럼 묘기라도 보여주기를 바라는 것 같다. 이는 옳지 않다."

선수들이 각종 외부의 반응에 갖게 되는 불만을 파악하고 언론과의 기자회견에서 터트려주는 것이다. 선수들에겐 이것이 자신들의 가려운 부분을 긁어주는 것처럼 속 시원하게 여겨진다. 결과적으로 선수들은 감독이 자신들의 '대장'이라는 것을 확실히 인식하게 되고, 팀은 더욱더 단단해진다.

때로는 승리를 기대하기 어려운 힘든 상대를 만날 때도 있다. FC포르투 감독을 맡은 첫 시즌, 아직 무리뉴의 전술적 구상이 팀에 온전히 입혀지기 전의 일이다. 세계 최고의 선수들이 모여 있던 레알마드리드를 UEFA챔피언스리그 16강전에서 만나자 리그에서 자신감을 높여가던 선수단은 거대한 압박감을 느꼈다. 무리뉴는 유머 감각을 입힌 자조적인 반응을 보이는 것으로 긴장감과 부담감을 낮췄다.

"오직 총만이 레알마드리드를 멈출 수 있다."

경기 준비 과정부터 이후까지 무리뉴는 끊임없이 농담을 시도하며 코칭스태프와 선수단을 웃게 만들었다.

"테크니컬팀과 경기를 준비하면서 이상한 일이 벌어졌다. 펜을 들고 종이에 그림을 그려가며 경기에 대한 계획을 짜고 있는데 레알마드리드를 이기기 위해선 13명의 선수가 필요하다는 사실을 깨달았기 때문이다. 레알마드리드 선수단은 카시야스, 미첼 살가도, 이에로, 카랑카 그리고 호베르투 카를루스. 피구, 엘게라, 마켈렐레와 지단. 구티와 모리엔테스로 구성되어 있었다. 효과적인 팀을 만들기 위해 다음과 같은 결론이 나왔다. 선수 한 명은 모리엔테스를 마크하고, 그 뒤에 자유롭게 움직일 수 있는 미드필더를 가깝게 배치한다. 다른 한 명은 피구를 마크하고 그에게 패스를 해줘야 할 두 명의 선수가 다른 한쪽에 있어야 한다. 지단을 막아야 할 선수도 필요한데 그는 자신의 영역을 넘어 대단한 역할을 하기 때문에 공간을 내주지 말아야 할 라이트백을 배치해야 한다. 끝으로 난 세 명의 공격수도 배치해야 한다. 여기에 일반적으로 배치되는 포지션의 선수들까지 놓고 나니 레알마드리드를 꺾으려면 전부 13명이 필요했다. 그런데 심판이 13명이 뛰는 것을 허락하지 않았다. 우리는 11명밖에 뛰지 못했기 때문에 0-1로 졌다."

패배했지만 경기력은 대등했다. FC포르투 선수들은 열심히 뛰었고, 최소한 무승부, 최대한 승리할 수도 있을 만큼 흔들림 없이 경기했다. 이는 심리적 부담감 없이, 무리뉴의 전술적 지시를 그대로 받아들이고 경기에 임했기 때문에 가능했다. 반드시 이겨야 한다는 주문, 할 수 있다는 긍정적 메시지를 지나치게 주입해 부담을 극대화하기보다 할 수 있는 한 최선을 다하자는 느슨한 자세로 지시를 내린 것이 효과를 냈다. 선수의 마음을 헤아렸기에 가능했던 일이다. 결국 2003/2004시즌에는 강팀 맨체스터유나이티드를 만나게 됐을 때 같은 방식으로 지도해 승리를 엮어냈다.

언론을 통해, 그리고 외부를 거쳐 선수에 대한 평가를 전하는 것은 지도자와 리더에게는 금기시되는 부분이다. 하지만 무리뉴는 이러한 상황마저도 유리하게 이용했다. 그가 작은 팀 UD라이리아를 이끌던 때의 일이다. 라이리아를 맡기 전 지휘했던 빅클럽 벤피카와의 경기에서 무리뉴는 단 한 마디로 상대팀을 자극하고, 자신의 팀원들의 사기를 끌어올렸다.

"라이리아 선수 4명을 데려온다면 난 벤피카를 챔피언으로 만들 수 있다."

이는 현 벤피카의 전력을 저평가하고, 일부 선수들을 심리적으로 자극하는 발언인 동시에 라이리아 선수들에겐 빅클럽으로 갈 수 있다는 자신감을 주는 발언이다. 무리뉴는 라이리아 부임 당시 선수들의 동기 부여를 위해 "내가 빅클럽의 감독으로 부임하는 것은 시간문제라고 생각한다. 그리고 내가 떠날 때는 너희 중 몇몇을 데리고 갈 것"이라고 말했다. 물론 그 몇몇이 누구인지는 공개적으로 밝히지 않았다. 선발 선수로 나서기 위해서 기본적으로 감독의 신임을 얻어야 한다. 그는 여기에 더 나아가 빅클럽 입단이라는 또 하나의 동인을 추가함으로써 선수들의 목표 의식을 더 명확하게 세워준 것이다.

"선수들이 이 사실을 인지하면서 동기부여가 확실히 된 것은 물론이고 우리의 관계가 더 가까워졌다. '나를 그곳으로 갈 수 있도록 도와준다면, 너희도 함께 갈 수 있다'는 메시지는 내가 그룹 안에 입지를 구축할 수 있는 방식이었다."

무리뉴는 포르투갈 언론을 들썩이게 한 독특한 인터뷰의 목적이 도발보다는 이 같은 동기부여에 있었다고 설명했다.

"내가 원한 것은 우리 선수들을 심리적으로 고취시키는 것이지 벤피카 선수들을 폄하하려는 것이 아니었다. 라이리아 선수들에게 능력이 있다는 것을 강조하고 싶었고, 그들이 포르투갈리그 안의 어느 팀에서든 뛸 수 있다는 것을 알려주고 싶었다. 물론 이 발언이 벤피카 선수들에게 미칠 영향에 대해서도 알고 있었다. 하지만 가장 중요한 목적은 팀원들의 동기부여였다."

경기가 끝난 뒤 많은 이들이 서로 유니폼을 바꿔 입거나 팬들을 향해 인사하는 선수들의 자연스러운 모습에 집중한다. 하지만, 이 순간에도 무리뉴는 선수들에게 지시를 내리고 있다.

무리뉴가 경기 후 선수단을 향해 팬들에게 유니폼을 던져주라고 지시하는 장면을 자주 목격할 수 있다. 지시는 직접적으로 내려지지 않는다. 가슴에 손을 두고 코트를 흔드는 동작을 통해 전한다. 선수들 스스로에게 팬들에게 보답하라는 것을 상기시키는 것이다. 팬들의 응집력을 더 높이기 위한 전략이다.

2005년 2월 2일, 첼시 감독으로 치른 블랙번 원정 경기에서 힘겨운 1-0 승리를 거둔 뒤 무리뉴는 로번을 고의적으로 해하려고

한 플레이에 분개해 마크 휴스^{Mark Hughes} 감독과의 악수를 거부했다. 그가 예의를 표한 쪽은 원정팬들이었다. 무리뉴는 선수들에게 원정 응원을 온 팬들에게 유니폼을 벗어주라고 지시했다.

무리뉴는 축구 경기에서 팬들이 가진 권리와 의무에 대한 명확한 인식을 통해 팬들이 경기력에 미치는 영향을 극대화하도록 했다. 그는 레알마드리드 부임 당시 "팬들이 팀의 주인이다. 그들은 경기를 위해 돈을 지불하고 원하는 대로 표현할 수 있는 권리가 있다. 난 이 야유를 환호로 바꾸기 위해 일할 것이다"라고 말해 팬들의 지지를 얻었다. 그러나 동시에 그는 팬들에게 권리를 누리기 위해선 의무를 행해야 한다고 표현했다.

"리옹과의 경기에서 팬들이 아주 잘 뛰어줬다. 하지만 많이 뛰지는 않더라. 10분 정도는 정말 좋았는데 그러고 나서는 사라졌다가, 다시 뛰었다가를 반복했다. 난 팬들이 90분 동안 뛰어주길 바란다. 그래야 더 잘할 수 있다."

이러한 광경을 지켜본 한 레알마드리드 선수는 "그는 위대한 전략가다. 그는 아주 사소한 것 하나도 놓치는 법이 없다. 그는 모든 것을 컨트롤할 수 있다는 느낌을 전해준다"라고 말하며 혀를 내둘렀다.

무리뉴가 선수단에 인자한 모습만을 보이는 것은 아니다. 때론 엄하게 규율을 잡아야 할 때도 있다. 선수단에 직접 메시지를 전달하기도 하지만 실망스러운 경기를 치르고 난 뒤엔 언론을 통해 강렬한 한 마디를 던지기도 한다. 앞서 언론을 통해 공동체 의식을 강조한 것과 상통하는 부분이다.

무리뉴는 포르투 감독 시절 약체 벨레넨세스에 0-3 완패를 당한 뒤 강하게 호통을 쳤다.

"선수단에 내게 아무것도 해줄 수 없는 선수들이 있다."

언론을 통해 이 같은 메시지를 보낸 무리뉴는 경기 직후에는 선수들을 닦달하지 않는다는 자신이 세운 '골든 룰'을 깼다.

"난 모든 것을 바꿀 수 있는 준비가 되어 있다! 필요하다면 어떤 선수든 즉시 떠나보낼 수 있다. 수치스러운 경기였다. 난 클럽의 오랜 역사에 유럽대항전 출전권을 얻지 못한 감독으로 남고 싶지 않다. 빠른 시일 안에 송두리째 바꿔버릴 것이다. 유소년 선수들을 경기에 뛰게 할 수도 있다."

그는 자신이 이처럼 혹독하게 이야기한 이유로 선수들이 경기장에서 전력을 쏟지 않는 모습을 분명히 확인했기 때문이라고 설명했다. 선수들은 무리뉴의 분노를 보며 그가 자신이 쏟아낸 말을 정말로 실행에 옮길 수 있는 사람이라고 느꼈다. 변화는 즉각적으로 일어났다. 무리뉴는 호통과 분노를 쏟아낸 다음 날 선수들에게 더 많은 훈련이 아닌 휴일을 줬다. 하루의 시간 동안 생각을 정리하고 돌아온 선수들은 경기에 최선을 다하기 시작했다.

무리뉴 자신은 언론을 이용했지만, 선수들이 언론을 이용해 자신의 의중을 전달하는 일에 대해선 철저히 차단했다. 부정적인 방향으로 악용될 수 있기 때문이다. 무리뉴는 포르투 감독 부임 당시 "우리 팀에 세 가지 그룹이 보인다. 무슨 일을 하든지 별로 신경 쓰지 않는 선수들이 있는 것 같다. 그렇지 않은 선수들만이 다음 시즌에 나와 함께할 것이다. 그리고 아직 나머지 한 그룹에 대해서는 어떠한 결정도 내리지 못했다. 자신이 어느 그룹에 있는지 알고 싶다면 사무실로 찾아오라"라는 말로 규율을 잃은 팀을 정비하려고 했다. 그리고 정말로 몇몇 선수들이 찾아와 상담에 임했다.

하지만 감독과의 직접 상담 대신 다른 방법을 시도한 선수들도 있었다. 핀투 다 코스타 포르투 회장이 찾아와 선수들과 문제가 있느냐고 물었고, 다음 날 신문에 이 같은 사실이 보도됐다. 선수가 상황에 대한 불안감을 자신과 상담하지 않고 에이전트에게 고충처럼 토로하면서 이야기가 새어나간 것이다. 무리뉴는 그 선수를 즉각 다른 팀으로 떠나보냈다.

훗날 무리뉴의 열렬한 신봉자가 된 포르투갈 대표 골키퍼 비토르 바이아 역시 무리뉴와 갈등을 겪은 적이 있었다. 당시 포르투는 포르투갈의 유력 스포츠지《헤코르드》와의 인터뷰를 보이콧한 상황이었다.《헤코르드》가 포르투에 대해 악의적인 기사를 생산했기 때문이다.

어느 날《헤코르드》는 골키퍼 바이아가 주전 골키퍼에서 밀려 심기가 불편하다는 내용의 기사를 보도했다. 무리뉴는 "불만의 내용이 문제가 아니라 클럽이 금기시하는《헤코르드》와 인터뷰를 했다는 것이 문제다. 그는 룰을 어겼다"라는 말로 논점을 짚었다.

무리뉴는 바이아에게 직접 언론이 아니라 코칭스태프에게 불만을 이야기하라고 말했다. 바이아는《헤코르드》와 인터뷰를 한 것이 아니라 여러 기자들이 있는 상황에 몇 마디를 한 것뿐이라고 해명했지만 클럽의 자체 징계를 피할 수는 없었다. 바이아는 곧 무리뉴와 선수단 전체에 진심 어린 사과의 뜻을 전했다. 그리고 선발 선수 자리를 되찾기 위한 맹훈에 돌입했다.

무리뉴는 선수단 전체에 "선발 명단은 오직 실력으로만 결정된 다"라는 말로 누구든 이름값과 상관없이 선발 선수가 될 수 있다고 독려하는 한편, 한 번 저지른 잘못의 뒤끝을 남기지 않겠다는 뜻도 전했다. 바이아는 다시 주전 자리를 되찾고 포르투 영광의 핵심이 되는 선방을 펼치며 보답했다.

· SPECIAL TIP ·
언론을 통한 소통, 명확한 한 문장을 준비하라

축구는 쇼 비즈니스다. 언론을 외면하고 철저하게 내부적으로만 소통한다면 대중의 관심을 받을 수 없다. 언론을 향해 옳은 말, 좋은 말만 할 수는 없는 일이다. 민감한 사안에 대해 모르쇠로만 일관한다면 언론의 도움을 받을 수 없다. 언론을 통한 의사전달은 늘 왜곡과 변질의 가능성이 내포되어 있다. 그렇기 때문에 오해의 소지를 남기지 않기 위해 명확하게 말해야 한다. 단어 하나, 어조 하나까지 신중하게 고민하고 전해야 한다. 기자의 자의적 해석으로 본질이 오도될 여지를 없애기 위해선 강한 주관을 드러내는 한 문장을 만들어야 한다.

말의 전쟁
—

때로는 혀끝이 칼끝보다 날카롭다. 신체적 폭력보다 언어적 폭력이 더 큰 상처를 남기는 일이 허다하다. 신체의 괴로움은 병원에서 치료받을 수 있지만, 마음에 생긴 혼돈과 상처는 정신과 의사들도 완치를 장담하기 어려운 난제다. 정신적 균형이 흔들리면 모든 것이 흔들린다.

승부의 세계에서 가장 중요한 것은 집중력이다. 나 자신이 최고의 집중력을 유지하는 것도 중요하지만 상대의 집중력을 흐트러뜨리는 것도 중요한 전략이다. 상대의 전력이 나보다 높다면 더더욱 중요한 전략이다. 무리뉴는 FC포르투를 지휘하던 시절 맨체스터 유나이티드와 UEFA챔피언스리그 16강전에서 격돌하게 됐을 때 이렇게 말했다.

"만약 우리가 맨유와의 경기에서 이긴다면, 그 이유는 맨유의 집중력을 흐트러뜨렸기 때문일 것이다. 상대가 집중한다면 우리에겐 기회가 없다. 현대 축구의 성공은 집중력에 달렸다."

집중력을 잃으면 그릇된 판단을 하기 쉽다. 매사에 어떤 판단을 내리느냐가 성패의 관건이다. 무리뉴는 말 한마디로 상대의 심기를 불편하게 만들고, 이를 경기 집중력의 저하로 유도하는 데 달인이다. 맨유와의 경기는 그의 심리전술이 가장 잘 먹힌 경기 중 하나로 꼽는다. 그는 1차전 경기를 2-1로 마친 뒤 퍼거슨 감독의 격정적인 포르투 비판에 의연한 척, 하지만 더 날선 말로 대처했다.

"난 알렉스 퍼거슨이 왜 다소 감정적이 됐는지 이해한다. 만약 어떤 팀이 자신의 팀의 10퍼센트에 불과한 예산을 가지고 명백하게 경기를 지배했다면 슬플 것이다."

무리뉴는 언론을 통해 퍼거슨의 말을 받아친 뒤 선수단에도 말을 전했다.

"그가 우리를 두려워하고 있다."

무리뉴와 퍼거슨의 입씨름은 이후에도 계속됐다. 무리뉴가 첼시 감독이 되어 잉글랜드 프리미어리그에 입성했을 때 퍼거슨 감독은 "돈으로 승리를 살 수 없다"라며 막대한 투자로 갑자기 부상한 첼시의 성공을 폄하했다. 그러자 무리뉴는 "퍼거슨 감독의 생각에 100퍼센트 동의한다. 내가 맨유 예산의 10분 1밖에 쓰지 않는 포르투로 이긴 적이 있다"라며 되받아쳤다. 퍼거슨은 현역 감독 시절 무리뉴와의 대결에서 2승 6무 6패로 열세를 보였다.

두 사람은 경기장에서는 앙숙이었지만 그라운드 밖에서는 와인 잔을 기울이며 심도 있는 이야기를 나누는 친구 사이였다. 포르투 시절 승리 이후에도 퍼거슨은 주장 게리 네빌Gary Neville과 포르투의 드레싱룸을 찾아 축하 인사를 전했다.

퍼거슨과의 대결은 시작에 불과했다. 무리뉴는 더비전의 사나이였다. 가장 극렬한 감정이 분출되는 라이벌전에서 그는 가장 화려한 행동을 보였다. 그러나 무리뉴라는 수레는 빈 채로 요란하지 않았다. 요란한 빈 수레는 먹을 것 많은 소문난 잔치를 보여줬다. 축구계의 명장들과 차례로 설전을 벌였고 대부분의 경우 무리뉴가 승리했다.

그는 포르투 시절 우승 경쟁팀인 스포르팅리스본과의 원정 경기에서 비긴 뒤 스포르팅이 환호하는 모습을 보고 "수페르리가 홈경기에서 비긴 뒤 그토록 기뻐하는 위대한 팀의 사람들은 본 적이 없다"라고 조소했다. 스포르팅은 무리뉴가 부상을 입은 자신들의 선수에게 악담을 퍼부었다고 조작했으나 무리뉴는 결백을 주장했고, 이는 사실로 판명 났다. 무리뉴는 상대를 도발하는 과정에서 결코 음모를 꾸미지는 않았다. 결국 진실이 승리했다.

잉글랜드에서는 퍼거슨 외에도 런던 더비를 이룬 아스널의 아르센 벵거 감독과도 자주 설전을 벌였다. 무리뉴가 첼시에 입성하기 이전에는 맨유와 아스널, 퍼거슨과 벵거가 리그의 가장 중요한 대립구도를 보였다. 무리뉴가 그 틀을 깨트렸다. 벵거는 여러 차례 무리뉴의 방식이 갖는 문제점을 지적했다. 이에 무리뉴는 프리미어리그 역사상 가장 도발적인 한 마디로 '말의 전쟁'을 제압했다.

"벵거는 사람들을 관찰하는 것을 좋아하는 관음증이 있는 사람 같다. 이런 사람들은 집안에 망원경을 설치해서 다른 집 사람들이 무얼 하는지 관찰하곤 한다. 그는 계속해서 첼시에 대해 말하고 또 말한다. 매번 이런 일이 생기는 것이 나는 상당히 괴롭다. 우리는 벵거가 첼시에 대해 지난 12달 동안 한 말을 모아놓은 파일을 가지고 있다. 5페이지짜리 파일이 아니라 120페이지짜리다. 그래서 우리가 이토록 강하게 반응하는 것이다."

이탈리아 세리에A 무대에서 인터밀란을 맡았을 때는 AC밀란의 카를로 안첼로티, 유벤투스의 클라우디오 라니에리와 부딪혔다. 그는 라니에리가 평가전의 연전연패로 흔들리던 유벤투스 선수들의 동기부여를 위해 영화 '글래디에이터'를 단체 관람했다는 이야기에 "만약 내가 경기 전에 선수들에게 영화 글래디에이터를 틀어줬다면 선수들은 웃으며 의사를 불러 내가 미쳤냐고 물어볼 것이다"라고 대응했다. 발끈한 라니에리의 반격이 개시되자 무리뉴는 차분하게 응수했다.

"난 선수들, 팬들, 언론과 소통하기 위해 몇 달간 매일 5시간씩 이탈리아어 공부를 했다. 라니에리는 잉글랜드에 5년이나 있었는데 아직도 '굿모닝'이나 '굿이브닝'밖에 못한다. 그는 슈퍼컵에서나 두 번 우승했다. 비중도 없는. 중요한 대회는 우승해본 적이 없다. 정신을 바꿀 필요가 있다. 하지만 그러긴 너무 늦었다."

안첼로티는 무리뉴의 일천한 선수 경력을 가지고 공격했는데, 무리뉴는 안첼로티의 감독 경력에 가장 실망스러운 패배의 기억을 되살려 앙갚음했다. 바로 이스탄불에서 열린 리버풀과 AC밀란의 UEFA챔피언스리그 결승전이다.

"많은 클럽과 감독이 챔피언스리그 우승을 해봤다. 두 번이나 한 사람도 꽤 된다. 하지만 결승전에서 3-0으로 이기고 있는 경기에 패배한 감독은 유일하다."

무리뉴가 상대의 집중력을 흐트러트리는 방법은 또 있다. 바로 경기 중에 상대 팀 선수에게 말을 거는 것이다. 그는 자신의 팀원들뿐 아니라 상대팀원들과도 허물없이 대화하는 것으로 유명하다. 포르투 감독 시절 라이벌 스포르팅리스본과 경기를 펼치던 때였다. 무리뉴는 스포르팅의 라이트윙 사 핀투Sa Pinto를 승리를 위한 공략 대상으로 여겼다. 라이트백이 부상 중이라 수비 가담에 대한 부담이 컸고, 최근 부상에서 돌아와 체력적으로 문제가 많았기 때문이다. 그래서 포르투의 공격을 핀투 쪽으로 집중시켰다.

그리고 또 하나, 그는 후반전 도중 라인 밖으로 나간 공을 줍기 위해 핀투가 자신의 쪽으로 다가오자 말을 걸었다. 당시 핀투는 무리뉴가 살던 집의 실제 소유주였기 때문에 친분이 있어 경계심 없이 다가섰다. 무리뉴는 핀투에게 "지금 지쳤어?"라고 물었다. 핀투는 "농담하지 마요. 데를레이Derlei가 경기 내내 내 뒤쪽을 파고들잖아요. 반대쪽으로 가서 뛰라고 좀 지시해요"라고 순수하게 답했다. 무리뉴는 짓궂은 대답을 했다. "준비 단단히 해. 몇 분 있다가 그쪽으로 에너지가 가득 찬 클레이톤Cleyton을 교체 투입할 거야." 핀투는 일그러진 표정으로 "이러지 마요, 친구. 날 완전히 망치고 끝장내려고 하는군요"라고 애원했다. 무리뉴는 웃으며 "널 끝장내려는 게 아니라 경기를 끝내려는 거지"라고 답했다. 핀투는 클레이톤이 들어가기도 전부터 더욱 집중력이 떨어졌다. 승리는 포르투의 몫이었다.

인터밀란 감독으로 FC바르셀로나와 2009/2010시즌 UEFA챔피언스리그 준결승 2차전 경기를 치르던 당시 무리뉴는 적장 주제프 과르디올라가 즐라탄 이브라히모비치를 불러 전술 지시를 내리는 순간에 다가가 대화에 끼어들어 심리적으로 흔들어 놓는 한 마디를 던졌다. 그가 어떤 말로 과르디올라를 당황시켰는지는 정확히 알려지지 않았다. 2012/2013시즌에는 레알마드리드와 보루시아도르트문트Borussia Dortmund와의 준결승전에서 상대 수비수 마르첼 슈멜처Marcel Schmelzer를 불러 레알마드리드 미드필더 메수트 외질Mesut Ozil에게 전술 지시를 전해달라고 부탁한 일도 있었다.

무리뉴가 언론을 이용하는 가장 큰 이유는 심판 판정을 유리한 쪽으로 이끌기 위해서다. 포르투와 벤피카의 경기에 앞서 벤피카 공격수 시망 사브로사Simão Sabrosa는 무리뉴의 팀과 말의 전쟁에 적극적으로 나섰다.

"우리가 포르투보다 강하다."

그는 자신만만한 전사처럼 말했다. 무리뉴는 싸움에 말려들지 않았다. 그의 목표는 다른 곳에 있었다.

"그들이 정말 강하다는 것을 보여주려면 경기장에 드러눕기 위한 시간을 줄여야 할 것이다."

기술이 좋은 벤피카 선수들은 프리킥과 페널티킥을 얻기 위한 파울 유도 동작을 자주 구사한 것으로 유명했다. 무리뉴는 이 한마디로 경기의 관전 포인트를 벤피카 선수들의 시뮬레이션 액션으로 옮겨놓았다. 경기에 배정된 주심이 평소보다 속임 동작에 속지 않기 위해 더욱 주의를 기울이게 된 것은 자연스러운 결과다.

무리뉴가 심판 판정 유도책과 라이벌에 대한 도발책을 가장 많이 시도한 팀은 FC바르셀로나다. 그 자신이 통역사와 코치로 몸담았던 곳이나, 가장 상대하기 어려운 강한 전력을 가진 팀이었기 때문이다. 실제로 무리뉴의 감독 경력이 시작된 이래 유럽에서 가장 꾸준히 빼어난 성과를 낸 팀은 FC바르셀로나다. 무리뉴가 13년 동안 20개의 트로피를 들어 올리는 동안 FC바르셀로나 역시 그에 준하는 메이저 대회 우승 기록을 쌓았다. 첼시, 인터밀란, 레알마드리드 등 무리뉴가 팀을 옮겨갈 때마다 FC바르셀로나가 가장 첨예하게 대립한 라이벌이었다.

첫 만남은 첼시 시절의 2004/2005시즌이다. 무리뉴는 캄노우 원정으로 치른 16강 1차전 경기에서 패한 뒤 프랑크 레이카르트 FC바르셀로나 감독이 심판실에 들어가 대화를 나누는 장면을 목격했다며 판정에 대한 의혹을 제기했다. 그는 후반 11분 두 번째 경고를 받고 공격수 디디에 드로그바가 퇴장당한 것을 비롯해 몇 몇 판정에 의혹을 제기했다. 레이카르트는 무리뉴의 공격적인 발언에 혼란스러운 감정을 감추지 못했다. UEFA 심판위원장 폴커 로스는 편파 판정이 없었다고 일축하며 "우리는 우리의 최고의 심판에게 가한 그의 이런 종류의 공격을 용납할 수 없다. 무리뉴 같은 사람들은 축구의 적이다"라는 강경 발언까지 하기에 이르렀다. 그러나 무리뉴는 굴하지 않았다.

"로스 씨가 할 수 있는 일은 두 가지다. 나한테 사과하거나 법정으로 가서 날 고소하는 것."

그리고 첼시의 안방인 런던 스탬퍼드브리지Stamfor Bridge에서 2차전이 열렸다. 많은 사람들이 판정 문제에 주목했고, 첼시는 문제없는 경기를 펼치며 4-2 승리로 뒤집기에 성공했다. 이 경기 이후 무리뉴는 자신의 친정 FC바르셀로나와 앙숙 관계가 된다.

2005/2006시즌 대회 16강전에서 다시 둘이 만나게 된 것은 얄궂은 운명이었다. 무리뉴는 또 한 번 판정을 물고 늘어졌다. 홈에서 열린 1차전에서 첼시가 1-2로 패하며 불리한 상황에 처했다. 이 경기는 무리뉴가 첼시에 부임한 이후 처음으로 홈경기에서 패배한 경기였다. 전반 37분 첼시 수비수 아시에르 델오르노Asier Del Honro가 퇴장당한 영향이 컸다. 무리뉴는 원정 경기로 치러야 할 2차전을 위해 '말의 전쟁'을 다시 시작했다.

"카탈루냐 말로 거짓말쟁이를 뭐라고 말하는가?"

무리뉴는 이 질문의 답을 잘 알고 있었다. 스페인에서 민족주의

색채가 강해 독립마저 원하는 카탈루냐 민족의 자존심인 FC바르셀로나의 통역관으로 일하면서 선수들 및 구단 사람들과 더 친밀한 관계를 유지하기 위해 이미 카탈루냐어 공부를 마쳤기 때문이다. 이는 언론을 통해 FC바르셀로나를 도발하기 위한 첫 마디였다. 무리뉴는 FC바르셀로나가 자랑하는 리오넬 메시를 저격 대상으로 꼽았다. 메시와 경합 도중 델오르노가 퇴장당했기 때문이다.

"바르셀로나는 문화도시다. 좋은 작품을 상연하는 대단한 극장이 많다. 메시가 보여준 플레이를 보니 연기를 아주 잘 배운 것 같다."

2차전에서 첼시는 분전했으나 무승부를 끌어내는 데 그치며 16강전에서 탈락하고 말았다. FC바르셀로나는 그해 UEFA챔피언스리그 대회에서 통산 두 번째 우승을 차지했다.

FC바르셀로나의 레전드 요한 크루이프는 무리뉴 못지않은 이론가이며 독설가다. 그는 무리뉴를 향해 도발을 시작했다.

"무리뉴는 우승을 하는 감독이지 축구 감독은 아니다. 원한다면 내가 축구에 대해 가르쳐줄 수 있다."

무리뉴는 받아치기의 명수답게 말싸움에서 지지 않았다.

"고맙다. 나는 우승하는 감독이 좋다. 크루이프가 나를 가르쳐준다니 좋은 일이다. 그는 내게 UEFA챔피언스리그 결승전에서 어떻게 4-0으로 졌는지에 대해 알려줄 수 있을 것이다. 하지만 난 관심이 없다."

인터밀란 감독으로 나선 2009/2010시즌 UEFA챔피언스리그에서도 FC바르셀로나는 가장 강력한 우승후보였다. 2008/2009시즌

FC바르셀로나는 스페인 클럽 사상 최초의 트레블을 달성하며 당대 최고의 팀으로 찬사를 받았다. 반면 무리뉴의 인터밀란은 조별 리그에서 FC바르셀로나에 완패했다.

하지만 16강 진출에 성공했고 준결승전에서 다시 만났다. 다시 세간의 화제를 집중시키는 말의 전쟁에 이목이 집중됐다. 밀라노에서 열린 1차전에서 무리뉴의 팀은 모두를 놀라게 한 3-1 완승을 거뒀다. 2008년 여름 과르디올라 감독이 FC바르셀로나에 부임한 후 가장 큰 점수 차의 패배였다. 무리뉴는 2차전 캄노우 원정을 앞두고 인터밀란 선수 한 명이 퇴장당해 어려운 경기가 될 것이라고 예측했다. 그의 예언대로 전반 28분 인터밀란 미드필더 티아고 모타가 퇴장당하고 0-1로 패했다. 하지만 골 득실 차 우세로 인터밀란이 결승에 올랐다.

인터밀란을 유럽 챔피언으로 이끈 무리뉴는 FC바르셀로나의 원수 레알마드리드의 감독으로 부임했다. 무리뉴와 FC바르셀로나 사이에는 이제 건널 수 없는 증오의 강이 생겨났다. 무리뉴는 세계 축구를 주도하던 FC바르셀로나를 무너트리기 위해 이 감정을 철저히 이용했다. 2010/2011시즌 UEFA챔피언스리그 준결승전에서 무리뉴는 운명처럼 FC바르셀로나를 만났다.

1차전 결과는 1-1 무승부였다. 2차전을 앞두고 무리뉴는 자신이 FC바르셀로나에 몸담았던 시절 함께 전술에 대해 고민하고 축구에 대해 이야기를 나누던 동료 주제프 과르디올라를 강하게 비판했다. 테마는 역시 심판의 판정이었다.

"세상에는 두 가지 유형의 감독이 있다. 먼저 심판 판정에 전혀 말하지 않는 아주 일부의 그룹이다. 그리고 훨씬 큰 그룹, 그 속에는 나도 있다. 심판이 아주 큰 실수를 저질렀을 때 심판을 비판하는 이들이 있다. 나 같은 사람은 이런 상황에서 갖는 불만을 통제하지 못한다. 하지만 감독의 일을 잘했다고 행복해하는 그룹이 또한 있다. 지금 우리는 과르디올라가 만든 세 번째 그룹의 등장을 보고 있다. 오직 그 혼자만 있는 그룹이다. 바로 올바른 결정을 내린 심판을 비판하는 그룹이다. 난 심판이 내 팀을 도와주길 바라지 않는다. 난 오직 팀이 자신이 한 노력에 행복하길 바란다. 펩에게는 불가능한 행복이다. 그가 행복하면 심판이 잘못을 해야 하기 때문이다. 바르셀로나는 볼을 소유하는 데 있어서 최고의 팀이다. 11대 11로 경기하면 어렵다. 그리고 11대 10으로 경기하면 그들이 원하는 상황이 연출된다. 단언컨대 우리는 10명으로 경기를 끝마치게 될 것이다."

이 발언에 언제나 차분한 자세로 언쟁을 거부하던 과르디올라도 흥분을 감추지 못했다. 그는 기자 회견장에서 처음이자 마지막으로 비속어까지 써가며 감정을 드러냈다.

"그가 날 '펩'이라고 불렀으니 나도 '주제'라고 부르겠다. 내일 우리는 경기장에서 8시 45분에 만나게 될 것이다. 경기장 밖에선 당신이 이미 승리한 것 같다. 경기장 밖 챔피언스리그 우승컵을 선물할 테니 집으로 가져가서 마음껏 즐겨라. 하지만 이것은 축구 경기다. 스포츠다. 우리는 경기를 할 것이고 이길 때도 있고 질 때도 있을 것이다. 나 역시 불만을 갖고 있는 것을 리스트로 만들어서 이야기할 수 있다. 스탬퍼드브리지에서 벌어진 일뿐 아니라 1,000가지도 더 넘는다. 하지만 난 나를 도와주는 사람이 많지 않다. 연맹 직원과 심판, 누구도 나를 돕는 일은 없다. 그래서 내일 우리는 가능한 최고의 축구를 하려고 한다. 이 기자 회견장에선 그가 ××(비속어 사용) 최고이고, ×× 짱이겠지. 그는 세계에서 가장 아는 게 많은 사람이니까. 난 잠시 잠깐도 이곳에서 싸우고 싶지 않다. 그저 우리가 보낸 4년의 시간을 기억할 뿐이다. 난 그를 알고 있고, 그도 날 알았다. 당신은 플로렌티노 페레스의 친구이자 그의 하수인이 되길 바라는 것 같다."

경기 결과는 레알마드리드 수비수 페페의 퇴장과 FC바르셀로나의 결승 진출이었다. 무리뉴는 그를 상징하는 3회 연속 "왜? 왜? 왜?"로 기억되는 분통을 터트리며 5만 유로의 벌금을 물고 다음 시즌으로 이어진 3경기 출전 정지 징계(본래 5경기였으나 추후 항소로 줄어들었다)를 받았다.

"과르디올라는 환상적인 감독이다."

무리뉴의 첫마디는 물론 반어법이었다. 그 이후 FC바르셀로나가 과르디올라 감독과 함께 이룬 우승 과정의 수많은 판정 논란을 하나하나 열거하기 시작했다. 2008/2009시즌 UEFA챔피언스리그 준결승전에서 첼시를 상대로 범한 네 번의 파울이 페널티킥으로 선언되지 않았다는 점을 지적하며 '스탬퍼드브리지 스캔들'이라고 명명했다. 그리고 같은 일이 벌어지고 있다고 지적했다. 그 안에 거대한 음모와 부조리가 숨어 있다고 신랄하게 비판했다.

"이번에도 우승하면 베르나베우 스캔들로 남을 것이다. 나라면 그렇게 우승할 경우 부끄러울 것 같다. 그들이 챔피언스리그를 솔직하고 눈부시게 우승하길 바란다. 난 왜 항상 준결승전마다 같은 일이 벌어지는지 묻고 싶다. 바르셀로나의 그 힘이 어디에서 나오는지 궁금하다. 그 힘은 축구적인 것이 되어야 하지만 내겐 다른 방식으로 승리하는 것이 느껴진다. 첼시 사람들이 느끼는 것과 같다. 인터밀란에서 지난해에 승리한 것은 기적이었다. 유니세프를 유니폼에 새겨서 그런 것인가? 아니면 UEFA에 비야르의 영향력이 미쳐서인가? 아니면 단지 호감 가는 축구를 하는 팀이라서? 이해가 되지 않는다. 그들이 환상적인 축구팀을 가진 것을 축하한다. 동시에 그들이 가진 권력 또한 축하한다. 드로그바는 보싱와와 마찬가지로 준결승전에서 징계를 받았다. 모타는 결승전에서 퇴장당했고 벵거의 나스리도 8강을 앞두고 징계를 받았다. 이제 난 여기서 징계를 받고 이 기자 회견장에도 있지 못하게 될 것이다. 우리는 골을 내주지 않은 뒤, 상대가 좌절했을 때 공격하려고 했다. 65분경 라스 디아라 대신 카카를 투입해 세 명의 공격수 뒤에서 뛰게 하려고 계획했다. 하지만 페페가 퇴장당해서 그렇게 할 수 없었다. 페페와 세르히오 라모스 없이, 퇴장 선수가 발생하면서, 나도 벤치에 없는 상황에서 할 수 있는 것은 없었다. 우리가 일찍 득점을 했다면 결승 가능성이 열렸겠지만, 한 골을 더 허용하면서 가능성이 사라졌다. 때론 이 세계에 사는 것이 역겨울 때가 있다. 내겐 특별한 드라마가 아니다. 난 이제 집으로 갈 것이다. 중요한 것은 가족이 기다리고 있다는 것이다. 그래서 왜 그러느냐는 질문에는 답하지 못할 것 같다. 내가 머릿속에 있는 생각을 모두 말한다면 내 경력이 끝장날지도 모른다. 레알마드리드는 챔피언스리그 결승

진출에 좌절했다. 하지만 우리는 자긍심을 갖고 갈 것이다."

그 뒤 또다시 FC바르셀로나를 만났을 때 무리뉴는 한발 물러서는 척하며 또 한 번 칼을 꺼내들었다.

"난 불평했다가 타격을 입었다. 많은 경기를 나서지 못했고 벌금도 엄청 물었다. 내 이미지도 실추됐다. 진실을 말한 사람에 합당한 일이 아니었다. 난 가능한 침착하게 나 자신을 지키려고 하고 있다. 난 완벽하지 않다. 하지만 악인이 될 순간이 올 것 같다. 나보다 영리한 사람이라면 나에 대해 다른 이미지를 갖고 있을 것이다."

무리뉴는 더 이상 판정에 대한 언쟁을 벌이지 않았다. 대신 "기자 여러분이 말해달라"라고 요청했다. 2011/2012시즌과 2012/2013시즌 레알마드리드는 엘클라시코에서 퇴장당하지 않기 시작했고, 승리하기 시작했다.

무리뉴의 팀은 왜 FC바르셀로나만 만나면 퇴장당했을까? 왜 무리뉴는 그토록 판정 문제에 집착했을까? 정말 음모론이 존재했을까? 진실은 베일에 가려져 있다. 이 책이 그 진실을 파헤치려는 의도를 가지고 쓰인 것도 아니다. 주목할 점은 무리뉴가 보인 행동이다. 기술이 좋은 FC바르셀로나 선수들을 막는 과정에서 자연히 충돌과 몸싸움, 파울이 발생할 수 있다. 워낙 능력이 출중한 선수들인데다 충돌 상황에서 파울을 얻어내기 위한 과장된 반응을 보이는 것도 FC바르셀로나 선수들의 특징이다. 주심들은 여지없이 파울을 선언하고 카드를 꺼낸다. 막는 쪽은 불리해질 수밖에 없다. FC바르셀로나에 몸담았던 바 있는 무리뉴는 이를 누구보다 잘 알고 있다.

이기기 위해선 판정을 덜 엄격하도록 유도해야 한다. 그래서 무리뉴는 언론을 통해 FC바르셀로나가 유리한 판정을 받고 있다는 분위기를 유도한 뒤 실제 경기에선 주심이 휘슬을 불고 카드를 꺼내는 데 압박감을 가하도록 했다. 그는 실제로 FC바르셀로나가 특정 권력과 결탁해 비호를 받고 있다고까지 주장해 징계를 받기도 했다. 팀이 최상의 상태로 경기에 임하기 위해 모든 수단과 방법을 가리지 않고 행동에 옮긴 것이다.

반대의 상황도 있다. 자신의 팀이 상대팀의 거친 수비에 시달릴 때는 엄격한 판정을 요구하도록 기자회견을 이용했다. 레알마드리드 감독으로 레반테Levante와 경기를 마친 뒤의 발언이다. 무리뉴는 "상대 선수 중 한 명도 병원에 가지 않았다는 것이 기쁘다. 우리 선수들이 쓰러지는 것으로 봐서 그쪽은 전원이 병원행일 줄 알았다. 이날은 오직 레알마드리드만 축구를 했다"라며 레반테 선수들의 난폭한 수비를 꼬집었다. 실제로 레알마드리드 선수 한 명은 반년 가까이 재활에 매진해야 했다.

승리할 가능성이 적었던 FC바르셀로나와의 경기에서 주전 선수 대부분을 쉬게 한 스포르팅히혼Sportng Gijon의 모습을 보고는 "바르사에 승리를 갖다 바쳤다"라고 비아냥거렸다. 라리가의 나머지 18개 팀이 넘을 수 없는 벽이 된 두 팀, 특히 FC바르셀로나와의 경기에 아예 큰 힘을 들이지 않는 경향이 이어지자 이를 방지하기 위해 공개적으로 질타해 여론을 움직이려 한 것이다.

비난의 화살은 내 가슴에 적중하지 않으면 그만이다

무리뉴의 방식은 때로 지나치게 자극적이어서, 수많은 적을 만들기도 한다. 그는 심지어 '축구의 적'이라는 표현과 함께 축구계의 공적처럼 여겨지기도 했다. 하지만 불가능에 가까운 미션에 도전할 때는 때로 포기해야 할 것들이 많이 있다. 무리뉴는 그 싸움에 절대 물러서지 않았다. 그는 때로 자신에 대해 부정적인 이미지에 안타까움을 표하기도 했다. 하지만 그는 자신의 방법론을 바꾸지 않았다. 비난의 화살은 가슴이라는 과녁에 명중하지 않으면 유효하지 않다. 여론의 반응에 무던해져야 한다.

2.

성공의 여정을
함께한 팀 무리뉴

: 무리뉴의 사람들

04

잘나가는 큰형처럼
어디서나 앞장 서라

Jose Says, 감독은 안내자의 역할일 뿐, 그 안에서 길을 발견하는 것은 선수의 몫이다.

권위와 상하관계는 보수적인 한국 사회에서도 시간이 갈수록 무너지고 있다. 유럽에서는 일찌감치 진행된 현상이다. 자기주장이 강하고 자존감과 개성이 강한 사람들을 어떻게 한데 묶어 팀으로 기능하게 할 것인가? 이들의 마음을 돌려놓고 나의 발언에 권위를 더하기 위해 우리는 어떤 리더십을 갖춰야 하는가? 무리뉴 역시 축구 감독이 되기 위해 훈련 방법과 전술에 대해 연구하는 것과 동시에 이 점을 고민했다.

"과연 어떻게 나의 방법론을 선수들에게 주입시킬 수 있을까?"

먼저 무리뉴는 선수들 위에 군림하려 들지 않았다. 합리적인 설득을 통해 선수들이 받아들일 수 있도록 했다. 무리뉴는 "역량이 뛰어난 선수들을 지도하려면 늘 배워야 한다. 인간관계에 대해서도 배워야 한다"라고 말한다. 높은 레벨에 위치한 선수들은 권위 있는 사람의 말이라고 해서 쉽게 받아들이지 않는다. 지도자는 자신의 생각이 옳다는 것을 입증할 수 있어야 한다. 감독은 항상 옳다는 옛말은 더 이상 통하지 않는다.

무리뉴는 자신이 가진 모든 강점을 활용했다. 그는 미래를 예측하는 혜안으로 자신의 결정에 대한 신뢰를 구축했고, 권위가 아닌 친밀함을 강화해 선수들이 자신의 말을 따르게 만들었다. 이는 무리뉴가 아버지로부터 배운 것이다. 축구 선수이자 감독이었던 무리뉴의 부친 펠리스는 무리뉴에게 전술적인 지식을 전달하기보다 올바른 인간이 되는 것을 가장 강조했다.

"아버지가 어린 내게 강조하신 것은 내가 '축구 감독이 되는 것'에 집중하지 말라는 것이다. 내가 좋은 사람이 되고 축구를 이해하는 사람, 리더가 되기를 바라셨다."

감독은 리더다. 그 점을 인식하는 것이 가장 중요하다. 잘못된 결정을 내릴 수도 있고 잘못된 분석을 할 수도 있지만 선수들에겐 항상 솔직해야 한다. 절대로 다른 사람들에게 선수들에 대한 나쁜 이야기를 해선 안 된다. 무리뉴는 이를 말뿐 아니라 경험으로 직접 깨달았다.

"난 언제나 함께 일한 사람들과 좋은 관계를 유지해왔다. 최대한 호의적이고 솔직하며 서로를 존중하는 관계를 맺어야 한다. 서로가 '함께'라는 인식을 가져야 한다."

무리뉴는 이를 위해 심지어 외모까지 가꾸기 위해 노력했다. 귀여운 꼬마 동생에게는 더없이 크게 보일 수밖에 없는 '큰형'의 모습으로 리더십을 발휘한 무리뉴의 또 다른 비결이다. 구체적인 사례를 통해 알아보자.

미래를 정확하게 예측하는 비결

—

존경심은 내가 하지 못하는 일을 아무렇지 않게 해내는 사람을 향해 가지게 된다. 역사를 살펴보면 앞날을 내다본 종교 지도자와 선지자들, 그리고 놀라운 실행력을 보인 독재자들이 최대치의 존경심을 얻은 주인공이었다. 무리뉴가 권위를 얻은 방식은 이와 같았다. 그는 앞으로 벌어질 일들을 소름 끼칠 정도로 완벽하게 예측했다. 무리뉴는 선수들에겐 믿을 수 없는 종교와 같은 존재가 됐다.

레알마드리드 공격수 카림 벤제마Karim Benzema는 입단 첫 시즌에 자신의 몸값을 증명하지 못하고 라리가 최악의 '먹튀'라는 오명을 뒤집어썼지만, 무리뉴 감독이 부임한 이후 놀라운 속도로 정상 컨디션을 되찾았다. 무리뉴는 자유분방한 생활을 하던 벤제마를 규율을 갖추고 단체 생활에 동참하는 선수로 만들었다.

벤제마는 무리뉴를 향해 무한한 존경심을 드러내며 다음과 같은 이야기를 했다.

"그는 전술적으로 대단하고 거의 실수를 하지 않는다. 새로운 일을 시도하고 성공을 만든다. 그가 있던 모든 클럽에서 그랬다. 때때로 그는 우리가 경기 입장을 위해 터널에 있을 때 우리가 경기를 잘할지, 골을 어떻게 허용할지까지 다 알고 있다. 어떻게 그런 클래스를 가졌는지 놀라울 따름이다."

첼시 공격수 디디에 드로그바Didier Drogba는 "벤치에서 그가 하는 말을 들어보면 외과의사의 수술방식과 같이 세밀하다. 때로는 불안한 결과를 앞두고 있을 때 마치 미래를 보는 능력이 있는 것처럼 말한다"라고 말했다.

2010년 1월 24일, 인터밀란과 AC밀란의 밀라노 더비는 소름 돋을 정도로 놀라운 무리뉴의 예지력이 발휘된 경기였다. 인터밀란은 전반 11분 공격수 디에고 밀리토의 선제골로 앞서갔지만 전반 26분에 공격의 핵심인 플레이메이커 베슬러이 스네이더르Wesley Sneijder가 퇴장당하며 수적 열세의 상황에 봉착했다. 루시우Lucio까지 경고를 받으며 공수 양면에 걸쳐 부담이 커진 상황이었다.

전반전이 그대로 끝난 뒤 마시모 모라티 회장은 선수단이 크게 긴장하고 있을 것이라고 생각해 직접 드레싱룸으로 내려갔다. 선수들을 아버지처럼 챙기는 인자함으로 이름이 높았던 모라티 회장은 자신의 그런 기질이 이 순간 도움이 되리라 생각했다. 하지만 모라티 회장은 할 일이 없었다. 선수들은 아무렇지 않은 모습으로 무리뉴의 말을 듣고 있었다.

"후반전은 이렇게 진행될 것이다. 긴장하고 있는 쪽은 우리가 아니라 밀란이다. 밀란이 더 긴장했을 거다. 그 녀석들은 10명인 우리를 상대로 골을 못 넣고 있다. 그러니까 우리는 이 상황을 이용해서 앞으로 전진해야 한다. 후반전에 우리는 한 골을 넣을 거고 2-0으로 승리할 것이다."

모라티는 그 말이 정말 이루어질 것이라는 믿음을 가진 선수들의 표정을 보고 그대로 자신의 자리로 돌아왔다. 경기 결과는 무리뉴의 말대로 됐다. 후반전에 인터밀란이 한 골을 더 보태 2-0으로 승리했다. 루시우가 두 번째 경고를 받고 퇴장당했지만 인터밀란 선수들의 정신력과 경기력은 흔들리지 않았다.

후반전에 터진 두 번째 골의 주인공은 고란 판데프Goran Pandev였다. 그는 프리킥으로 득점했는데, 무리뉴는 사실 그를 교체 아웃시키려 했다고 털어놨다.

"난 판데프를 빼려고 했다. 하지만 그 순간 우리가 원하는 페널티 에어리어 근접 부근에서 프리킥을 얻었다. 대기심에게 재빨리 달려가 선수 교체를 이 킥이 끝나고 하겠다고 말했다. 판데프는 1분을 더 뛰었고, 프리킥으로 한 골을 넣었다. 그 위치는 일주일 내내 우리가 프리킥을 연습한 자리였다."

자, 우리가 이 일화에서 주목할 점은 맨 마지막 문장이다. 일주일 내내 연습한 프리킥 위치가 골이 된 것이다. 무리뉴는 2004/2005시즌 프리미어리그 입성 첫해에 첼시에 51년 만의 리그 우승이라는 감격을 선사했다. 처음 경험한 리그였는데 우승으로 가는 여정은 매우 쉽고 익숙해 보였다.

무리뉴는 그 이유를 다음과 같이 밝혔다.

"첼시에서 우리는 첫해부터 정말 쉽게 프리미어리그 우승을 차지했다. 우리가 완벽한 팀이고 전술적으로도 무척 기민했기 때문에 쉬웠던 것이다. 우리는 어떻게 압박을 하고, 어떻게 덤벼야 할지 알고 있었다. 경기에 따라서는 상대를 죽이기 위해 알맞은 시기를 기다리는 방법도 알았다. 마지막 20분, 30분 동안 무엇을 해야 할지 정확히 알고 있는 대기 선수들도 있었다. 우리가 경기 막판에 승점을 내준 경기가 얼마나 될까? 한 번도 없다. 우리가 마지막 20분 동안 승리를 만들어낸 적은? 셀 수 없이 많았다. 팀이 그런 점들을 깨닫고 있었기 때문에, 다른 팀들과 다를 수 있었다."

축구 경기에는 수많은 변수가 작용한다. 모든 변수에 대응할 수 없지만, 견고한 시스템을 구축해놓고, 흔들리지 않는다면 변수에 휘둘릴 가능성은 줄어든다. 무리뉴는 포르투 시절 막대한 승리 보너스를 내건 팀 산타클라하를 상대로 맹추격을 당했다. 전반전을 2-1로 리드했음에도 상대팀의 기세가 대단했다. 기본 월급보다 높은 보너스가 제시됐다는 이야기가 들렸다. 무리뉴가 하프타임에 선수들에게 내린 지시는 간단했다.

"침착해라. 우린 잘하고 있다. 이대로 계속하면 결국 우리가 이길 것이다."

포르투는 5-3으로 이겼다.

무리뉴의 혜안은 가장 치명적인 경기에서 더욱 빛을 발했다. 2002/2003시즌 포르투의 UEFA컵 우승은 무리뉴의 예언대로 이루어졌다. 그리스 클럽 파나시나이코스와의 8강전은 큰 고비였다. 홈에서 열린 1차전에서 0-1로 패하며 열세의 상황에서 지옥의 원정으로 불리는 아테네로 떠났다.

포르투는 전반 16분에 데를레이의 선제골로 승부를 원점으로 돌렸다. 하지만 90분 안에 승부를 내지 못했다. 1, 2차전 합계 1-1로 연장전에 돌입했다. 선수들은 숨을 헐떡이며 다리 근육을 풀던 짧은 시간 무리뉴는 특유의 '예언'을 하달했다.

"승부차기에 대한 두려움을 갖지 마라. 너희 모두에게 내가 원하는 것은 승부차기를 차고 싶지 않다는 압박감을 느끼지 않는 것이다. 위험을 감수하고 달려들지 말고 적당한 때를 기다려라. 우리에겐 라이리아와의 리그 경기에 뛰지 않고 휴식한 발 빠른 데를레이와 마르쿠 페하이라라는 두 선수가 있다. 30분 안에 기회는 분명히 찾아온다. 그때를 잘 기다렸다가 경기를 결정하면 된다."

연장 13분, 데를레이가 그 기회를 포착해 득점했고, 포르투가 준결승에 올랐다.

포르투는 준결승전에서 이탈리아의 강호 SS라치오를 만났는데, 너무도 가볍게 홈에서 4-1로 승리하며 결승행을 예약했다. 라치오Lazio는 유럽대항전에서 지난 몇 년간 별 볼 일 없었던 포르투를 얕봤다. 그럼에도 2차전 원정 경기를 위해 무리뉴는 엄청난 준비를 했다. 3골 차 리드는 토너먼트 무대에서 아무것도 아니라는 것을 잘 알고 있었다. 무리뉴에게 방심이란 없었다.

"나는 일어날 수 있는 모든 상황을 예견하려고 노력했다. 경기 중의 전술적인 변화, 마지막 순간에 그들이 2-0으로 앞서고 있는 위험한 순간에 결승 진출을 위해 한 골을 더 넣어야 하는 상황, 선수가 퇴장당했을 때, 심지어 의사를 통해 어떤 조언을 할 수 있는지까지 준비했다. 기본적으로 우리는 모든 상황을 예측하려고 한다. 예측하기 어려운 아주 사소한 부분까지도 최소화하려고 했다.

라치오의 경기를 끊임없이 봤다. 아주 약한 상대팀과의 경기까지
도 다 찾아봤다."

셀틱과의 결승전은 연장혈전 끝에 3-2로 어렵게 승리한 예측불
허의 시소게임이었다. 핵심 미드필더 코스티냐Costinha가 라치오와
의 준결승 2차전을 앞두고 부상으로 쓰러진 것은 포르투의 전력에
균열을 일으켰다. 공격적으로는 계획대로 이루어졌으나, 수비는
계산 범위를 벗어났다. 2-2 상황에 연장전으로 돌입했다. 무리뉴
는 짧디짧은 휴식 시간에 또 한 번 마법을 부렸다.

"물 충분히 마시면서 쉬어라. 하지만 꼭 할 말이 있으니 잘 들
어야 한다. 연장전은 15분으로 나눠진 두 경기다. 우리가 만약 득
점하면, 우승컵을 들어 올릴 시간이 얼마 남지 않은 거다. 우리
는 자신을 죽이고 수비만 해야 한다. 만약 실점을 하게 되면 카푸
슈Capucho에게 곧바로 공을 줘라. 카푸슈, 너는 첫 번째 볼을 흘려서
다른 미드필더가 공을 받아서 상대가 흐트러진 곳으로 공격하게
해야 한다. 만약 아무 골도 나오지 않으면 블록처럼 단단하게 플
레이해라. 완전히 탈진해버리면 공격도 수비도 제대로 할 수 없으
니까. 몇 분 남겨놓고 마르쿠를 투입할 테니 그를 달리게 해라. 마
르쿠, 너는 측면에서 중앙으로 넘기는 패스를 많이 시도해야 한다.
혼자 드리블하려고 하지 마라. 만약 네가 드리블을 하려고 하면 내
가 카푸슈 대신 들어가서 뛸 거다."

말을 마친 뒤 무리뉴는 승부차기 가능성을 염두에 두고 확실한
키커 5명의 순서를 결정했다. 선수들은 무리뉴의 말이 예언이 되
도록 완벽하게 수행했다. 115분, 마니시의 패스를 마르쿠 페하이라

가 받아 대각선 롱패스를 시도했고, 데를레이가 마무리했다. 선수들과 벤치 모두 환희에 차 뛰어올랐지만 무리뉴는 소리쳤다.

"뒤에서 수비하지 마! 셀틱 저들은 키가 커서 우리를 박살 내버릴 거다. 가능한 먼 쪽에서, 바깥에서 막아라! 공을 갖고 쉬어야 한다. 공을 터치하면서 쉬어라. 아직 경기는 안 끝났다!"

그는 체력이 비축된 마르쿠 페하이라를 레프트백 포지션으로 내려 수비했고, 포르투는 감격의 우승을 거뒀다.

무리뉴는 상대팀 감독의 교체 전술의 경향성도 모조리 파악하고 있었다. 포르투와 벤피카의 경기에 앞서 가진 선수단 훈련에서 무리뉴는 호세 안토니오 카마초Jose Antonio Camacho의 머릿속에 들어갔다 나온 것처럼 지시했다. 벤피카의 에이스 자호비치가 아닌 소코타를 막는 방식의 훈련에 집중했다. 선수들이 의아해하며 묻자 이렇게 답했다.

"그들이 이기고 있을 때는 자호비치가 뛰었다. 우리를 상대로라면 자호비치를 빼고 소코타를 투입할 거다. 카마초가 경기에 지고 있을 때마다 항상 그랬다."

무리뉴는 벤피카를 상대로 선제골을 넣고 리드할 것이라는 자신감과 그 이후 상황에 대한 대응책을 준비하고 전달한 것이다. 경기 양상과 결과는 그의 말처럼 됐다.

포르투의 성공시대와 함께 세계적인 미드필더로 각광받은 데쿠Deco는 무리뉴에 대해 다음과 같이 설명했다.

"많은 다른 감독들도 무리뉴와 같은 능력을 갖췄다. 하지만 누구도 그만큼 열심히 일하지 않는다."

무리뉴처럼 앞날을 훤히 내다보기 위해선 많은 시간을 들여 준비하는 수밖에 없다. UEFA 기술위원장 앤디 록스버그는 무리뉴가 경기를 준비하는 수준을 한 차원 끌어올렸다고 말한다. 보통 감독들은 경기 중 일어날 수 있는 예측 불가능한 상황을 최대한 줄이는 데 집중하지만 무리뉴는 그 준비를 극한까지 했다는 데 주목을 받았다. 무리뉴처럼 되고 싶다면 누구보다 많이 준비해야 한다. 가능한 모든 면에서 준비해야 한다. "그렇게 될 것 같다"라고 설명하는 것이 아니라 "그렇게 될 것이다"라고 말할 수 있을 만큼.

첼시에서 무리뉴를 보좌한 스티브 클라크Steve Clark는 "무리뉴는 모든 수단을 다 동원한다. 스컨소프와의 경기든 챔피언스리그 경기든 같은 디테일로 준비한다. 그래서 우리 선수들은 상대에 대한 모든 것을 사전에 안다"라고 말했다.

무리뉴 자신도 자신에게 예언가처럼 미래를 보는 눈은 없다고 인정하며 이렇게 말했다.

"더 많이 일할 뿐이다. 난 기적을 만들 수 없다. 난 마법사 멀린도 해리포터도 아니다. 나는 선수나 팀에 성공을 안겨줄 수 있는 것, 좀 더 편안하게 할 수 있는 것에 대해서는 모든 세부사항까지 관심을 가진다. 현대 축구에서 성공하기 위해서는 그런 세부적인 부분이 필요하다고 믿기 때문이다. 한 경기를 준비하는 데 얼마나 시간이 걸리는지는 답하기 어렵다. 영상 자료나 컴퓨터 자료를 준비하는 스카우트들은 정말 오랜 시간을 보낸다. 나는 훈련 준비를 위해 그들이 만든 자료를 연구한다. 힘든 일이다. 그러나 그것이 그라운드에서 위력을 발휘하는 일이다. 그 이후 선수들과 함께 모든 세부 사항을 확인하기 위해 회의를 세 차례 가진다. 훈련장에서 경기를 준비하기 위해 필수적인 일이다. 선수들이 그라운드에서 편안함을 느끼길 바란다. 이런 일을 통해서만 그런 편안함을 줄 수 있다. 축구는 인생과 같다. 오늘을 살고, 내일은 무슨 일이 벌어질지 알 수 없다."

· SPECIAL TIP ·

미래는 점집이 아니라 '설마' 안에 있다

설마가 사람을 잡는다는 옛말을 되새기자. '설마 그런 일이 일어날까?'라는 모든 가능성과 변수에 대비하면 미래가 보인다. 변수에 따라 달라질 전개 방향을 개별적으로 고려해서 이야기하면 그중 한 가지 일은 반드시 실현되게 되어 있다. 점집에서 물어보는 것보다 정확하게 앞에 벌어질 일을 예측하는 비결이다. 미래가 궁금하다면 '설마'의 리스트를 목록으로 작성해보자. 세상엔 '설마'라고 생각한 일들이 반드시 일어나게 되어 있다.

'멋진 형' 무리뉴

—

'군사부일체君師父一體'라는 옛말이 있다. 임금과 스승, 아버지의 은혜는 다 같다는 뜻이다. 한 국가의 왕, 학교의 스승, 집안의 가장의 리더십은 상통한다. 근엄하고 인자한 아버지의 모습으로 조직을 이끌어야 한다는 이야기는 세대를 거쳐 전승되어 왔다.

하지만 시대가 바뀌면 패러다임이 바뀌고, 우리가 바라는 아버지상도 달라진다. 대통령도 탄핵을 받고, 교권이 무너졌으며, 패륜 범죄도 심심치 않게 벌어지는 것이 요즘 세태다. 올바른 리더십을 발휘하지 못했기 때문에 생긴 일이다.

리더와 팀원 간에 상하관계가 없을 수는 없다. 하지만 넘을 수 없는 거대한 벽과 같은 차이는 소통의 단절을 부른다. 지위가 주는 권위만으로 존경을 얻을 수 없다. 요즘 각광받는 단어는 멘토다. TV프로그램이나 수많은 자기계발 서적에서 좋은 멘토를 갖는 것의 중요성을 강조한다. 멘토는 현명하고 신뢰할 수 있는 상담 상대를 뜻하는데 지도자, 스승, 선생의 의미도 포괄한다. 유럽의 고전 《오디세이아》에 나오는 오디세우스의 조언자 멘토르의 이름에서 유래했다.

그렇다면 좋은 멘토란 어떤 덕목을 지녀야 할까? 멘토가 가장 먼저 주목해야 할 단어는 '상담'이다. 내가 가진 고민을 가감 없이 털어놓을 수 있는 상대, 즉 전적으로 믿고 따를 수 있는 상대가 되어야 한다. 무리뉴는 비록 스타 선수들이 역할 모델로 삼을 만큼 뛰어난 선수로서의 업적을 얻지 못했지만, 그들이 갈구하는 성공 그리고 고민에 대한 해결책을 제시해 준 멘토와 같은 역할을 했다. 사람들은 도움을 받으면 반드시 이를 보답하고 싶어 하는 마음을 갖는데, 이 과정에서 그는 '아버지'의 모습이 아니라 '큰형'의 모습으로 선수들을 대했다. 그냥 형이 아니라 멋진 형이다.

무리뉴를 따랐던 몇몇 선수들은 그를 두고 아버지 같은 존재라고 말하기도 했지만, 행동분석학자 데스먼드 모리슨은 무리뉴의 리더십에 대해 "무리뉴가 선수들에게 아버지 같은 존재라는 말에 난 조금도 동의하지 못한다. 그는 형 같은 존재나 갱단에서의 리더에 가깝다"라고 설명했다.

아일랜드 출신의 코미디언 마리오 로젠스토크 역시 이 말에 지지를 보냈다. 성대모사의 귀재로 유명한 로젠스토크는 무리뉴의 행동과 말투를 완벽하게 따라 하며 큰 인기를 모았는데, 그는 심지어 첼시의 클럽 행사에 초청되어 선수단 앞에서 무리뉴 흉내 내기 쇼를 펼치기도 했다. 그날 이후로 무리뉴와도 친분을 갖게 됐다.

무리뉴를 따라 하기 위해 무리뉴에 대한 모든 것을 분석했으며, 실제로 무리뉴를 만나 보기도 한 로젠스토크는 그가 가진 카리스마의 정체를 '멋진 형'의 모습에서 찾았다.

"무리뉴는 전형적인 라틴 사람이었다. 처음 만난 순간부터 따뜻한 사람이란 걸 알 수 있었다. 그는 날 껴안고 (볼에) 키스를 건넸다. 선수들은 그를 아버지처럼 여기지 않는다. 그들이 무리뉴를 향해 가지고 있는 감정은 마치 어린 남동생이 멋지고 나이 많은 형을 대하는 마음과 비슷했다. 팀 내에서 선수들이 감명시키고자 하는 유일한 사람이 바로 무리뉴다. 그들은 그를 위해서 살인이라도 저지를 기세다. 그들은 자신들의 감독이 정말 행복하기를 바라고 있다. 알렉스 퍼거슨은 가장과 같은 영향력을 지녔다고 한다. 하지만 주제의 영향력은 그보다 훨씬 강력하다. 그의 선수들은 단순히 좋은 모습을 보이고자 할 뿐 아니라 조금이라도 감독과 관계를 만들어 내고자 한다. 그들은 그가 선수들을 잘 이해하고 있다는 사실을 알고 있다. 여기에 어린 동생과도 같은 심리가 더해지고, 감독을 향해 훨씬 강력한 충성과 헌신이 만들어진다."

무리뉴는 철저하게 성과지향적인 축구를 하는 감독이지만, 이러한 성과를 내기 위해 관계지향적인 리더십을 보였다. 선수들을 기능적으로 대하지 않고 인간적으로 대했다. 포르투의 주장으로 무리뉴와 함께 했던 수비수 조르제 코스타는 다음과 같이 말했다.

"무리뉴가 어떻게 선수들의 마음을 사로잡았느냐고? 모르겠다. 그냥 느낀 것이다. 누군가를 사랑하는 것과 마찬가지다. 사랑하는 이유를 설명하기 어려운 것처럼. 그렇지 않나? 깊이 있게 순수한 관계, 자연스럽고…… 설명하기 어려운 것이다."

그러면 우리는 설명할 수 있도록 파고들어 보도록 하자. 먼저 그는 감독과 선수 사이의 심리적 장벽을 없애기 위해 노력했다. 다국적 군단이 모인 유럽의 축구팀에서 무리뉴는 많은 언어를 구사하며 소통했다. 통역사 시절을 통해 얻은 능력이며, 감독이 된 이후에도 꾸준히 갈고닦은 능력이다.

그는 독일어를 완벽하게 마스터하기 위해 시간을 내는 것이 현실적으로 어렵다는 이유로 분데스리가에서는 감독 일을 하지 않겠다고 말한 적이 있다. 무리뉴는 전체 미팅 시에 반드시 해당 리그의 모국어로 이야기했고, 선수들과 개별 미팅을 할 때는 그 선수의 모국어로 대화를 시도하며 선수가 편하게 말할 수 있도록 배려했다.

언어적으로만 편한 것이 아니라 심리적으로 친해지기 위해 먼저 다가서고, 어린아이처럼 장난을 치기도 했다. 첼시의 베테랑 미드필더 프랭크 램파드는 "샤워 중에 내게 다가와서 '네가 세계 최고의 선수'라고 말해주는 감독은 없었다. 그는 전혀 격식을 차리지 않았다"라며 일화를 소개했다. 램파드는 무리뉴를 만나기 전에도 좋은 미드필더로 불렸지만, 그를 만난 이후 세계 최고의 미드필더 중 하나로 자리매김했다. 무리뉴는 이미 완성된 선수를 더욱 성장시키기 위해 자신감을 불어넣어 줬다.

인터밀란에서 짧은 시간을 함께했던 파트리크 비에라는 식사시간에도 감독과 스태프의 구분이 없었다고 전했다.

"그는 선수들과 정말 가까웠다. 훈련 시간 중에 점심을 먹고 있으면 그가 접시를 들고 와서 합류한다. 선수와 감독은 아주 가까워야 하고 서로를 믿는 것이 중요하다. 그는 선수들이 감독을 위해 뛰게 하고, 감독에게 승리를 바치게 한다."

무리뉴를 존경하는 대표적인 인물은 인터밀란에서 함께 트레블의 위업을 달성한 네덜란드 미드필더 베슬러이 스네이더르다. 그는 FIFA의 한 해 결산 시상식장에서 수상 소감을 무리뉴에게 바쳤다.

"나에겐 놀라운 한 해였다. 물론 더 좋을 수 있었다. 내가 바란 것은 월드컵 우승이었으니까. 하지만 먼저 주제 무리뉴와 함께 일한 것이 영광이었다는 말을 하고 싶다. 이 자리를 빌려 그가 내겐 세계 최고의 감독이라고 말하고 싶다."

스네이더르를 감동시킨 것은 무리뉴의 놀라운 지적 능력이 아니라 따뜻하고 세심한 배려였다. 무리뉴는 훈련 도중 다소 지쳐 보였던 스네이더르에게 느닷없이 "베슬러이, 너 피곤해 보인다. 며칠

가서 쉬어라. 아내와 딸들이랑 일광욕이라도 좀 해야겠다"라고 말하며 갑작스러운 휴가를 줬다.

그리고 스네이더르에게 예기치 못한 휴가는 큰 충전이 됐다. 그는 "다른 감독들은 그저 훈련에 대해서만 말한다. 하지만 그는 날 바닷가에 가도록 해주었다. 이비사 섬에 다녀온 뒤 난 그를 위해 사람을 죽일 수도, 나 자신이 죽을 수도 있다는 준비가 됐다"라는 말로 배려가 준 동기부여가 대단했다고 말했다.

이러한 배려는 느닷없이, 무계획적으로 이루어진 것이 아니다. 선수의 심리적 상태와 신체적 상태, 개인적인 상황을 모두 파악하고 있었기 때문에 나온 아이디어다. 포르투에서 함께한 남아프리카공화국 공격수 배니 매카시는 "그는 항상 선수들의 개인적인 면과 성격을 알려고 노력한다. 그래서 컨디션이 좋지 않은 날 선수를 어떻게 다뤄야 하는지 알고 있다"라고 설명했다.

FC바르셀로나에서 코치로 일하던 시절에도 그랬다. 1997년부터 2004년까지 FC바르셀로나에서 뛴 네덜란드 수비수 라이지혜르는 "그는 따뜻한 사람이었다. 바르사의 모든 사람과 모든 일에 진심으로 관심을 쏟았다. 그는 팀에서 일어나는 모든 일에 대해 알고 싶어 했다. 선수들이 그를 좋아한 것은 사실이다. 단언컨대 무리뉴는 결코 평범하지 않았다. 그가 바르셀로나를 떠날 때 선수들은 정말로 아쉬워했다. 그 자체가 굉장한 찬사였다"라고 회고했다. 첼시의 주장 존 테리는 무리뉴가 "모든 것을 컨트롤했다. 그는 우리 모두가 자신감이 넘쳐흐르도록 믿음을 줬다"라고 말한다.

무리뉴는 선수들의 심리를 다루는 것에 많은 공을 들였다. 벤피카의 감독으로 일하던 시절 스포르팅리스본과의 더비전을 앞두고 합숙을 실시하는 것에 대해 고민했던 것은 규율을 위해서가 아니라 선수들 보호를 위해서였다.

무리뉴는 강제적인 합숙을 추구하지 않는다. 유럽은 단체보다 자율을 중시한다. 하지만 스포르팅과의 라이벌전은 특별하다. 특별한 경기를 위한 정신 무장이 아니라, 그 뒤의 후폭풍을 우려해 합숙을 고려했다. 무리뉴는 당초 선수들을 다른 경기들처럼 각자 집에서 소집하도록 하려던 생각을 수많은 고민 끝에 바꿨다.

"스포르팅과의 더비 경기가 벤피카 팬들에게 어떤 의미를 갖는지 아주 잘 알고 있었다. 그래서 난 선수들을 집으로 보낼 수 없었다. 만약 지기라도 한다면 우리 선수들은 각자 경기 전날에 한 일들 때문에 홀로 남겨져 비판을 받게 될 수 있다. 사람들은 선수들이 전날 어디에서 무얼 했는지, 어디에 있었는지에 대해 떠들어댈 것이다. 깊은숨을 두 번 내쉬고 결정을 내렸다."

무리뉴는 선수가 가장 힘들어하는 순간에도 그들과 함께했다. 심리적 압박감이 극심한 순간에도 그는 피하지 않는다.

"어떤 감독들은 페널티를 차는 것을 안 보지만, 내 경우는 그렇지 않다. 난 언제나 선수가 페널티 차는 것을 본다."

중요한 경기에 출전 정지 징계를 받아 나서지 못할 때에는 눈물을 흘릴 정도로 열정적이었다.

"경기장에 도착해서 선수들에게 잘하라고 인사를 한 뒤에 난 큰 충격을 받았다. 드레싱룸으로 가는 그들 뒤에 남아서 그들을 바라보기만 해야 했다. 난 관중석으로 가야 했다. 선수들과 함께 전쟁에 임할 수 없다는 생각이 엄습하고, 설움이 복받쳐 눈물이 났다. 다시는 겪고 싶지 않은 감정이었다. 내 남자들과 전쟁에 나설 수 없다는 사실이 날 울게 만들었다."

단지 축구 경기뿐만이 아니다. 그는 부상을 당한 선수의 수술실까지 함께 들어간 축구사의 유일한 감독이다. 포르투의 미드필더 세사르 페이소토 Cesar Peixoto 가 심각한 부상을 입어 왼쪽 다리 수술을 하게 됐을 때였다.

무리뉴는 "그가 참고 견딜 수 있는 용기를 주고 싶어서 수술실에 함께 들어갔다. 나에게도 그렇고 세사르에게도 중요한 일이었기 때문에 그런 기회를 갖고 싶었다"라고 말했다. 과시하기 위한 행동은 아니었다. 수술이 어떻게 진행되는지 이해해야 했고, 그래야 그의 회복을 위한 준비를 더 잘할 수 있다고 생각했기 때문에 내린 결정이었다. 그는 세사르로 하여금 삶의 아주 어려운 순간까지 함께한다는 생각을 갖게 해주고 싶었다.

무리뉴가 세사르에게 해준 이야기는 간단했다.

"잘 나을 거다. 우리가 널 기다리고 있으니까."

의료진은 수술을 지켜본 무리뉴에게 모든 과정에 대해 설명해주었다.

"뼈를 파고드는 드릴 소리, 달궈진 살 냄새, 의료진이 기기를 다루는 소리가 생생했다. 수술 과정을 본 것은 내게 부상에 대한 이해를 확장시켜주는 놀라운 경험이었고, 앞으로 부상에 대한 내 행동에 엄청난 영향을 끼쳤다."

무리뉴는 이후 다른 감독들이 치료를 받고 있는 선수들에게 빠른 회복을 위해 압박을 가하는 것이 타당하지 않다는 것을 깨달을 수 있었다. 몸소 체험했기 때문이다. 그 이후 무리뉴는 선수들과 의료진의 염려에 대해 더 호의적으로 대하게 되었다.

그는 주요 선수가 부상을 당했을 때 그 부상 자체와 그에 대한 감정에 매몰되지 않았다. 부상자가 떠나고 난 뒤의 선수단의 컨트롤 역시 뒤따랐다. 첼시를 이끌던 당시 아르연 로번Arjen Robben이 부상을 당했을 때 단호하게 중심을 잡았다.

"난 아르연 로번에 대해 생각하는 것을 원하지 않는다. 정말로 그러고 싶다. 난 아주 중요한 선수가 부상당했을 때 할 수 있는 최고의 방법은 그를 잊는 것이라고 생각한다. 때문에 그에 대해 이야기하고 싶지 않다. 그는 치료 중에 있다. 의료진이 내게 뛸 준비가 됐다고 말한다면, 그가 100퍼센트의 상태가 아니라고 해도 두 팔 벌려 환영할 것이다. 내 피트니스 코치가 뛸 준비가 됐다면 나 역시 뛸 듯이 기쁠 것이다. 하지만 지금 이 순간에는 그에 대해 생각하고 싶지 않다. 난 다른 선수들을 지지하고 동기부여를 해주어야 한다. 그리고 로번의 부상이 절대 다른 결과의 핑계로 작용하지 않길 바란다. 우리는 다른 선수들이 있고, 그들과 함께 일할 것이다."

무리뉴는 선수단을 위해 경기 도중 일종의 '비열한 짓'도 서슴지 않았다. 포르투와 라치오의 UEFA컵 준결승 1차전 경기 도중의 일이다. 경기 막판 추가시간에 무리뉴는 퇴장을 당했다. 상황은 이랬다. 라치오의 역습 상황에서 공이 무리뉴가 서 있는 테크니컬 에어리어로 굴러 나왔다. 아르헨티나 선수 카스트로만이 공을 스로인으로 빠르게 연결하려 했는데 수비진이 정비되지 않아 실점할 수 있는 순간이었다. 두 명의 공격수에 수비수도 두 명뿐이었다. 카스트로만이 스로인을 하고 바로 뛰어들면 공격 숫자가 더 많아지는 상황이었다. 4-1로 앞서는 유리한 상황이었지만 원정 골을 2골이나 내주면 2차전 경기 운영에 불리해지는 스코어가 된다. 결국 무리뉴는 카스트로만을 밀어버렸다. 그래서 스로인 시간이 지체됐고, 심판은 무리뉴를 즉각적으로 그라운드에서 퇴장시켰다.

무리뉴는 변명하지 않았다.

"분명 추한 짓이었다. 내 반응은 본능적으로 이루어진 것도 아니었기 때문에 심판이 날 퇴장시킨 것은 올바른 결정이었다. 내가 바라는 '페어플레이'에도 맞지 않는 일이었다. 경기를 마치고 나서 카스트로만에게 사과를 했다. 그는 웃으면서 내게 '축구란 그런 거잖아요, 감독'이라고 말해주었다."

철저히 승리를 추구하는 무리뉴는 때로 축구의 규칙을 피해 이득을 도모한다. 레알마드리드 시절 아약스와의 챔피언스리그 조별리그 최종전에서 16강전 이후 토너먼트 무대에서의 경고 누적을 초기화하기 위해 고의 경고 및 퇴장을 지시했다가 벌금을 물기도 했다.

웨스트브롬West Brom을 지휘했던 토니 모브레이는 무리뉴를 숭배하는 감독 중 한 명이다.

"축구는 배짱이다. 그는 재능 있고 비싼 선수들을 끌어모아 팀을 가족처럼 만들었고, 자신의 배짱으로 인하여 선수들이 그를 사랑하게끔 만들었다. 그는 자신이 최고의 팀으로 우승을 할 수 있다는 사실과, 잠재력 있는 팀을 최고의 팀으로 만들 수 있다는 점 두 가지를 모두 증명했다."

무리뉴의 이 같은 면모 때문에 자존심 강하기로 유명한 스웨덴 공격수 즐라탄 이브라히모비치Zlatan Ibrahimovic는 인터밀란에서 겨우 1년을 같이 일하고도 "인터밀란에서 주제와 함께할 때, 난 그를 위해 사람도 죽일 수 있었다. 그 정도로 날 동기부여가 되게 해주었다"라며 충성심을 보였다.

악명이 자자한 이탈리아 수비수 마르코 마테라치Marco Materazzi는 무리뉴가 레알마드리드로 떠나는 것이 확정된 날 무리뉴를 껴안고 울었다. 마테라치는 떠나는 무리뉴의 모습을 보기 위해 눈물을 흘리며 주차장에서 기다리고 있을 정도였다. 그는 "당신이 떠나고 나면 난 무얼 해야 하나? 난 이제 당신 외의 다른 감독 밑에는 있을 수 없을 것 같다"라고 말했다. 그는 무리뉴가 떠나고 1년 뒤 현역 생활을 끝냈다.

믿음과 존경을 얻기 위해 필요한 것은 배려만이 아니다. 선수의 발전을 위해 따끔한 충고, 그리고 발전의 계기를 만들어주어야 한다. 화려한 기술을 갖췄지만 반쪽짜리 선수라는 지적을 받았던 잉글랜드 미드필더 조 콜Joe Cole의 전성기는 무리뉴와 함께했던 첼시 시절이다. 무리뉴는 한 기자회견에서 공개적으로 스타 선수 조 콜의 문제를 지적했다.

"골을 넣고 나면 조 콜의 경기는 끝난 것 같다. 난 수비조직을 만들기 위해 11명의 선수가 필요한데 10명만 가지고 플레이하는 것 같다. 조 콜은 두 얼굴을 가졌다. 하나는 아름답고 하나는 내가 좋아하지 않는 면이다."

기자회견으로 끝난 것이 아니다. 그는 대외적인 공표로 조 콜이 열심히 할 수밖에 없는 환경을 조성한 뒤 일대일 면담을 통해 그를 다독였다. 조 콜은 무리뉴에 대해 이렇게 말했다.

"무리뉴는 내 경기를 진심으로 지켜봐 준 첫 번째 인물이다. 솔직한 말로 그가 나의 경기력 향상에 가장 큰 영향을 미친 사람이라고 말할 수 있을 것 같다. 그의 비판은 늘 건설적이다. 그는 언제나 날 앉혀놓고 내 경기와 자신이 원하는 바를 말한다. 그는 전술적인 면을 발전시키고 그런 부분에 대해 내가 생각하게 했다. 이를 통해 난 꾸준히 발전할 수 있었다."

무리뉴는 선수들의 앞장을 서서 가는 멋진 형이다. 제라르 울리에 전 리버풀 감독은 무리뉴가 선수들과 '피를 나눈 동지'라고 설명한다.

"그는 선수들과 함께 공모하는 유형의 사람이다. 선수들은 그를 좋아하지 않는다. 사랑한다."

· SPECIAL TIP ·
심부름시키지 말고 직접 해라

많은 형들이 동생에게 심부름을 시킨다. 하지만 먼저 태어난 건 벼슬이 아니라 길잡이 역할을 해줘야 하는 것을 의미한다. 솔선수범하고 이를 따르게 해야 한다. 내가 할 수 있는 것을 굳이 남에게 미루고 시키지 말라. 이는 권위에 대한 저항심과 반발심만을 부를 뿐이다. 내가 먼저 행동하면 동생은 자연스레 나를 따라 하게 된다. 그것이 배움이고, 리더십이다. 동생이 스스로 나를 따라 움직이게 하는 것이 큰형 리더십이다. 완력으로 지시하는 것은 형다운 모습이 아니라 노예를 다루는 주인의 모습이다. 형을 존경한다면 동생이 스스로 할 수 있는 궂은일을 자신이 처리하겠다고 스스로 나서게 될 것이다.

'잘생긴 형' 무리뉴

—

알렉스 퍼거슨 맨체스터유나이티드 감독은 하버드 대학교에서 수십 년의 세월 동안 성공해온 자신의 리더십에 대해 강의를 했다. 이 자리에서 그는 축구계의 다른 뛰어난 감독들에 대해 이야기했는데, 그중 한 명이 주제 무리뉴였다. 그는 무리뉴가 자신이 갖지 못한 두 가지를 더 가졌다고 말했다.

"주제는 자기 자신을 특별한 존재라고 말할 수 있을 정도로 대단한 자신감을 가졌다. 난 그 정도까지 말을 꺼내지는 못한다. 아마 내가 스코틀랜드 사람이라서 그런 것 같다. 그는 매우 지적이고 카리스마를 가졌다. 선수들이 모두 그를 위해 뛰도록 한다. 그리고 그는 잘 생겼다. 그가 가진 대부분의 능력을 나도 가졌다고 생각하지만 내 외모는 솔직히 아니다."

농담조로 말했지만 외모 역시 리더십에 있어서는 중요한 부분이다. 무리뉴와 가장 흡사한 유형의 감독으로 꼽히는 영국의 브라이언 클러프 Brian Clough는 임종을 앞두고 "난 무리뉴를 보는 것을 좋아한다. 그를 보면 젊은 시절 나와 닮은 면이 있다. 얼굴도 아주 잘생겼다"라고 말했다. 외모에 대해선 사람마다 기준이 다르지만 무리뉴가 잘생긴 축에 속하는 인물이라는 점에는 이견이 없을 것이다.

행동분석학자 데스먼드 모리스는 무리뉴의 외모 역시 그의 리더십에 적지 않은 영향력을 미치고 있다고 분석했다.

"무리뉴는 믿을 수 없을 정도로 잘생겼다. 영화배우 같은 얼굴을 가지고 있다. 이와 맞물려 그의 행동 양식이 사람들에게 먹혀든다. 그가 작고 못생긴 남자였다면 그의 스타일은 효과적이지 못했을 것이다. 그의 삶을 영화로 만든다면 제임스 딘이 가장 잘 어울릴 것이다."

잘생겨야 한다는 것은 타고나는 부분이 크다. 노력으로 좌우하기 어려운 면도 있다. 하지만 단순히 잘생기기만 해서는 안 된다. 잘생긴 것보다 중요한 것은 '멋'이다. 이는 어느 정도 노력과 준비를 통해 갖출 수 있는 것이다. 모리스는 "그는 단순히 잘생긴 것이 아니라 카리스마를 가지고 있다"라고 말했다. 이 점에 대해 맨체스터유나이티드 감독 모예스도 "무리뉴는 코칭을 섹시하게 만들었다"라고 거든다.

무리뉴는 전형적인 나쁜 남자다. 그가 표출하는 자신감과 거만할 정도로 대담한 모습, 그리고 유머러스한 언사는 그의 외모와 더불어 엄청난 화학 작용을 낸다. 카탈루냐 출신 작가이자 정치인인 필라르 라올라는 "바르셀로나 팬의 입장에서 무리뉴의 마드리드 입단은 긴장되는 일이다. 하지만 여자로선 그가 꽤 멋지기 때문에 반가운 일이다. 그 나쁜 남자의 면모를 참 좋아한다. 그는 야성적인 면과 짓궂은 면을 갖고 있다. 하지만 그는 기품을 갖췄다. 사진도 근사하게 찍힌다. 끌린다"라고 말했다.

외모는 단순히 얼굴만을 말하는 것이 아니다. 어떤 옷을 입느냐에 따라 많은 변화를 줄 수 있다.《런던 리뷰 오브 북스》의 저자 데이비드 러시맨은 이렇게 설명했다.

"무리뉴는 잘생긴 얼굴만큼이나 멋진 옷차림을 과시한다. 현대 축구 선수들은 그런 점을 무척이나 중요시한다."

현대 축구 선수들은 명품 브랜드의 옷과 가방, 신발, 각종 액세서리로 치장한다. 고급 승용차도 필수다. 패션과 자동차는 선수들의 주된 관심사다. 늘 추레한 옷차림에 외모에 무던한 모습을 보이면 감독이 아니라 대통령이라도 위엄을 느끼기 어렵다. 잘 차려입은 사람에겐 누구도 함부로 대하기 어렵다. 선수들과 패션이라는 공통의 관심사를 가지면 같은 생각을 공유하는 같은 그룹이라고 생각하게 한다. 더 앞서간다면 존경심과 동경심은 덤으로 따라온다.

무리뉴는 첼시 시절 즐겨 입던 회색 코트로 화제가 되기도 했다. 코트를 입고 나설 때마다 중요한 승리를 거두기도 했고, 멋스러웠기 때문이다.《데일리 텔레그래프》기자 사라 샌즈는 "첼시의 영광은 주제 무리뉴의 코트 안에 있을까? 야곱의 아들 요셉 이후, 그토록 의미 있는 상징이 된 코트는 없었다"라고 썼다. 코트에 대한 무리뉴의 반응은 그답게 '쿨'했다.

"난 코트를 바꿔야겠다고 생각했다. 왜냐면 사람들이 그에 대해 너무 많이 말하고 있기 때문이다. 오래된 코트다. 정말 오래됐다. 매주 세탁소에 맡기다 보니 실제보다 더 빨리 낡은 것 같다."

05

후이 파리아,
무리뉴의 첫 번째 오른팔

Jose Says, 팀 빌딩은 가족을 만드는 일부터 시작된다. 나는 내가 신뢰하는 사람들과 전쟁에 나간다.

대부분의 라틴계 가정과 마찬가지로, 주제 무리뉴는 어린 시절 독실한 신앙인의 집안에서 태어났고, 그 자신도 종교를 가지고 있다. 하지만 그는 한 인터뷰에서 "신을 믿는가"라는 질문에 이렇게 답했다.

"난 사랑이 더 중요하다고 생각한다. 사랑이야말로 신경 써야 할 문제다."

신과 종교를 신경 쓰기에 앞서 함께하고 있는 이들에 대한 사랑에 마음을 쓰는 것이 더 중요하다고 여긴 것이다. 어쩌면 그것이야말로 종교가 진정으로 가르치려 하는 점일지 모른다. 선수들을 다루는 과정에서도 말했지만 그는 함께 일하는 사람들에 대한 세심한 배려가 돋보이는 지도자다.

무리뉴에겐 언제 어디서나 함께 해온 자신만의 팀이 있다. 무리뉴는 어느 팀을 가든 자신을 중심으로 한 그룹을 만든다. 이는 편 가르기나 파벌을 만들기 위해서가 아니다. 냉혹한 프로의 세계, 비즈니스의 세계에서 온전히 믿고 일을 맡길 수 있는 오른팔과 왼팔이 필요하기 때문이다. 팀을 옮길 때마다 모든 선수들을 다 데려갈수는 없다. 그는 유용하거나 믿음을 가진 일부 선수들을 새로 자리잡은 팀에서 영입해오기도 한다.

주목할 점은 그를 보좌하는 코칭스태프가 언제나 같았다는 점이다. 몇몇은 자신의 독자적인 길을 찾아 떠나기도 한다. 그렇게 해서 축구계에 '무리뉴 라인'이 생겨나고 있기도 한다. 초라한 선수 경력으로 아무런 입지도 없이 혈혈단신으로 프로 축구계에 뛰어들었던 무리뉴는 꾸준한 '사람 관리'로 자신의 세력을 확장해 나가고 있다.

어디든 함께 한 무리뉴 스태프

—

무리뉴는 모든 일을 혼자서 결정하고 처리하지 않는다. 훈련장에서도 그렇다. 무리뉴의 트레이닝은 개별 코치들과 분리되어 진행되지 않는다. 훈련 시작 전에 모든 세세한 부분에 대해 완벽한 조정이 이루어진다. 그 뒤에 선수들에게 어떤 효과를 내는지, 훈련마다 잘 작용하는지 지켜본다. 그에겐 아주 오래전부터 한 몸처럼 팀을 옮겨 다니며 프로젝트를 만들어온 그만을 위한 '스태프'가 존재한다.

가장 먼저 소개해야 할 사람은 후이 파리아[Rui Faria]다. 흔히 무리뉴의 오른팔로 잘 알려진 파리아는 무리뉴가 UD라이리아의 감독으로 부임했을 때부터 포르투, 첼시, 인터밀란, 레알마드리드를 거쳐 다시 첼시의 감독으로 돌아오기까지 모든 과정을 함께했다. 그는 무리뉴의 수석코치다.

업무적으로 그가 특화된 부분은 피지컬 트레이닝이다. 무리뉴는 자신의 팀에 따로 피지컬 트레이너를 두지 않는데, 이는 본인은 물론 코치 파리아가 피지컬 트레이닝의 권위자인데다, 피지컬 트레이닝을 본 트레이닝 세션과 통합적으로 진행하기 때문이다. 파리아는 무리뉴가 팀 훈련을 시작하기에 앞서 선수들에게 마지막 지시를 정리해서 전달하는 역할을 담당할 정도로 무리뉴의 신임을 받고 있다. 무리뉴 부재 시에는 파리아에게 훈련 운영의 전권을 위임하기도 한다.

무리뉴와 파리아의 인연은 꽤 오래됐다. 무리뉴가 바르셀로나에서 지도자 연수 과정을 밟던 때 처음 만났다. 무리뉴보다 12살이나 어린 파리아도 꽤 일찍부터 축구 지도자가 되기 위한 공부를 시작한 것이다. 학업에 열중하던 파리아의 목표는 FC바르셀로나의 코칭스태프가 되는 것이었다.

둘의 연락이 다시 닿게 된 것은 무리뉴가 보비 롭슨 감독과 함께 FC바르셀로나에서 일하게 됐을 때다. 파리아는 FC바르셀로나에서 일자리를 얻을 수 있는지 문의하기 위해 무리뉴에게 연락을 취했다. 오랜 동창의 연락을 무리뉴는 흔쾌히 받았다. 긴 전화 통화 뒤에 무리뉴는 "만나서 이야기하는 것이 좋겠다"라며 바르셀로나로 초청했다. 무리뉴는 파리아와 만난 자리에서 축구 철학과 트레이닝 콘셉트, 그리고 전술에 대한 그의 높은 이해력에 감복했다. 둘이 가진 가치관이 상당 부분 비슷했기 때문에 대화가 잘 통했다. 하지만 무리뉴에겐 FC바르셀로나에서 일자리를 약속할 만한 힘이 없었기에 훗날 반드시 함께 일할 기회를 만들자고 의기투합했다.

무리뉴가 파리아에게 일자리를 줄 수 있었던 것은 벤피카를 거쳐 적지 않은 권한을 얻고 부임한 UD라이리아에서다. 파리아는 무리뉴의 코치직 제안을 단번에 받아들였고, 이후 계속해서 성공적인 경력을 이어가고 있다.

코치로서 파리아는 무리뉴의 모습을 쏙 빼닮았다. 무리뉴가 감독이라는 위치 때문에 때로 경기 도중 과격한 행동을 자제할 때 자신이 이를 대신 처리했다. 파리아는 무리뉴를 위해 퇴장을 당한 일이 여러 차례 있었다. 레알마드리드에서 함께한 2011/2012시즌 12월 3일 몰리논에서 열린 경기에서 부당한 판정이 내려지자 주심 이투랄데 곤살레스에게 "부끄럽지도 않느냐"라고 소리쳤다가 퇴장당했고, 베르나베우에서 열린 말라가와 코파델레이 경기에서 테이셰이라 비티에네스로부터 손을 높이 들고 명백하게 항의 동작을 취했다고 퇴장당했다. 2월 26일 바예카스에서 열린 경기, 3월 21일 비야레알Villareal전에도 과격한 판정반발로 퇴장당했다.

이는 FC바르셀로나 코치 시절 무리뉴가 취했던 행동과 같다. 당시 무리뉴는 아틀레틱빌바오와의 경기에서 루이스 페르난데스 감독에게 달려들어 언쟁을 벌이며 롭슨 대신 전투에 나섰고, 과르디올라가 말려서 사태가 일단락된 일이 있었다. 코치 무리뉴의 이미지를 각인시킨 유명한 일화다.

무리뉴는 "파리아는 이제 혼자 일할 수 있는 준비가 다 됐다. 그야말로 나의 진짜 후계자가 될 수 있을 것"이라며 감독으로도 성공할 수 있을 것이라고 지지했다. 실제로 파리아는 안드레 빌라스보아스가 FC포르투를 떠난 뒤 포르투의 감독직 제의를 받았고, 최근 벤피카의 제안도 받았다. 하지만 이를 거부하고 무리뉴 사단에 남기로 결정했다. 파리아는 무리뉴와 출퇴근을 함께 하는 '절친'이기도 하다. 사적으로나 일적으로 수많은 대화를 나누는 무리뉴의 반쪽이다.

무리뉴 사단의 두 번째 인물은 실비누 로로Silvino Rouro다. 로로는 포르투에서부터 무리뉴와 함께했다. 직책은 골키퍼 코치지만 모든 선수들과 잘 지내며 활발한 의사소통을 담당하기도 한다. 그는 농담을 즐기며, 화술이 탁월하고 친근해 선수단 전체의 분위기 메이커로 통한다. 무리뉴의 팀 훈련은 통합적이지만 골키퍼 포지션은 예외일 수밖에 없다. 그래서 그는 골키퍼들을 따로 모아 훈련하면서 무리뉴의 철학도 함께 전한다.

무리뉴는 주전 골키퍼에게 끊임없이 경쟁의식을 부추겼다. 그리고 누구를 선발로 내세울지에 대해 판단을 내릴 때 자신의 독단보다 코칭스태프 전원의 이야기를 들었고, 누구보다 로로의 조언에 더 귀를 기울였다. 로로는 책임을 회피하지 않았다. 두루뭉술한 답변도 없었다. 매일 골키퍼들과 함께한 로로는 늘 명쾌한 해답을 내려주었고, 그 결과는 언제나 적중했다.

로로가 매 경기 벤치를 지킨 것은 아니었다. 한번은 그가 벤치에 앉을 때마다 유럽대항전의 경기 결과가 좋지 않던 시기가 있었다. 포르투 시절이다. 그 때문에 로로 코치가 불길한 기운을 가져온다는 농담 어린 징크스가 돌았다. 선수들 사이에도 로로에게 '차가운 발Cold foot'이라는 별명이 붙었다. 무리뉴는 미신 때문에 '자신의 사람'이 경기장에 들어오는 것을 망설이게 하지 않았다. 터키클럽 데니즐리스포르와의 중대한 UEFA컵 16강전 경기, 무리뉴는 "로로는 벤치에 앉을 거고 우리는 이길 것이다"라고 말했다. 몇몇은 분명 불안감을 느꼈다. 경기 결과는 6-1 승리였다. 골이 들어갈 때마다 로로는 신이 나서 무리뉴의 팔을 건드리며 웃었다.

로로는 무리뉴의 낚시 친구이기도 한다. 무리뉴는 "팀을 만드는 일은 가족을 만드는 것에서 시작한다"고 말했다. 함께 일하는 사람들이 더 돈독하게, 더 믿을 수 있게, 더 잘 일하기 위해선 가족만큼 친밀해져야 한다.

마지막 인물은 주제 모라이스Jose Morais다. 전북 현대 감독을 맡아 한국 축구 팬들에게 익숙한 인물이다. FC포르투 시절부터 인터밀란, 레알마드리드를 거쳐 첼시 복귀까지 함께한 전력 분석관이다. 주로 상대팀의 전력을 분석해 무리뉴에게 보고서를 전달하고, 무리뉴 팀 자체에 대한 분석에도 임한다. 그는 전면에 나서는 경우가 거의 없다. 과거 이 역할은 현 토트넘홋스퍼 감독 안드레 빌라스보아스Andre Villas-Boas가 수행하기도 했다.

또 하나 중요한 인물은 세계 축구계에서 슈퍼 에이전트로 불리는 조르제 멘데스Jorge Mendes다. 무리뉴가 첼시행을 결정한 2004년부터 무리뉴의 대리인으로 일하고 있는 멘데스는 무리뉴를 세계 최고액 연봉 감독으로 만든 주인공이다. 멘데스는 무리뉴가 아니더라도 명성이 대단하다. 크리스티아누 호날두, 파비우 코엔트랑, 히카르두 카르발류, 파울루 페하이라, 티아구, 마니시, 데쿠, 히카르두 콰레스마 등 포르투갈 스타들의 에이전트다. 이들 외에도 포르투갈리그에서 활약한 앙헬 디마리아, 라다멜 팔카오를 비롯해 실비우, 미란다, 티아고 모타, 피시, 페테르 체흐 등 83명에 이르는 스타들을 고객으로 삼고 있다. 주목할 점은 이 중 대부분의 선수들이 무리뉴의 팀에서 뛰었다는 점이다. 그는 무리뉴가 원하는 팀의 영입 협상을 수월하게 풀어줄 수 있는 막후 세력이다. 실제로 무리뉴가 레알마드리드의 영입 작업에 대한 전권을 얻었던 2011년과 2012년에 멘데스의 영향력이 지대했다.

무리뉴가 자신의 사람에 집착하는 이유는 그의 감독 첫 경험 당시 느꼈던 실망감 때문이다. 처음 벤피카 감독으로 부임했을 때 무리뉴는 클럽의 전력 분석팀에 상대팀에 대한 리포트를 요청했다.

"내가 원한 것은 그들의 주요 선수와 플레이 스타일, 강점과 약점, 선수들의 프로필과 장단점 같은 것들이었다. 벤피카와 같은 큰 팀의 프로패셔널에겐 특별할 것이 없는 내용이었다. 그들의 보고서를 보고 난 보아비스타의 선수가 10명으로 구성되어 있다는 것을 알았다. 그들이 준 보고서에 의하면 10명이 뛰는데, 빠진 선수는 그 팀의 가장 중요한 선수인 산체스였다. 난 '내가 어느 팀에 일하러 온 거지? 어떻게 이런 일이 생길 수 있지?'라고 생각했다. 그이후 단 한 번도 분석을 요청하지 않았다."

무리뉴는 회장단에 분석부 개편을 요구했으나 선거 이후에나 가능하다는 답을 들었다. 그래서 자신의 돈으로 대학 시절 알았던 동료를 고용했다.

물론 벤피카에서 모든 코칭스태프와 마찰이 있었던 것은 아니다. 벤피카의 명선수 출신 카를로스 모제르, 스페인 출신 피지컬 트레이너 앙헬 빌다와는 막역한 사이가 됐다. 그래서 UD라이리아의 감독으로 부임했을 때 모제르를 다시 코칭스태프의 일원으로 영입하려 하기도 했다. 하지만 작은 팀 UD라이리아는 모제르가 원하는 수준의 연봉을 맞춰주지 못했다. 벤피카 수준의 절반밖에 제시할 수 없었다. 대체자를 찾는 과정에서 무리뉴는 아내의 도움을 받았다. 그는 자신의 자서전에서 원하는 코치의 유형을 이렇게 설명했다.

방법론에 대한 지식이 많은 사람이 필요하지는 않다. 방법론이 내가 가진 강점이기 때문이다. 내 방법에 대해 고집이 있기 때문에 그에 대해 말해줄 사람이 필요한 건 아니다. 내 방식에 영향을 줄 수 있는 사람은 없다. 난 축구계에서 선수들에게 어떻게 이야기를 해야 하고 권위를 갖고 분위기를 바꿔줄 수 있는 '큰' 사람이 필요하다.

무리뉴의 아내 타미가 추천한 사람은 발테마르 브리투Baltermar Brito 였다. 무리뉴 가족과 오랫동안 인연을 맺어온 브리투는 1980년대에 브라질에서 포르투갈로 건너왔다. 무리뉴의 부친 펠리스의 지휘를 받으며 히우 아브에서 선수 생활을 보냈고, 포르투갈리그에서 명성을 떨쳤다. 장대한 체구를 갖춘 그는 몸과 마음이 모두 큰 사람이었다. 브리투도 꽤 오랜 시간 무리뉴와 함께 일한 무리뉴 사단의 일원이었다.

자신의 방법과 마찰을 빚지 않을 코치를 찾는 것은 중요하다. 코칭스태프 내부에서부터 의견이 일치되지 않으면 선수단은 혼선을 빚을 수밖에 없고, 팀 분위기도 와해될 수밖에 없다. 무리뉴는 UD 라이리아에서의 성과를 통해 자신을 내쳤던 벤피카의 감독직 제안을 다시 받게 된 일이 있었다. 그때 무리뉴가 벤피카의 제안을 거절한 가장 큰 이유는 기존에 벤피카 코치진에 있었던 제수알두 페하이라Jesualdo Ferreira를 수석코치로 기용해야 한다는 조건 때문이었다.

무리뉴는 제수알두를 원하지 않았다. 이미 그 자신이 구축한 코칭스태프에 대해 체계적으로 정립된 아이디어가 있었기 때문이다. 무리뉴는 발테마르 브리투, 후이 파이라와 오래도록 계속 일하겠다는 분명한 계획을 가지고 있었다. 골키퍼 코치로 실비누 로로도 데려오고 싶었고, 카를루스 모제르도 복귀시킬 생각이었다. 이런 상황 속에 제수알두에게 일을 줄 수 있는 직책이 없었다. 전례를 살펴보면 제수알두 자신도 감독이 되기 위한 과정으로 지금의 일을 생각하고 있었다. 그에게 하위 단계의 직책을 줄 수도 없는 일이라 그가 팀에 남는 것은 문제가 될 수밖에 없었다. 무리뉴는 외부인에 배타적이었던 것이 아니라 이미 완성된 자신의 팀에 구조적으로 겉돌 수밖에 없는 자원이 득보다는 독이 될 것이라고 판단했다.

· SPECIAL TIP ·

가정에서 조언을 구하라

많은 직장인들이 회사 일을 집 안으로 들이지 않는다. 완전한 휴식을 위해선 필요한 일이다. 하지만 때론 외부의 시선에서 바라볼 때 더 다양하고 폭넓은, 새로운 조언을 얻을 수 있다. 판 안에 있는 사람은 오히려 제대로 흐름을 못 읽는 경우가 있다. 배우자는 나를 위해 가장 진실한 조언을 해줄 수 있는 사람이다. 평소 일에 대한 고민을 충분히 나누고, 또 사람들과의 관계를 공유하면 일과 가정 사이의 간극도 좁히고 더 이상적인 파트너가 될 수 있다.

친해져야 할 대상을 빠르게 파악하는 것

—

축구계에는 용병이라는 단어가 여전히 사용되고 있다. 주로 외국인 선수들에게 사용되는 말인데, 그들도 다른 팀의 일원과 다를 바 없기 때문에 사용하지 말아야 하는 단어라고 자주 지적되곤 한다. 정해진 기간 동안 프로 계약을 맺고 경기를 뛰는 모든 선수들이 사실은 용병이나 다름없다. 국적은 관계가 없는 일이다.

한 팀에서 무려 27년의 세월을 보낸 알렉스 퍼거슨 같은 경우는 다르겠지만, 여러 팀을 자주 옮겨 다니며 확실하게 구성된 자신의 코칭스태프를 대동하는 무리뉴는 '우승 청부사'의 이미지를 갖고 있다. 그야말로 용병 중의 용병이다.

용병이라는 단어에는 우리와 정신적 공동체라는 일체감이 들지 않는다. 언젠가 떠날 사람이라는 이질감을 동반한다. 무리뉴는 그렇기 때문에 매번 새로운 팀에 녹아들기 위한 방법을 강구했다. 그것은 자신이 팀에 합류하기 전부터 팀 내에 강한 입지를 가진 누군가를 내 사람으로 만들어 지지 기반을 얻는 것이다.

새로운 팀에 내 자리를 만드는 과정에서 무리뉴는 친해져야 할 사람이 누구인지 빠르게 파악했다. 그러고 나서 팀 정신을 강조하고 그 안에 스며들었다.

롭슨을 보좌하는 동안 이사진의 정치적 권력이 팀 운영에 매우 큰 영향력을 미치는 포르투갈과 스페인에서 일하면서 사람을 얻는 일과 클럽 내의 정치의 중요성을 깨달은 무리뉴는 벤피카에서 처음 감독직을 수행하면서부터 이 같은 작업을 수행했다. 무리뉴는 선수단 구성 계획에 신경 쓰는 것뿐 아니라 클럽 내 자신의 후위 부대를 만드는 일에도 주의를 기울였다.

그는 친한 사람들을 만들었다. 파라메스, 알바로 브라가, 프뢰돔과 벤피카에서 공통의 목표를 갖고 연합 그룹을 이뤘다. 무리뉴는 이 그룹과 함께라면 절대 문제가 생기지 않을 것이라고 믿었다. 주앙 발레 아제베두 회장이 낙선한 뒤 물러났을 때 "내가 처음 당선

했을 때 이런 그룹을 만들어 일하지 못했던 것이 부끄럽다"라고 회고하기도 했다.

무리뉴는 어떤 팀에 가든 팀의 프랜차이즈 스타 혹은 오랫동안 자리 잡고 일해온 이들과 친해지기 위해 노력했다. 첼시의 스티브 클라크와 아브람 그랜트, 인터밀란의 베페 바레시, 레알마드리드의 카랑카가 바로 무리뉴가 선택한 이들이다. 레알마드리드의 클럽 이사 미겔 파르데사는 이 인물들이 "클럽 내부에 대한 경험을 갖고 있는 신중한 인물이기 때문"이라고 설명했다.

FC바르셀로나 코치 시절에는 주장 주제프 과르디올라와 축구 전술에 대한 심도 있는 이야기를 자주 나누며 친해졌다. 친해지는 과정에 앞서서도 과르디올라가 드레싱룸에서 선수단에게 끼치는 영향이 큰 인물이라는 것을 이미 파악한 상태에서 접근했다. 롭슨 감독은 무리뉴가 "이 사람과는 좋게 지내야겠다"라고 꼽은 사람들과 여지없이 친해졌다고 회고했다.

인터밀란에서 강한 개성을 가지고 선수단 사이에 카리스마를 발휘하는 마르코 마테라치를 자신에게 절대적인 충성을 바치는 선수로 만든 것도 모두 이런 과정에서 벌어졌다. 심지어 레알마드리드 감독으로 취임하기 몇 개월 전부터 무리뉴는 라울 곤살레스Raul Gonzalez와 개인적인 친분을 쌓기 시작했다. 비록 라울은 무리뉴의 부임과 함께 팀을 떠났지만 말이다.

대신 무리뉴가 택한 인물은 카랑카다. 카랑카는 무리뉴가 레알마드리드에서 자신의 방향성을 견지하고, 수많은 견제 속에도 흔들리지 않도록 방파제 역할을 해준 인물이다. 그는 레알마드리드 내부에 있는 사람이었고, 항상 레알을 대표해온 인물이다. 1997년 부터 2002년까지 선수로 뛰면서 150차례 공식 경기에 나서 한 번의 라리가 우승과 세 번의 챔피언스리그 우승을 이루는 데 기여했다. 카랑카는 파리아를 제치고 무리뉴의 수석코치로 부임했다.

"무리뉴가 나를 코치로 원한다는 사실을 아침 10시에 전화로 들었다. 꿈인지 생시인지 믿을 수 없었다. 그와 함께하는 1분 1초가 새로운 배움의 연속이었다."

카랑카는 무리뉴의 신뢰를 얻었고, 항상 무리뉴 옆에서 훈련을 이끌었다. 무리뉴의 방법에 완벽하게 적응했고 무리뉴 대신 기자회견에도 여러 차례 나섰다.

· SPECIAL TIP ·

가치관이 다른 사람과는 일할 수 없다

배움과 노력으로 사람은 변한다. 깨달음을 얻은 뒤에는 완전히 다른 사람이 되기도 한다. 하지만 이는 아주 어려운 일이다. 끝없는 토론에도 평행선을 달리는 경우가 있다. 두 이야기 모두 맞기 때문이다. 의견과 방식, 철학에 옳고 그름은 없다. 어떤 방식을 더 선호하느냐에 차이가 있다. 몇 번만 대화를 나눠봐도 나와 삶을 바라보고, 일을 바라보는 태도와 가치관이 같은 이들이 있다. 아무리 실력이 뛰어나도 이 부분이 맞지 않으면 같이 일할 수 없다. 능력보다 방향을 공유해야 한다. 능력이야말로 시간을 들이고 경험을 쌓으면 발전할 수 있는 부분이다. 오랜 시간을 쌓아온 가치관은 그렇지 않다.

무리뉴의 스태프에서 명장이 된 감독들

—

후이 파리아는 여전히 무리뉴의 오른팔로 남았지만, 축구계에는 무리뉴와 함께 일하다 '제2의 무리뉴'라는 타이틀을 달고 등장하는 감독들이 늘어나고 있다. 2013/2014시즌에 첼시 감독으로 부임해 프리미어리그 무대에 복귀한 무리뉴는 자신과 함께 일했던 스태프들을 적장으로 만나게 됐다. 꽤 여러 차례다.

2013년 토트넘홋스퍼의 감독이었던 포르투갈 출신의 젊은 감독 안드레 빌라스보아스는 '미니 무리뉴'라는 별명으로 불린다. 무리뉴와 닮은 면이 가장 많은 감독이다. 빌라스보아스는 할머니가 영국 출신이라 어린 시절부터 영어를 자유롭게 구사했다. 그는 보비 롭슨 감독이 포르투의 감독을 맡았을 때 같은 아파트에 거주했다. 그의 나이는 만 16세였다. 경기 분석에 대한 명민함을 보인 빌라스보아스는 롭슨과의 인연으로 10대의 나이에 포르투의 전력 분석팀 일원으로 합류해 무리뉴와 인연을 맺었다. 그 역시 무리뉴와 마찬가지로 스코틀랜드의 인버클라이드 국립 스포츠센터에서 UEFA 지도자 라이선스 연수 과정을 수료했다.

빌라스보아스는 프로 선수 경력이 전무했다. 겨우 만 21세의 나이로 버진아일랜드의 감독직을 1년간 수행하기도 했다. 무리뉴가 감독이 된 후 포르투와 첼시에서 스카우트로 일했고, 무리뉴의 전력 분석관으로도 임무를 수행했다. 무리뉴가 첼시를 떠난 2009년까지 함께 일했고, 이후에는 독자적인 길을 걸었다. 무리뉴가 1년간 휴식기를 가진 틈을 타 포르투갈리그의 강등권에 있던 아카데

미카 디 코잉브라Academica de Coimbra의 감독으로 부임했다. 그는 팀을 포르투갈컵 4강에 올렸고, 리그 10위로 끌어올리며 지도력을 인정받았다.

2010년 여름 FC포르투의 감독을 맡아 슈퍼컵 우승, 포르투갈컵 우승, 포르투갈리그 우승과 UEFA유로파리그 우승으로 한 시즌 만에 네 개의 트로피를 거머쥐며 단숨에 스타 감독으로 떠올랐다. 잘생긴 외모에 명민한 분석력과 카리스마를 갖춘 빌라스보아스는 무리뉴의 복사판 같았다.

2011년 여름 첼시가 빌라스보아스를 새 감독으로 앉혔다. 경력의 여정마저 무리뉴를 닮았다. 하지만 급진적인 전술 변화를 꾀하던 빌라스보아스는 채 한 시즌을 채우지 못하고 선수단 장악에 실패하며 경질됐다. 2012년 여름 빌라스보아스는 토트넘홋스퍼의 감독을 맡아 곧바로 프리미어리그 경력을 이어갔다. 2012/2013시즌 리그 5위, 유로파리그 4강의 성적으로 절반의 성공을 거뒀다.

빌라스보아스는 "무리뉴와 함께 일한 것은 특별한 경험이었다. 그처럼 프로정신이 투철하고 헌신적이며 경기에 대해 풍부한 지식을 갖춘 사람을 찾는 것은 어려운 일이다. 행운이 따라서 그가 내게 전력 분석관 일을 맡겼다. 그와 함께 일하며 그의 방법론을 배울 수 있었던 것은 내겐 특권이었다. 아마 그는 역사상 최고의 감독일 것"이라며 스승에 대한 존경심을 표했다.

2013년 현재 리버풀의 감독을 맡고 있는 브랜단 로저스 감독도 영국판 무리뉴로 불린다. 남다른 전술적 혜안을 바탕으로 스완지시티의 프리미어리그 승격 및 승격 직후 돌풍을 이끌며 영국에서 가장 주목받는 감독으로 떠올랐다. 그는 2012년 여름 명가 재건을 꿈꾸는 리버풀의 감독으로 부임했다.

로저스 역시 프로 선수 경력이 거의 없다. 20세의 나이로 선수 생활을 마치고 스페인으로 건너가 축구 공부를 했고 1995년 레딩의 유소년 팀 감독을 맡아 본격적으로 지도자의 길을 걸었다. 레딩 유스 아카데미를 진두지휘하는 동안 남다른 성과를 거두면서 축구계 내부에서 그의 진가를 알아보는 이들이 생겨났다. 무리뉴 역시 그중 한 명이었다. 2004년 무리뉴는 로저스를 첼시 유소년 담당자로 추천했고, 로저스는 첼시 유스팀과 리저브팀을 이끌면서 무리뉴와 긴밀하게 공조했다. 이후 무리뉴 시절 말미인 2008년 왓퍼드 감독을 맡아 독자적인 길을 걸었고, 레딩을 거쳐 스완지시티에 부임하며 결실을 맺기 시작했다.

로저스는 "주제와 함께 일했을 때 대단한 경험을 했다. 그는 나처럼 젊은 코치에게 톱플레이어와 일할 수 있도록 많은 믿음을 심어주었다. 그는 늘 용기를 북돋아 주었고, 내가 감독이 될 수 있도록 믿음을 줬다. 난 그의 모든 것을 좋아했다. 그는 야심이 넘치고 나와 축구를 보는 관점이 다르지 않았다. 그는 열려 있는 사람이었고 배우는 것과 소통하는 것을 모두 좋아했다"라는 말로 무리뉴와 함께한 시간이 자신의 프로 경력에 가장 큰 자양분이 됐다고 말했다.

웨스트브로미치앨비언을 프리미어리그에서 가장 끈끈한 팀 중 하나로 만든 스티브 클라크는 무리뉴가 처음 첼시를 맡았던 시기에 후이 파리아만큼이나 신임했던 수석코치였다. 클라크 역시 본래 첼시 유스팀의 코치였으나 무리뉴에 의해 1군 팀의 핵심 인물이 될 수 있었다. 무리뉴와 동년배인 클라크는 2008년에 첼시를 떠나 웨스트햄 유나이티드의 코치가 됐고, 2011/2012시즌에는 리버풀 코치직을 거쳐 2012년에 웨스트브롬 감독으로 부임했다. 쟁쟁한 팀들 가운데 8위로 시즌을 마칠 수 있었던 것은 클라크의 지휘력 때문이었다. 무리뉴는 "그의 성공이 놀랍지 않았다. 놀라운 것은 그가 이제야 감독 일을 시작했다는 것"이라며 덕담을 건넸다. 클라크 역시 "무리뉴의 프리미어리그 복귀는 대단한 일"이라며 반겼다.

이처럼 무리뉴의 사람들이 축구계 중심으로 진출하면서 무리뉴는 훨씬 더 잉글랜드 무대를 편하게 느끼게 됐다. 무리뉴는 더 이상 축구계의 외톨이가 아니다. 무리뉴의 유산을 이어받은 이들이 연이어 성공을 거두며 선수 경력이 일천한 지도자들에게 기회의 장이 열리기 시작했다.

퍼거슨이 은퇴한 프리미어리그에서 감독계의 대부는 이제 무리뉴가 될 것이라는 것이 영국 언론의 관측이다. 진정성을 가지고 아낌없는 가르침으로 후진을 양성한 무리뉴는 호랑이 새끼를 키운 것이 아니라 상대팀에 있는 내 편을 만들었다. 이제 무리뉴는 축구계에서 거대한 세력을 일군 보스로 군림할 수 있는 지지기반을 구축하고 있다.

함께 일한 동료나 후배, 혹은 팀원이 다른 곳으로 떠날 것을 염려해 가르침과 마음을 아끼지 말아야 한다. 비록 그들이 떠날지라도 그들이 떠난 그 위치에서 언제든 나를 위해 힘이 되어줄 것이다. 그것이 바로 이기심을 이기는 진정성이 주는 힘이다.

· SPECIAL TIP ·
공개할 수 없는 비결은 없다

함께 일하는 사람에게 거리를 두고 노하우를 숨기지 말라. 리더가 이런 모습을 보이면 이를 따르는 이들은 온전한 믿음을 줄 수 없다. 모든 것을 바치려 들지 않는다. 나를 경계한다는 생각이 들기 때문이다. 이러한 행동은 자신감이 없는 모습으로 비치고, 리더로서 보여야 하는 확신을 표현하기도 어려워진다. 물론 나만의 비법이 알려지는 것이 걱정되고, 내 방식으로 나를 능가하는 경쟁자가 등장할 수도 있다. 하지만 비법을 숨기는 것이 아니라 선의의 경쟁으로 극복하는 것이 올바른 답이다. 무리뉴는 다음과 같이 말했다. "공개할 수 없는 비결은 없다. 두 감독이 훈련장에서 똑같은 훈련을 진행한다면, 더 이상 똑같지 않다고 생각한다. 다른 두 감독이 드레싱룸이나 기자회견에서 똑같은 말을 한다고 해도, 더 이상 같은 말이 아니다. 주체성이 있다면 당신이 일하는 방식을 다른 사람들이 알게 되는 것도 두려워하지 말아야 한다고 생각한다. 나의 일상이고, 나의 일이고, 나의 실력이고, 내가 일을 하는 방식이다. 나에게는 문제가 안 된다."

06

무리뉴가 발전시킨
'미드라이커' 램파드

Jose Says, 뛰어난 실력보다 훌륭한 인격을 가진 선수가 필요하다.

야구는 '투수 놀음'이라는 말이 있다. 투수가 경기에 미치는 막대한 영향력을 설명하는 말이다. 축구 역시 선수들의 개인 능력에 크게 좌우된다. 일각에서는 실제 경기에 감독이 미치는 영향력은 그리 크지 않다고 주장하기도 한다. 이탈리아 출신의 축구감독 조반니 트라파토니는 "좋은 감독은 실제 팀이 가진 전력의 20퍼센트가량을 상승시킬 수 있을 뿐이다. 문제는 나쁜 감독의 경우 팀이 가진 전력의 절반도 발휘하지 못하게끔 할 수 있다는 것"이라고 말하기도 했다.

무리뉴의 성공을 폄하하는 이들은 그가 최고의 선수들을 데리고 성과를 냈다고 지적한다. 하지만 무리뉴가 중용한 선수들 중에 처음부터 슈퍼스타인 선수는 없었다. 평범한 선수는 좋은 선수가 됐고, 좋은 선수는 슈퍼스타가 됐다. 무리뉴는 팀을 강조함으로써 선수 개개인의 발전을 이끌어냈다.

이미 최고의 실력을 갖춘 이들은 부르는 곳이 많다. 몸값도 비싸다. 원한다고 내 팀의 일원으로 데려올 수 있는 것은 아니다. 그렇다면 발전 가능성이 있는 선수를 최고의 실력을 갖추도록 키워내면 된다. 무리뉴는 스스로 발전할 수 있는 가장 큰 동력인 동기부여의 달인이었다. 심리적으로, 정신적으로 그리고 기술적으로 탁월한 방법을 펼치며 이상향에 도달했다.

이를테면 첼시 미드필더 프랭크 램파드는 우수한 미드필더에서 프리미어리그의 레전드로, 포르투에서 빛을 본 데쿠는 종종 마법을 선보일 수 있었던 창조적인 미드필더에서 꾸준히 빛나는 클래스를 갖춘 선수로, 존 테리는 주장으로서의 정신력과 용기 위에 위치 선정과 경기를 읽는 능력을 추가로 얻었다. 포르투 시절 초반 임대 생활로 시간을 보내던 히카르두 카르발류는 무리뉴의 도움으로 태클 능력과 공중전 능력, 공을 다루는 기술을 발전시키며 전 세계에서 가장 비싼 센터백 중 한 명이 됐다. 가나 출신의 마이클 에시엔은 첼시 생활 초기 값비싼 짐처럼 보였지만 득점 능력을 향상시킨 이후에는 올라운드 플레이어로 각광받았고, 오른쪽 풀백으로도 뛰어난 공격력을 선보였다. 조 콜은 기술로만 즐거움을 주던 선수에서 팀플레이어가 됐고, 지치지 않는 일꾼이 됐다.

무리뉴는 이 같은 마법을 발휘하기 위해선 한 가지 조건이 필요하다고 말했다. 그가 던지는 냉정하고 가혹한 조언을 받아들일 수 있는 정신적인 성숙도를 갖춰야 한다는 것이다. 그래서 무리뉴는 선수를 선발하는 기준을 기술보다 인성에 뒀다. 그는 이런 점이 자신의 약점이기도 하다고 인정했다.

"나와 함께 일하려면 훌륭한 인격을 지녀야 한다. 선수들을 많이 밀어붙이는 편이다. 훌륭한 인격을 지녀야 최고의 선수가 될 수 있다. 연약하고 허약한 성격은 부스러질 수 있다. 이 점이 내 약점이라고 생각한다. 나에게는 성격이 좋고 성숙한 선수들이 필요하다."

무리뉴는 선수단 구성 과정에서 성격 분석을 가장 중시했다. 좋은 선수 이전에 좋은 사람인가를 먼저 살폈다. 자기 자신보다 팀 전체를 위한 마음을 가질 수 있는 이타심의 크기를 판단했다. 무리뉴가 가장 아끼는 선수 중 하나였던 코트디부아르 공격수 디디에 드로그바는 "무리뉴는 축구 선수를 지도하는 것이 아니다. 다만 감독의 철학에 따르는 사람을 지도한다. 그 사람이 설사 세계 최고의 축구 선수가 아니라도 상관없다"라는 말로 이를 거들었다.

또 하나 무리뉴가 강조한 것은 자신의 일에 대해 자부심을 갖는 것이다. 자부심이란 일의 성과가 아니라 이 일을 통해 내가 얻고자 하는 바가 무엇인가를 정확하게 인식하는 데서 오는 것이다. 이러한 인식 체계를 가진 선수라면 누구나 최고의 성과를 낼 수 있다는 것이 무리뉴의 믿음이다.

좋은 재료를 갖췄다고 좋은 요리가 되는 것은 아니다. 좋은 인격의 선수들을 좋은 실력을 가진 선수들로 만들고, 좋은 팀으로 만든 무리뉴의 노하우를 살펴보도록 하자.

동기 부여의 비밀

—

미국의 유명한 영화감독이자 제작자인 제임스 캐머런$^{James\ Cameron}$
은 "마법은 감독의 정신이 아니라 배우들의 심장에서 오는 것이다"
라고 말했다. 감독 혼자 잘났다고 팀의 성과가 좋아질 수는 없다.
무리뉴는 선수들의 심장을 움직이는 방법을 아는 감독이었다. 이
를 위한 첫 번째 단계는 만남에서부터 시작된다. 리더와 팀원은 아
무리 오랫동안 일하더라도 언젠가는 헤어져야 하는 순간이 온다.
나를 이용하고 활용하려는 모습을 보이는 리더에게 마음을 다 내
주는 팀원은 없다. 나에게 업무를 주면서도 나를 발전시키고 성장
시켜줄 것이라는 믿음을 주는, 내 경력 자체를 한 단계 끌어올려
줄 수 있도록 만들어주는 리더라는 모습을 보여주어야만 최상의
결과를 끌어낼 수 있다.

무리뉴는 처음 벤피카 감독으로 부임했을 때 "팀은 곧 좋아질 것
이다. 너희들 모두 가치 있는 선수들이다. 미래는 분명 더 좋아질
것이다. 그렇게 하기 위해 내가 맡은 부분에서 최선을 다하겠다"라
고 말했다. 담백하면서도 믿음을 주는 말이다. 그는 실제로는 팀원
들이 직업적 윤리의식을 갖추지 못한 채 뚜렷한 목표도 야심도 없
이 운영되고 있는 오합지졸이라고 판단했지만, 자신감을 주고 개
선의 여지가 있다는 것을 분명히 밝힘으로써 변화의 여지가 있는

선수들에게 희망의 불꽃을 피워주었다.

무리뉴는 새로운 팀에 부임할 때마다 선수단 전원에게 편지를 쓰는 것으로 유명하다. 포르투 감독으로 부임하던 당시 편지 한 통으로 선수들의 심리적 단결을 이끌었다.

> 챔피언이 되는 것이 언제나 우리의 목표다. 매일 이어진 목표이고 계속되는 동기이며, 영원한 동기다. 지금부터 우리 작업의 가이드가 되어야 할 빛이다. 매 훈련과 매 경기, 우리 프로생활과 사회생활의 1분 1초 모두에 이 목표를 집중하고 되새겨야 하는 것은 '우리'다.

포르투갈 골키퍼 비토르 바이아는 "무리뉴는 참 재미있는 사람이다. 그는 선수들이 스스로 가치 있는 사람이라고 생각하게 만들었다"라고 회고했다.

무리뉴는 심지어 감독직에 부임하지 않고도 선수들에게 영향을 미친 비범한 존재다. 레알마드리드 감독으로 부임한 2010년 여름 동시에 포르투갈 대표팀의 감독직 제안을 받았다. 하지만 클럽 감독을 맡으면 그야말로 온종일 연구에 시간을 투자하는 완벽주의자에게 '투잡'은 아직 불가능한 미션이었다. 그는 포르투갈축구협회에 정중히 거절 의사를 표했고, 자신이 할 수 있는 최선의 기여를 위해 포르투갈 대표 선수 전원에게 편지 한 통을 보내 모두를 감동시켰다.

나는 47년간 포르투갈 사람으로 살아왔다. 축구 감독이 된 지는 10년에 불과하기 때문에 나는 '감독'이기보다는 포르투갈 국민에 더 가깝다. 국가대표팀은 개인의 영광을 위한 자리가 아니라 국가의 영광을 위한 자리다. 따라서 국가대표팀은 깊은 일체감과 공감 그리고 유대감을 가진 자리가 되어야 한다. 국가대표팀에 속한 선수들은 단순한 프로 축구 선수가 아니다. 그들은 은행원, 택시 기사, 정치인, 어부 혹은 농부보다 축구를 잘하기 때문에 포르투갈을 위해 싸울 선수로 선발된 포르투갈의 공인이다.

신이 주신 재능으로 발탁된 이 선수들이 포르투갈을 위해 경기하기 위해 한자리에 모일 때 그들은 마음속에 한 가지 생각을 갖고 있어야 한다. 그들이 단순히 직업적인 축구 선수가 아니라 더 나아가 다른 이들이 할 수 없는 일을 대표하여 포르투갈의 자긍심과 환희를 지켜낼 포르투갈인이라는 것이다.

분명히 포르투갈 사회에는 축구와 승패, 유로와 월드컵 본선 진출과 비교할 수 없을 정도로 중요한 문제들이 있다. 그러나 포르투갈을 위해 축구 경기에 나서야 하는 포르투갈인들은 ― 다시 말하지만 나는 그들을 축구 선수라고 부르고 싶지 않다 ― 반드시 자신들이 어디로 가고 있는지, 무엇을 하고 있는지, 왜 이것을 하고 있는지, 또 국민들이 기대하고 있는 것이 무엇인지 알고 있어야 한다. 그렇기에 포르투갈축구협회로부터 국가대표팀 감독직 제의를 받았을 때 자부심을 느꼈다.

나는 휴양지에서 만난 수많은 사람들이 내게 다가와 이 자리를 맡아주었으면 한다고 말했던 것을 기억한다. 그러한 것들은 내 프로생활에 있어서 처음으로 이성이 아닌 감정이 지배하는 결정을 하게끔 만들었다. 오늘날 이 자리에 있도록 나를 이끈 경력 설계도를 떠나서 생각했다. 내 거친 표현을 용서해 주길 바란다. 당시 나의 진심은 이랬다.

'승리하지 못했을 때 찾아올 부정적인 결과와 비난은 꺼져라! 나를 성공으로 이끌어왔던 축구 철학을 훈련시키고 실현할 시간이 없다는 사실도 집어치워라! 조국을 위해서라면 하겠다.'

그리고 이것은 내가 포르투갈을 위해 뛰도록 선택된 이들에게 하고 싶은 이야기다. 국가대표 자격으로 자신의 명성을 드러내지 말 것, 대가를 바라고 가지 말 것. 그곳에 있는 이들은 개성과 개인주의를 버리고 오로지 열과 성을 다 바치고 모든 것을 주어야 한다. 국가대표팀과 함께 승리할 수도 있고 패배할 수도 있는 그들은 그러나, 항상 고개를 들고, 벤치에 앉아 있다고 분개하지도 말며 그곳을 오로지 자긍심과 긍정적인 태도만으로 채워야 한다.

며칠 동안 나는 포르투갈의 감독이 된 것처럼 느꼈고, 생각했다. 즐거운 날들이었다. 그러나 나는 레알마드리드가 인터밀란에서 나를 영입하고 고용하였으며 동료와 팬들의 위험을 감수하기 힘든 거대한 클럽임을 인정해야 했다. 단지 며칠뿐이라 할지라도 감독이 자리를 비우도록 허락하는 일, 집중력과 능력, 훈련 환경을 저해시킨다는 것은 상상할 수 없는 일이다. 그래서 클럽과 협회 간의 협의가 결렬되었다. 나와 그리고 질베르투 마다일 회장에겐 슬픈 일이었다. 하지만 돌아보았을 때 강조하건대, 그러한 결정은 이해하기가 쉬운 것이며 쉬운 일이었다.

나는 1초도 자리를 비울 수 없고 비워서도 안 되는 거대한 배의 키를 잡고 있다. 레알마드리드가 옳은 결정을 내렸다. 국가대표팀을 돕지 못한다는 사실에 실망했지만 그와 동시에 내가 축구계에서 가장 영광스러운 자리 중 한곳에 위치하고 있다는 것을 이해해 주는 사람들에 대한 명백한 평온함 또한 느꼈다. 이제 포르투갈은 새로운 감독을 맞게 되었고 그는 감독직에서 물러날 때까지 모든 이들에게 '우리 감독', '최고의 감독'으로 존경받아야 한다. 이러한 모토는 어떤가. "내 사람이 최고야!" 우리 감독이 파울루 벤투라면 다른 누구보다 파울루 벤투가 최고인 것이다. 나는 파울루 벤투가 자립심, 결단력, 협동심, 추진력, 그리고 상황에 맞는 전술적 지식을 갖고 있기를 포르투갈 국민으로서 바란다. 정직하게 말해서 나는 파울루가 이 모든 것을 이루기 위한 조건을 갖고 있다고 생각하고 나는 언제나 그를 지지할 것이다. 그가 승리한다면, 나도 포르투갈인으로서 승리할 것이고 그가 패배한다면 나도 포르투갈인으로서 패배할 것이다.

역시 그렇지만 나는 승리하고 싶다. 챔피언스리그 팀 감독들의 회담에서 나는 알렉스 퍼거슨 경에게 새로운 축구 시대에는 클럽 감독들의 힘이 강화될지 아니면 축소될지를 물어보았다. 그는 "누구도 그것에 대해 언급할 더 많은 권위를 가진 사람은 없을 것이다. 감독의 리더십과 힘은 그들의 개인 성격에 달렸지만 또한 그들을 둘러싸고 있는 외부적 구조에 매우 많은 영향을 받는다"라고 대답했다. 클럽과 클럽 회장들은 감독의 지위를 굳건하게도, 또는 약하게도 만들 수 있는 것이다.

나는 국가대표팀에게 이 말을 전하고 싶다. 이 나라의 모든 사람은 국가대표팀의 감독을 강인하고, 또 보호받는 사람으로 만들어야 한다. 모든 사람이라고 말했을 때 그것은 축구협회와 연합 그리고 클럽 수뇌부, 전 현직 선수들, 언론인들, 그리고 택시기사와 정치인, 어부, 경찰, 노동자 등등을 의미한다.

우리는 반드시 하나로 뭉쳐 승리해야 한다. 혹여 승리하지 못할지라도 영예는 그 자리에 그대로 두어라. 하지만 다시 말하건대, 우리나라에서는 너무나 공교롭게도 축구와 비교할 수 없이 더욱 중요한 일들이 있다. 그리고 나는 이 자리를 빌려 포르투갈과 해외의 다른 대륙의 각 처에서 일하는 수많은 포르투갈 감독들에게 슬픔은 적고 기쁨이 넘치는 시즌이 되기를 바란다. 지쿠 실베이라 라모스의 포르투갈축구감독연맹의 회장으로서의 지위에 나의 신뢰를 보낸다.

모두에게 행운을

축구팀의 성공은 피치 위에 서 있는 11명 그리고 공식 경기에 교체 출전할 수 있는 3명의 선수들로만 이룰 수 있는 것이 아니다. 이들과 매일 같이 훈련하고, 또 상황에 따라 선발 선수들을 대신해 경기에 나서 일정한 수준의 경기력을 보여줘야 하고, 그들을 뛰어넘을 수 있는 가능성을 안고 선의의 경쟁을 펼쳐야 하는 후보 선수들 역시 전력을 구성하는 아주 중요한 요소다.

그리고 무엇보다 선발 선수들과 벤치 선수들 사이의 단합심이 중요하다. 이들이 반목하기 시작하면 팀은 하나의 유기체로 기능하지 못한다. 즉, 어느 누구에게도 편애나 특권이 주어져선 안 되는 것이다. 무리뉴 역시 이 점을 가장 중시했다. 그는 "나는 팀 정신을 가장 중시한다. 선수들을 동등하게 본다. 트로피는 팀이 얻는 것이기 때문이다"라는 말을 자주 했다.

무리뉴의 팀에서는 경기에 자주 나서지 못하거나 선발 명단에 자주 오르지 못하는 선수들도 감독의 공정함을 믿었다. 첼시 감독 시절 무리뉴가 라이트백 파울루 페하이라Paulo Ferreira를 영입한 뒤 가장 먼저 했던 일은 기존의 주전 라이트백 글렌 존슨Glen Johnson에게 전화를 걸어 이 사실을 알린 것이었다. 포르투 수비수 조르제 코스타는 "무리뉴는 항상 솔직한 사람이었고 절대로 무엇인가를 숨기지 않았다"라고 설명했다. 무리뉴는 선수단을 대할 때 늘 진심을 앞세웠다.

포르투 시절 무리뉴 팀의 드레싱룸 문 앞에 '여기는 누구도 들어올 수 없다'라고 쓰여 있었다. 그 뒤에 따라붙은 문구가 익살스럽다. '우리만 빼고!' 무리뉴는 내부 결속력을 다지는 데 달인이었다.

벤피카 감독 시절 라이벌 스포르팅리스본과의 경기를 앞두고는 조금의 거짓말을 이용해 선수들을 달아오르게 했다. 무리뉴는 평소 테니스 마니아였는데, 리스본에서 열린 마스터스 대회를 보러 갔다가 관중석에 스포르팅 선수단 대부분이 찾아온 것을 목격했다. 무리뉴는 스포르팅이 자신의 팀과 경기를 앞두고 자신만만해하는 모습에 자극을 받는 대신 미소를 지었다. 코치 카를루스 모제르에게 "저들을 이용하자. 우리에게 유용하게 이용할 수 있겠다"라고 말했다.

무리뉴는 벤피카 선수들에게 테니스 경기를 보러 갔다가 스포르팅 선수들을 만난 사실을 전달하며 "걔네들이 우리를 6골 차이 정도로 이길 것이라고 생각하더라"라고 말했다. 무리뉴 스스로 훗날 테니스를 보러 간 것은 경기 준비와 관련이 없는 일이었다고 밝혔다. 그저 팀의 동기부여를 위해 하나의 팩트를 왜곡시켜 이용한 것이다. 벤피카 선수들은 라이벌의 느슨한 모습에 흥분해 경기에 대한 전의를 더욱 불태우며 승리를 거뒀다.

포르투 감독이 되어 전 소속팀 벤피카를 상대할 때도 비슷한 방법을 썼다. 이때 무리뉴는 전과 달리 말을 아끼는 방식으로 행동했다. 선수들의 동기부여가 이미 충만한 상태였기 때문에 굳이 중언부언할 것이 없었다. 다만 한 가지 팩트를 이용해 선수들이 스스로 불타오를 수 있게 했다.

벤피카 회장 마누엘 빌라리뉴가 언론과의 인터뷰에서 포르투를 3-0으로 꺾는 꿈을 꿨다고 말했다. 그러자 무리뉴는 3-0이라는 스코어가 대문짝만 하게 보도된 신문 기사를 오려내서 포르투 경기장의 드레싱룸에 붙여놓았다. 무리뉴의 대응은 쿨하고 심플했다. 그는 선수단이 아닌 언론에 대고 말했다.

"어느 누구도 우리의 홈에서 3-0으로 이길 수는 없다."

선수들을 제대로 자극할 줄 아는 무리뉴는 극도의 긴장감이 찾아오는 순간에는 오히려 차분하게 명상과 같은 이야기를 전한다.

존 테리는 "그는 하프타임에 소리를 고래고래 지르는 감독이 아니다. 많은 이야기를 하지만 늘 차분하고 배려심을 갖고 한다"라고 설명했다. 무리뉴 자신도 이런 자세를 견지하기 위해 노력한다고 말했다.

물론 상황에 따라 격노할 때도 있지만 그러한 방법을 사용하는 경우는 거의 없다. 대개 효과가 없기 때문이다. 질책을 해야 할 상황에서도 무리뉴는 자신의 감정을 드러내는 것이 아니라 선수의 감정을 긍정적으로 자극할 수 있는 말을 준비한다.

벤제마는 레알마드리드 입단 첫 시즌인 2009/2010시즌 스페인 프리메라리가 최고의 '먹튀'로 불리며 3,600만 유로에 달하는 몸값이 낭비됐다고 지탄받았다. 그런데 2010/2011시즌 레알마드리드 지휘봉을 잡은 무리뉴는 벤제마를 본래 가치에 맞는 선수로 되돌려 놓았다. 벤제마는 2011년 프랑스 풋볼이 선정한 올해의 선수로 뽑혔다. 당시 수상소감으로 재기의 공을 무리뉴에게 돌렸다.

"무리뉴가 내 안의 불꽃을 틔우고 자극했다. 무리뉴는 나의 많은 것을 바꿨다. 그렇게 말하는 감독은 본 적이 없다. 그와 토론을 나누고 싶었고, 내게 정말 원하는 것이 무엇인지 설명해달라고 했다. 그리고 다시 좋은 흐름이 찾아왔다. 감독은 내게 많은 것을 요구했고 내가 할 수 있다는 걸 알았다. 항상 내 가능성을 끌어올려 주었다. 그는 팀을 절대 배신하지 않는 감독이다. 무리뉴는 내 정신을 바꿔주었다. 이제 난 투사다."

무리뉴는 처음 입단 후 벤제마에게 "카림, 무슨 일이 네게 생긴 거냐? 지난해의 너는 벤제마가 아니었다. 그건 네 사촌이 마드리드에서 뛰는 것 같았다"라고 농담 섞인 꾸지람을 던졌다. 위트가 섞인 지적은 선수의 감정을 상하게 하지 않으면서 자극할 수 있다. 무리뉴는 언론을 통해 벤제마를 자극하기도 했다. 그가 벤치만 지킨 경기를 지휘한 뒤 "그는 벤치에서 경기를 아주 잘 지켜봤을 것이다. 그가 영리하다면 어떤 플레이를 해야 하는지 알게 됐을 것"이라고 말했다.

곤살로 이과인의 부상으로 어쩔 수 없이 벤제마를 투입해야 하는 상황이 됐을 때, 무리뉴는 이런 말로 벤제마를 최대치로 자극했다.

"강아지 대신 고양이와 사냥에 나서는 것은 같을 수가 없다. 고양이로도 사냥은 할 수 있지만 수확이 떨어지는 것은 당연하다."

고양이로 묘사된 벤제마는 이후 부정적인 이미지로 쓰인 고양이라는 별명을 긍정적인 의미로 승화시키며 지구상에서 가장 골을 잘 넣는 고양이로 불렸다. 그는 이후 무리뉴 체제에서 이과인을 제치고 주전 공격수로 뛰었다.

무리뉴는 훈련 시간에 자주 늦은 벤제마에게 "내가 너라면 12시에 훈련을 해야 할 것이다. 10시에도 자고 있고 11시에도 자고 있을 테니까"라고 말하며 불성실한 태도에 대해서도 단호히 대처했다. 하지만 감정적으로 대하지 않고 언제나 친밀한 형이 말썽 부리는 동생을 대하는 것처럼 다뤘다.

무리뉴는 훈련장에서의 느슨한 모습은 절대 용납하지 않았다. 그렇다고 이를 위해 윽박을 지르지는 않았다. 단지 선수들이 이해할 수 있도록 설명했다.

"매일 선수들과 훈련한다. 선수들이 최고의 모습으로 훈련했다면 잘할 것이고, 그렇지 않았다며 실전에서도 그렇지 못하리란 것을 안다. 선수들은 훈련한 모습대로 플레이한다. 그 점을 선수들에게 일대일로 말해준다."

첼시 골키퍼 체흐는 "무리뉴는 그의 팀을 잘 알고 있다. 선수들 모두가 팀의 일부로 느끼도록 살펴준다. 훈련을 할 때마다 개인적으로 준비하는 과정에 아주 세밀한 부분까지 이야기해준다. 그는 요구하는 것이 많은 감독이다. 경기에 뛰지 못하는 선수들에게까지 최고 수준을 갖추고 있도록 준비시키고 선수들이 훈련하고 싶도록 만든다"라고 말했다.

무리뉴가 포르투 감독을 맡아 이전에 이끌었던 벤피카와의 원정 경기에 나섰을 때, 그는 스스로 관중의 야유를 자신에게 집중시킴으로써 선수들의 마음을 얻었다. 무리뉴는 경기 시작 한 시간 반 전에 그라운드에 나가 경기를 기다리고 있는 8만여 벤피카 팬들의 야유를 들었다. 무리뉴는 선수들이 정신적으로 강하다고 믿었고, 팀을 방해하고 폄하하기 위한 야유는 오히려 반대의 효과를 낼 것이라고 생각했다.

"그들은 우리가 우리의 길을 가기 위한 힘과 용기를 줄 뿐이다."

무리뉴는 오히려 야유와 휘슬 소리를 들으면서 자신이 세상에서 제일 중요한 사람이라고 느꼈고, 그들이 해를 입히려는 우리 팀도 중요한 존재라고 느꼈다. 야유를 통해 오히려 더 큰 자신감을 얻은 셈이다.

선수들이 경기에 나서면서 무리뉴를 보며 농담을 던졌다.

"감독님이 우리를 향한 야유를 분담하셨으니 우리가 나설 차례죠!"

포르투는 1-0으로 승리했다.

레알마드리드에서도 무리뉴는 사방팔방에서 팀을 흔드는 시도에 같은 방식으로 대처했다. 2012/2013시즌 전반기 부진한 성적과 팀 내분설로 레알마드리드를 지지하는 신문사들도 비난적인 논조를 보였다. 홈팬들 일부도 무리뉴와 레알마드리드에 불신의 시선을 보냈다. 이에 12월 2일 아틀레티코마드리드와의 마드리드 더비에서 무리뉴는 "팬들은 내게 야유를 보낼 권리가 있다. 내가 정확히 9시 20분(10시 킥오프 경기)에 피치에 나가 야유를 듣겠다"라고 선언했고, 실제로 이를 행했다. 골대 뒤에서 레알마드리드를 성원하는 울트라스는 "마드리드를 떠나지 말아달라!"라며 무리뉴의 진정성에 탄복했다.

당근만 줄 수는 없는 일이다. 채찍도 필요하다. 경기 상황이 급박하게 돌아가는 중간에는 물론 때에 따라 강한 자극으로 심신에 혼란을 겪고 있는 선수단을 일깨울 필요가 있다. 포르투와 벤피카의 경기 당시였다. 빌라리뉴 회장의 꿈이 효험이 있었는지 안방에서 경기를 치르고 있던 포르투가 벤피카에 선제골을 내줬다. 포르투는 데쿠의 동점골로 1-1 균형을 이룬 뒤 하프타임을 맞았다.

무리뉴는 드레싱룸에 들어와 갈아입은 유니폼과 양말, 수건 등이 뒤엉켜 담겨 있는 빨래 바구니를 일부러 걷어차며 선수들의 정신을 집중시켰다. 그리고 외쳤다. 15분의 하프 타임은 이동 시간을 제외하면 이야기할 수 있는 것은 10분 남짓이다. 전술에 대한 지시는 1분이면 충분했다. 9분 동안 그는 선수들의 내적 동기를 부양시킬 수 있는 정신적 메시지를 전달했다. 클럽의 역사와 더비의 역사가 안방 패배를 허용하지 않았던 날들을 세세하게 설명했다.

"이기는 것보다는 패배가 더 가까운 상황이다. 안타스^{Antas} $Stadium$(포르투의 옛 홈경기장)에서 그들이 이겼던 것이 얼마나 오래전 일인지 아는가? 역사에 그 오랜 역사가 종식된 패배자로 기록되고 싶나?"

설명을 마치고 무리뉴는 옆에 있던 클럽 마사지사 제 루이스에게 물었다. 그는 50년째 포르투에서 일해 온 사람이었다.

"벤피카가 이곳에서 승리한 것이 몇 번인가?"

그는 엄숙한 모습으로 답하지 않았다. 걷어찬 빨래 바구니를 잡아낸 골키퍼 바이아에게 다시 묻자 "지난 10년 동안 한 번"이라는 답이 돌아왔다. 선수들 스스로 느끼기 시작한 모습을 보자 무리뉴는 더 이상 말을 꺼내지 않았다. 그 이상의 말은 잔소리가 될 뿐이었다. 후반전 시작과 함께 알레니체프를 투입한 용병술도 효과가 있었지만, 선수들의 정신 재무장 효과가 더 컸다. 포르투는 후반전에 두 골을 더 넣어 3-2로 승리했다. 무리뉴는 경기가 끝난 뒤 "우리는 그들을 박살 내버릴 수 있었다"라며 발동이 늦게 걸려서 어려운 경기를 했을 뿐이라고 자신만만하게 소감을 밝혔다. 선수들에겐 이 발언 역시 감독이 준 칭찬이자 보상으로 다가왔다.

포르투 시절 스포르팅리스본과의 원정 경기에서 승리를 거둔 방식도 행동 한 가지와 말 한마디가 힘을 발휘했다. 그는 선수들이 경기를 준비하고 있던 킥오프 전 시간에 드레싱룸이 아니라 벤치에 미리 나가 앉아 있었다. 그리고 시작 직전에 가볍게 몇 마디를 던졌다.

"나는 무승부에 만족하지 못한다. 너희들은 어떤가? 비기는 정도로 받아들일 수 있겠는가?"

선수들의 입에서 나오는 말은 당연히 'NO'였다.

"잘 생각해라. 가방 안에 아주 작은 포인트 하나만 달랑 가지고 집으로 돌아갈 수 있겠는지. 누가 이걸 받아들이는가?"

포르투는 1-0으로 승리했고, 스포르팅 회장조차 자신들의 안방에서 이토록 압도적으로 밀린 경기는 처음이라고 인정할 정도였다.

물론 무리뉴가 승리를 독려하는 방식은 정신력을 강조하는 것이 아니다. 무리뉴는 선수들이 상대보다 우월하다는 구체적 '인식'을 갖도록 한다. 무리뉴는 선수들의 사기를 끌어올리기 위해서 '그들을 굴복시키자! 우리가 그들보다 낫다! 그들을 앞지르자!'처럼 막연하게 말하는 감독이 아니다. 그는 자신의 팀이 상대와 경합했을 때 앞서는 부분을 전달하고 마음으로 그들이 상대보다 강하다는 것을 느끼고 이기기 위한 강점을 갖고 있다고 인지하도록 한다.

포르투 시절 그리스 클럽과 UEFA컵 8강 1차전 홈경기에서 패한 뒤 무리뉴는 마치 4강에 오른 듯 자축하는 상대 감독에게 "아직 끝난 것이 아니다"라고 쏘아붙인 뒤 드레싱룸으로 돌아와 "그리스에 가서 뒤집을 것이다. 그쪽 감독에게도 그렇게 말하고 왔다. 원정 경기에서 승리할 수 있다는 가능성을 믿지 않는 이들은 지금 바로 말하라. 그들은 여기 놔두고 갈 것이다"라며 자신을 믿고 따를 것을 강하게 표현했다. 결과는 4강을 넘어 우승까지 이어졌다.

늘 이기는 팀에겐 비기는 것조차 부담이 될 수 있다. 프리미어리그 선두를 달리던 첼시 시절 에버턴과의 원정 경기에서 상대 선수가 1명 퇴장당했음에도 리드를 잡지 못하고 있었다. 첼시 선수들은 심리적으로 쫓기고 있었다. 하프타임에 무리뉴는 정신적 처방을 내렸다.

"여러분은 이 사실을 믿지 못할 것이다. 에버턴 원정에서 전반전이 끝나가고 있을 때, 30분에서 45분 사이에 난 선수들이 득점에 집착해서 흐트러진 모습을 봤다. 난 선수들에게 경기를 자연스럽게 하라고 했다. 1점을 얻는 것도 좋다고, 2점을 잃어도 문제없다고. 내일 맨유가 이겨도 우리가 7점이나 앞선다. 압박감을 가질 필요는 없다. 자, 가자."

교체도 없었고 소리 지르지도 않았다. 그저 승점 차의 우위에 대해서만 말했다.

"골을 넣으면 '우리'가 넣는 것이고, 넣지 못하면 '우리'가 못 넣은 것이다."

이 말은 공격수들로 하여금 득점에 대한 강박증을 해제시켰다. 결국 아이두르 구드욘센이 득점을 올려 첼시는 승점 3점을 얻었다. 당시 에버턴 감독 모예스는 "위대한 매니지먼트"라고 극찬했다.

그렇다고 모든 경기에서 다 승리할 수 있는 것은 아니다. 상대가 강팀이든, 약팀이든, 어느 대회에서든 패배가 주는 상실감은 크다. 팀이 패배했을 때 어떻게 대처하느냐 역시 앞으로 더 많은 경기를 치러야 하는, 더 중요한 경기를 치러야 하는 팀의 정신에 큰 영향을 미친다.

무리뉴는 포르투가 한 수 아래의 팀 마리치무에게 패한 뒤 어느 누구도 나무라지 않았다. 퇴장 선수도 발생했고, 훨씬 더 많은 기회를 만들고도 패배한 경기였으나 무리뉴는 오히려 이런 패배가 다시금 팀의 사기를 끌어올릴 수 있는 기회이자 내부적으로 단단하게 뭉칠 수 있는 기회라고 여겼다.

그는 드레싱룸으로 돌아오는 선수들을 한 명씩 포옹했고, "지지 않는 팀은 없다. 패배가 찾아오는 것은 시간문제였을 뿐"이라며 무패 행진이 끝난 것을 개의치 말라고 말했다. 패배는 아주 자연스러운 일상일 뿐이라고 인식시켰다. 그러고 나서 무리뉴는 선수단 전체를 이끌고 저녁을 먹었고 선수들이 주눅 들지 않도록 독려했다. 물론 웃음꽃이 피는 즐거운 식사 자리는 아니었지만, 패배가 준 심리적 악영향이 지속되지 않도록 했다.

선수들은 무리뉴의 방식에 반응했다. 무리뉴는 팬들이 여전히 선수단을 성원하고 있다는 것을 보여주기 위해 다음 날 팀 훈련을 일반 공개로 실시했다. 수많은 팬들이 찾아와 환호성을 보냈고, 선수들은 다시 자신감을 찾았다. 그 이후 무리뉴는 항상 패배한 경기 뒤에 팬들을 훈련장으로 불렀다. 이는 팬들에게도 좋은 서비스가 됐다. 패배 뒤에도 팬과 선수 모두 반목하고 흔들리는 일이 없었다.

· SPECIAL TIP ·

명언을 창조하기 어렵다면 인용해서 말하라

무리뉴는 스스로 멋진 말을 창조해내기도 하지만 그의 말에 권위를 더하기 위해 때론 유명 인사들의 명언도 적극적으로 활용했다. 명언은 남발하면 꼴불견이지만 적절하게 활용하면 큰 울림을 줄 수 있다. 무리뉴는 레알마드리드 감독으로 처음 치른 FC바르셀로나와의 엘클라시코에서 0 - 5로 패배한 후 설욕을 위한 리턴매치를 준비하며 선수들에게 다음과 같이 말했다고 밝혔다. "내가 선수들에게 말한 것은 간단하다. 그리고 이 말은 내가 한 것이 아니라 알버트 아인슈타인의 말이다. 증기, 전기 그리고 원자력보다 강한 유일한 힘은 바로 인간의 의지다. 그리고 이 말을 한 알버트는, 아시겠지만 결코 멍청한 사람이 아니다."

선수들 스스로 자부심을 가질 수 있도록

—

뛰어난 실력을 갖추고도 막상 본 경기에서 제 기량을 다 발휘하지 못하는 선수들이 있다. 선수들은 훈련장에선 최고인데 본 경기에선 다 보여주지 못하는 이런 동료에 대해 적지 않게 이야기한다. 또, 실제 선수들 사이에서는 좋은 평가를 듣지 못함에도 본 경기에서는 실력 이상의 결과를 보여주는 선수가 있다. 압박감에 대처하는 자세, 자신감, 마인드 컨트롤의 차이다.

하지만 실제로 이러한 마인드 컨트롤은 기술적 도움이 필요하다. 정신 자세만 가지고 만들 수 있는 것은 아니다. 무리뉴는 선수들이 최고의 자신감을 갖고 경기에 임하도록 함으로써 실제로 그들이 최고의 선수가 되도록 이끌었다.

무리뉴가 첼시에 부임한 첫 시즌에 소속되어 있었던 나이지리아 선수 셀레스틴 바바야로Celestine Babayaro는 "무리뉴는 선수들이 자신이 최고라고 느끼게 해준다. 그러면 정말로 최고처럼 뛰게 된다. 그는 오직 이기는 것에 대해서만 이야기한다. 지거나 비기는 것에 대해선 절대 말하지 않는다"라고 당시를 회고했다. 그해 첼시는 승리 외의 다른 결과는 잊은 것처럼 뛰며 51년 만에 프리미어리그 정상을 밟았다.

무리뉴는 부임과 함께 모든 선수들이 각자의 '위상'에 따른 차별 의식을 갖고 기가 죽지 않도록 독려했다. 무리뉴의 지론은 "훌륭한 팀에는 11명의 선수가 모두 훌륭할 수 없다. 11명의 훌륭한 선수로는 어떤 성공도 이루지 못한다"라는 것이다. 그는 선수단과 처음으로 만난 자리에서 "1군이라는 단어는 사실 정확한 표현이 아니다. 나는 너희 모두를 필요로 한다. 너희들끼리도 마찬가지다. 우리 모두 한 팀이기 때문이다"라는 말을 자주 한다. 어느 팀에 가든 이러한 골자의 메시지를 꼭 전한다.

레알마드리드 시절 공격 재능이 충분한 스타들이 집중 조명을 받을 때 무리뉴는 헌신적인 풀백 알바로 아르벨로아를 칭찬했다. "사람들은 알바로를 스타라고 부르지 않는다. 하지만 우리 코치들이 엄청나게 사랑하는 선수가 알바로다."

무리뉴의 친구이자 그의 옛 에이전트였던 주제 베이가Jose Veiga는 무리뉴의 자서전《메이드 인 포르투갈》에서 다음과 같이 말했다.

> 주제 무리뉴의 가장 인상적인 부분은 어린 팀이라는 원재료를
> 그가 원하는 이미지, 원재료를 공격적이고 동기부여가 되어 있
> 으며 승리하는 팀으로 만들어내는 능력이다. 어떤 선수든 자신
> 이 그 포지션에서 세계 최고라고 생각하게 만든다. 실제론 그가
> 최고가 아닐지라도 말이다. 그의 카리스마와 리더십, 엄청난 노
> 력과 연구야말로 성공에 주된 요소이자 재료라고 할 수 있다.

첼시 골키퍼 페트르 체흐는 "어떤 감독들은 '그래. 이기지 못한
다면 지지만 말자'라고 말한다. 하지만 그에겐 통하지 않는 말이
다. 그는 승리에 대해서만 말한다. 승리만이 올바른 길이라고 여긴
다. 올바르다는 것이 보고 즐기기에 훌륭한 방식일 필요는 없다.
추한 모습이라도 승리해야 한다. 전술적으로 잘 준비된 것에 대해
서만 고려한다. '좋은 축구'는 아닐지 몰라도 '올바른 방식'이라는
것이다. 그는 비기는 것보다는 차라리 지는 것을 선호할 감독이다"
라고 말했다. 무리뉴는 언제 어디서든 철저히 승리 지향적 방향을
설정한다. 내가 상대보다 열등하지 않다는 자신감, 그리고 내 일에
서 최고가 될 수 있고, 내 일이 최고라는 자부심을 가져야 한다.

무리뉴가 포르투를 이끌던 시절 맨체스터유나이티드와 UEFA
챔피언스리그 16강 2차전을 앞두고 알렉스 퍼거슨 감독이 포르투
의 플레이 스타일이 거칠다고 물고 늘어졌다. 그러자 무리뉴는 퍼
거슨이 "우리를 두려워하고 있다는 증거"라고 말하며 선수들이 가

질 불쾌감을 사기 진작으로 전환시켰다. 큰 팀을 상대하는 데 필요한 자부심과 자신감을 안겨다 준 것이다.

무리뉴는 자부심에 대한 새로운 관점을 제시한다. 선수가 마음 깊은 곳에서 자부심을 갖게 하기 위해선 '왜'에 대한 명확한 이해와 인식이 필요하다. 무리뉴는 늘 "직업적인 면에서 나는 모든 부분에 대한 자기성찰의 시간을 갖는다"라고 말한다. 일반적으로 축구 선수들의 경우 높은 수준에 도달하고 나면 미래를 생각하지 않는다. 앞으로 찾아올 경제적 상황에 대해서도 생각하지 않는다. 단순히 경기에 뛰고 싶어 하고, 좋은 경기를 하길 바란다. 선발 출전 기회를 얻고, 좋은 계약을 맺는 것만 생각한다. 승리를 바라고 언제나 이기길 바란다.

무리뉴는 "문제는 1유로를 더 받고 말고가 아니다. 프로의식이다"라고 지적한다. '왜 일하는가? 왜 이기길 바라는가? 왜 계속하고 싶어 하는가?'를 생각해야 한다는 것이다. 무리뉴의 경우 이 일을 좋아하기 때문이라는 명확한 동기와 더불어 자신의 일에 대한 자부심을 갖고 있다는 것을 수차례 밝혀왔다. 무리뉴는 "사람들이 경기에서 이기는 것을 기대하기 때문에 그 일에 보람을 느낀다"라며 사람들이 원하는 것과 자신이 원하는 것이 일치하기 때문에 자부심을 갖는다고 설명한다. 직업적 성취도가 아주 높은 수준에 도달하면 경제적인 요인보다 직업적인 자부심을 갖는 것이 더욱 중요하다고 여긴다. 무리뉴가 이미 경제적으로 풍족한 위치에 도달했음에도 끊임없이 직업적 동력을 이어갈 수 있는 이유다.

"난 역사를 만들고 싶다. 호날두도 그렇고 메시도 그렇고 사네티도 그럴 것이다. 선수들은 역사를 남겨야 한다. 다른 누구도 아닌 자기 자신의 역사다. 50세가 되기 전까지 난 포르투와 첼시, 인터 밀란에서 역사를 만들었다. 역사를 만들지 못하는 이들은 침대에 누워서 '이 정도 했으면 됐다'고 말하는 이들이다. 절대 됐다는 말은 해선 안 된다."

이기기 위해서는 자신이 그 일을 왜 해야 하는지 알아야 한다. 어느 부분을 발전시켜야 하는지 알아야 한다. 무엇보다 성공을 가로막는 게 자신의 문제인지 적수의 문제인지 알아야 한다. 무리뉴는 적이 강한 것보다 자신이 약해지는 것이 더 큰 문제이며, 이는 직업적 자부심과 동기부여에서 온다고 지적한다.

"만약 자신의 문제라면 큰 문제다. 적의 문제라면 적이 우리보다 강하기 때문인 것이다. 오케이다. 받아들일 수 있다. 적보다 강해지기 위한 마음의 자극이 되기 때문이다. 자신의 문제를 놓치지 않기 위해 아주 잘 생각해야 한다."

무리뉴는 앞서 언급했듯 좋은 재료를 고르는 것의 중요성을 강조해왔다. 가장 중요한 것은 기술보다 성격이다. 성격은 노력을 통해 바뀌는 경우도 있지만, 기술을 발전시키는 것보다 더 많은 노력과 새로운 방법론이 필요하다. 무리뉴가 실력보다 심성을 강조하는 이유는 거기에 있다.

"성공에는 모든 것이 포함된다. 개인의 재능과 개인의 성격, 팀의 성격에 관한 것 모두 중요하다. 그중 팀의 성격을 만들어내기가 가장 힘들다. 커다란 성공이나 승리는 분리된 것이 아니다. 누구나 알맞은 때에 정상에 도달할 수 있는 운을 갖고 있고, 그들의 삶에 그런 일이 한 번 정도는 일어날 수 있다고 믿는다. 우리는 결정을 통해 경기를 바꾸어 놓을 수 있다. 하지만 제대로 반응할 수 있는 선수들과 팀이 필요하다. 나는 포르투와 첼시, 인터밀란에서 많은 경기의 막판에 전술을 바꾸면서 승리했다. 하지만 팀이 위험을 감수하고 두려움 없이 플레이를 할 수 있을 때만 가능하다."

어떤 자극을 주든 통하지 않는 이들이 있기 마련이다. 그런 선수들은 무리뉴의 선택을 받을 수 없다.

포르투갈 미드필더 마니시는 무리뉴의 방식에 따라 완벽하게 조련된 스타다. 당시 함께 포르투에서 활약했던 데쿠는 내부 에피소드를 공개했다.

"무리뉴는 마니시가 팀에 아주 중요한 선수라는 것을 알고 있었고, 그가 감정적인 사람이라는 것을 파악하고 있었다. 마니시는 때로 집중력을 잃거나 게으른 모습을 보이는 선수였다. 무리뉴는 중요한 경기를 앞둔 상황에서 일부러 마니시를 그 전 경기 선발 명단에서 제외하곤 했다. 그러면 마니시는 씩씩거리며 그 다음 경기에 모든 것을 쏟아부어 뛰었다. 이 방법이 매번 먹혔다. 정작 마니시는 자신이 어떻게 조종당하는지 깨닫지 못했지만."

첼시 시절 무리뉴는 루마니아 공격수 아드리안 무투에게도 독설로 변화를 모색했다.

"넌 이미 부자다. 이미 많은 돈을 벌었다. 아직 엄청난 계약도 남아 있고. 돈에 대해서 네 미래엔 문제가 없을 거다. 고향에서 갖는 특권도 그대로겠다. 루마니아로 돌아가면 넌 왕 대접을 받을 테니까. 하지만 네가 축구 선수에서 은퇴하고 5년이 지나면 누구도 널 기억하지 않을 것이다. 넌 위대한 일을 해내야 한다. 역사를 만드는 일 말이다."

애석하게도 그는 약물 문제로 팀을 떠날 수밖에 없었다.

· SPECIAL TIP ·
나부터 내 일에 대한 자부심을 가져라

2009년 9월 첼시 감독직을 그만둔 뒤 1년여 가까이 무직 상태로 보낸 것은 무리뉴의 축구 경력에 또 하나의 전기가 됐다. 일에 대한 열망과 자신의 직업관 자체를 바꾸어 놓을 정도로 강렬한 심리적 영향을 끼쳤다. 때론 하던 일을 손에서 내려놓고 이 일이 정말로 내가 원하는 것인지 아닌지를 생각해보는 것이 동기부여에 도움이 된다. "9개월 동안 축구를 떠나 있으면서 힘들었다. 여행을 많이 했다. 가족들과 같이 떠나기도 했고, 혼자 떠나기도 했다. 때로는 미국과 아프리카, 일본에서 축구를 보기도 했다. 많은 일을 했지만, 축구에 대한 압박이 없고 매일 훈련도 없는 상황은 힘들었다. 이제는 퍼거슨 감독이 왜 사임하지 않으려고 했었는지 이해한다. 그리고 감독을, 육체적으로나 정신적으로 뒷받침이 되지 않는 이들을 제외한다면 왜 60세, 65세까지 이 일을 계속하는지도 알게 됐다. 예전에는 '좋아, 10년간 성공하고, 10년간 압박을 받고 나면……'이라는 생각을 했었다. 오직 즐겁기 때문에 이 일을 계속해야 하는 것이었다. 나는 감독으로 매일을 즐긴다. 승리는 아름답다. 패배는 적들에게 아름다울 것이다. 선수들이 성공할 수 있도록 돕는 일은 환상적이다. 팬들을 기쁘게 한 것도 잊을 수 없다. 이 일에 관련된 모든 것을 사랑한다."

창조적 예측

—

감독이 세세한 부분까지 모두 알려줄 수는 있다. 하지만 수동적인 자세로는 급변하는 경기 속에서 창조적인 발전을 이룰 수 없다. 감독이라면 팀을 제어해야 한다. 하지만 지나쳐서는 안 된다. 경기의 흐름을 읽고 판단을 내릴 수 있는 선수들의 능력을 끄집어내야 한다. 징계로 인해 관중석에서 있든, 벤치에 있든 큰 차이는 없다. 어떤 경기에서는 감독과 팀의 의사소통 수준이 무척 기초적인 정도에 머무른다.

"주 중에도 일을 하고 있지 않은가. 그중 일부는 선수들에게 스스로 판단을 내릴 수 있는 자신감을 심어주는 것이다. 조언을 하기 위해 거기에 있지만, 선수들은 스스로 생각을 해야 한다. 나는 모든 것을 제어하지 않는다. 그런 걸 바라지 않기 때문이다."

무리뉴는 시스템을 믿는다. 안정된 구조를 구축하고 나면 선수들은 알아서 움직이게 된다.

무리뉴는 선수들에게 지시를 내리는 것이 아니라 '깨달음'을 줄 수 있도록 조언한다. 이는 자가발전을 유도하기 때문에 발전하는 선수는 기량과 함께 자신감도 향상된다. 무리뉴는 "나는 선수들이 로봇처럼 움직이길 바라지 않는다"라고 말했다.

디디에 드로그바는 무리뉴가 단순 암기식 교육이 아니라 '창조적 예측'을 가르친다고 소개했다.

"무리뉴 감독은 훈련 중에 여러 번 훈련을 멈추고 스쿼드에게 훈련의 의도를 묻는다. 그가 하는 훈련 과정은 독창적이고 변화무쌍하다. 게다가 짧다. 선수들이 지루해하는 것을 사전에 방지한다."

포르투, 첼시, 레알마드리드를 거친 포르투갈 수비수 히카르두 카르발류^{Ricardo Carvalho}는 자신이 성인 선수가 된 뒤에 레벨업을 할 수 있었던 이유로 무리뉴의 가르침을 꼽았다.

"어렸을 때 무리뉴 감독이 이렇게 말했다. '네가 절정에 다다를 때면 베켄바우어나 바레시가 될 수 있다. 하지만 네가 실수를 저지르는 순간 축구는 굉장히 빨리 바뀌어버린다. 너는 항상 최적의 공격 타이밍을 찾아내야 한다. 그건 내가 가르쳐줄 수 있는 부분이 아니다. 오직 너 스스로 찾아내야 한다.' 그게 최고의 조언이었다."

무리뉴가 바꾸는 것은 단지 기술적인 면이 아니다. 경기와 상황을 대하는 정신적 자세를 바꾸어 놓는 것이 기술적인 변화보다 더 중요하다. 정신의 변화가 곧 기술의 변화로 이어지기 때문이다. 선수들은 이미 일정 수준 이상의 기술을 가지고 있다. 그 기술을 확장, 발전, 응용하는 법을 깨우치게 하는 것이 발전의 핵심이다. 데쿠 역시 포르투에서 무리뉴를 만나면서 세계적인 선수가 된 케이스다.

"무리뉴는 특별하다. 그는 선수들의 정신을 바꾸어놓을 수 있는 능력을 가진 몇 안 되는 감독이다. 그는 내 경기 방식을 바꾸는 것이 아니라 발전시키길 바랐다. 그는 내가 더 많이 생각하도록 했다."

인터밀란 시절 공격수 디에고 밀리토가 피치 위에서 표류하고 있을 때, 무리뉴는 하프타임에 전한 한 마디로 그가 골을 넣을 수 있게 만들었다. 밀리토의 회고다.

"칼리아리에 0-1로 지고 있을 때 무리뉴는 하프타임 동안 선수들 한 명 한 명과 얼굴을 맞대고 이야기를 나눴다. 그는 내게 왔을 때 '디에고, 그렇게 뛰면 안 돼. 지금 그냥 걷고 있잖아. 네가 팀을 좀 더 역동적으로 만들어야 해'라고 말했다. 경기장으로 돌아간 뒤, 나는 후반 15분 동안 두 골을 넣었다."

포르투 골키퍼 비토르 바이아는 "무리뉴는 선수들의 심리와 감정을 매우 잘 다뤘고, 그 방면의 선구자라고 할 수 있었다. 그는 선수들의 투쟁심을 고취시키는 능력이 탁월했다"라는 말로 무리뉴가 가진 특징을 설명했다. 레알마드리드에서 무리뉴를 만난 미드필더 에스테반 그라네로도 비슷한 이야기를 했다.

"무리뉴는 언제나 선수들과 친밀하게 지낸 감독이다. 늘 발전하길 추구했고, 언제나 우리 위에서 잘못된 점을 바로잡고 우리가 더 잘할 수 있도록 용기를 북돋아 주었다."

수비형 미드필더 코스티냐의 사례도 대표적이다. 수비적인 임무를 맡는 코스티냐는 자신감과 당당함이라는 심리적 변화와 함께 경기를 주도하는 스타일로 탈바꿈했다.

"무리뉴는 내게 아주 중요한 사람이다. 내가 모나코에서 포르투로 왔을 때 내 인생의 열쇠가 된 사람이다. 그는 날 완전히 다른 선수로 만들어주었다. 내가 포르투로 왔을 때 그가 한 말이 아직도 기억난다. '걱정하지 마라. 넌 한 달 안에 대표팀 주전 선수가 되어 있을 것이다.' 그런 이야기를 듣는 것이 주는 감정적 변화는 대단했다. 그와는 별개로 축구에 대해 아주 많은 것을 알고 있는 사람과 함께 일하고 있다는 것에도 큰 인상을 받았다. 그는 선수들이 지닌 개개인의 특성을 모두 이해하고 있었다."

무리뉴는 코스티냐를 두고 '결정을 내릴 수 있는 선수'라고 호평해 왔다. 90분 동안 펼쳐지는 경기 도중에 감독이 할 수 있는 일은 많지 않다. 실제로 변화를 시도하더라도 확실히 전달되지 않거나 반응하기 전에 벌써 상황이 전개되기 때문이다. 그래서 무리뉴는 "말이 잘 통하고 지시의 이유를 잘 이해할 수 있는 선수"에 대한 필요성을 강조했다.

감독의 지시를 알아듣는 것이 아니라 이해해야만 변화에 따른 능동적 선택도 감독의 의도대로 이어질 수 있다. 지시를 잘 따르는 선수가 아니라 감독의 의중을 이해할 수 있는 선수를 만들어야 한다. 창조적 발전이 필요한 이유다.

모든 돌발 상황과 변수에 100퍼센트 대처할 수는 없다. 때로는 지시를 내리는 상관보다 현장에서 직접 사태를 느끼고 지켜본, 실질적으로 겪고 있는 팀원이 사태에 대해 더욱 정확한 판단을 내릴 수 있다. 현장에서 떨어진 채 상급자로서 경험만으로 내리는 지시는 위험한 결과를 초래할 수 있다. 그렇기 때문에 팀원에게 무조건적인 지시가 아니라 어떤 상황에도 공통적으로 적용될 수 있는 원칙을 이해시키고 그가 가진 장점을 응용하고 활용할 수 있도록 유도해야 한다.

상관이라는 이유로 자기만의 방식과 판단이 항상 옳다는 생각은 버려야 한다. 그렇게 해야 팀은 모든 상황에 능동적으로 대처하고 공동의 책임의식을 가질 수 있다. 지시에 대한 반응에도 저항감과 거부감이 들지 않게 할 수 있다.

'무엇'보다 '왜'에 집중해서 지시하라

무리뉴가 선수를 발전시킨 비결은 무엇을 해서 달라져야 한다는 것을 설명하기보다 왜 이러한 방법을 시도해야 하는지를 이해시키는 데 있다. 두 방법 모두 결과적으로는 무엇이 문제이고 해결책이 무엇인지를 전달하고 있지만, 순서의 차이에서 오는 수용자의 심리가 다르다. 문제점을 지적당하고 그에 대한 지시가 내려오면 질책을 받는 느낌으로 다가오고, 이어지는 훈련이 하기 싫은 일로 전달될 수 있다. 더 잘할 수 있도록 유도하려면 선수의 기량 발전을 위해 시도하는 훈련이 왜 이루어지는지에 대한, 무엇을 발전시킬 수 있는지에 대한 설명을 먼저 전달한 뒤 지시를 내리고, 이를 통해 발전되는 부분이 팀에 도움이 되는 것보다 자기 자신의 미래에 도움이 된다는 점을 인식시켜 스스로 노력하게 만들어야 한다. 그렇게 되면 자가발전의 속도가 빨라지고, 결과적으로 현재의 팀에도 큰 도움이 된다.

07

원맨팀을 원팀으로 만든
무리뉴식 리더십

Jose Says, 우리가 정상에 있는 것은 금전적인 풍족 때문이 아
니다. 근면성 때문이다.

2004년 첼시 감독으로 부임한 이후 주제 무리뉴 감독은 인터밀
란, 레알마드리드 등 선수 영입에 많은 자금을 투자할 수 있는 빅
클럽에서 경력을 이어갔다. 2013년 다시 돌아간 첼시 역시 금전적
으로 풍족한 상황이었다. 이는 곧 자존감이 높은 슈퍼스타들과 일
을 해야 한다는 뜻이다. 개성이 강한 선수들을 하나로 뭉치게 하
고, 동기부여를 주는 것은 성공에 대한 열망이 높은 보통 선수들을
이끄는 것보다 더 어려울 수밖에 없다. 게다가 무리뉴 자신이 슈퍼
스타 선수 출신이 아니기 때문에 더더욱 그랬다. 절대적인 기준은

아니지만 학력과 출신에 대한 선입견이 리더의 권위에 손상을 입히는 경우가 종종 있는데, 지시를 내리는 입장인 리더는 조금의 흠결만 보여도 팀원들의 '뒷담화' 대상이 되기 마련인 것이다.

특별히 무리뉴는 팀이 이루는 성공의 전면에 개인이 나서는 것을 극도로 경계했다. 그는 "난 어떤 선수와도 개별적으로 특별한 관계를 맺지 않는다. 개인에 대해 말하는 것을 싫어한다. 선수들이 트로피를 가져오는 것이 아니다. 팀이 가져온다. 오직 집단만이 승리할 수 있다"라고 말했다. 마침내 찾아온 성공에 대해 선수단을 향한 찬사가 이어질 때도 "우리가 지금 이 순간 정상에 올라 있는 것은 클럽의 재정적인 힘 때문이 아니다. 우리는 여러 트로피를 경쟁하고 있는데, 이는 우리의 근면성 때문이다"라고 말하며 팀의 성공을 강조했다. 개인이 우쭐거리는 여지를 남기지 않으려고 애썼다.

무리뉴와 가장 닮았던 감독으로 알려진 영국 감독 브라이언 클러프는 임종을 앞두고 무리뉴의 지도방식을 칭찬하며 이렇게 말했다.

"그는 나처럼 스타 시스템을 믿지 않았다. 그는 팀 정신과 규율에 사로잡혀 있다."

첼시의 레전드 케리 딕슨은 첼시가 유럽의 축구열강으로 발돋움을 할 수 있었던 이유가 막대한 자금을 들여 좋은 선수를 사 모았기 때문이 아니라 무리뉴가 서 말이나 되는 구슬을 잘 엮어냈기 때문이라고 분석했다.

"주제가 열쇠였다. 그는 몇몇 아주 기민한 영입을 이뤘지만 그보다 중요한 것은 그가 클럽에 구조를 가져왔다는 것이며, 선수들에게 믿음을 주입시켰다는 점이다."

좋은 선수가 있는 것은 분명히 유리하다. 그만큼 잘 훈련했고, 기술을 단련해왔기에 다른 선수들보다 앞설 수 있었던 것이다. 하지만 때론 성공이 주는 자만심이 본래 실력 그 이상의 마이너스 요소가 될 수 있다. 무리뉴는 기술의 우위보다 집중력의 우위가 경기 결과에 미치는 영향력이 크다고 주장한다.

"이제는 집중력이 차이를 만든다. 축구의 전부라 해도 과언이 아니다. 전환의 문제이고 공을 잡았을 때나 빼앗겼을 때의 순간, 상대의 균형을 잃게 만들었을 때 창조해낼 수 있는 범위의 문제이기도 하다. 이 수준에서는 모든 팀들이 잘 조직되어 있고, 훌륭한 감독들을 보유하고 있으며, 그라운드에서 어떻게 해야 할지 알고 있다. 무엇을 해야 할지 모르는 상태에서 경기에 나서는 팀은 없다."

과도한 자신감이 방심을 낳고, 방심은 실수로 이어지며, 그 하나의 실수가 거대한 실패로 연결될 수 있는 것이 프로의 세계다. 그래서 최고의 전문가가 모인 집단보다 최고의 집중력으로 한데 뭉친 팀이 진행하는 프로젝트의 결과물이 더 좋은 경우가 많다.

무리뉴가 말한 승리의 방정식은 다음과 같다.

"축구 경기는 2+2=4가 되지 않는다. 이기기 위해선 훌륭한 팀, 용기 그리고 각고의 노력과 하늘의 뜻 ^{Star watching}이 조금 필요하다."

하늘의 뜻까지야 감독이 만들 수 있는 몫은 아니다.

무리뉴는 스타 선수 출신이 아니지만 누구에게도 주눅이 들지 않았다. 언제 어디서나 자신만만했다.

"리더로서 무리뉴는 나르시시즘의 성향을 갖고 있다. 그리고 기본적으로 그는 리더다. 자신이 신으로부터 아주 특별한 재능을 전해 받았다고 믿는다."

포르투갈 출신의 정신과 의사 카를루스 아마랄 지아의 말이다. 무리뉴가 어떻게 스타 선수들을 하나의 팀으로 뭉치게 만들었는지 살펴보자.

팀플레이를 해치는 개인 기술은 필요 없다

—

축구 경기장 위를 떠나, 분야를 막론하고 '차별 대우'와 '특권의식'은 있어선 안 된다. 팀 스포츠인 축구에서는 더더욱 그렇다. 팀내에 서열이 생기고 불공평하다는 인식이 생기면 심리적 균열이 그라운드 위에 고스란히 드러난다.

역할은 다르지만 신분은 평등하다. 최고 급여를 받는 스타선수부터 2군 선수와 유소년 선수, 감독과 코치, 팀 닥터, 마사지사, 언론 담당관을 비롯한 클럽 직원들과 허드렛일을 돕는 모든 사람들이 평등한 팀의 일원이요, 같은 회사를 다니는 동료다.

축구계에선 흔히 노동자형과 예술가형이라는 두 가지로 선수들을 분류하곤 한다. 실제로 공격 전개를 창조하고 기발한 플레이로 골을 만들어내는 선수들과 부지런하고 우직하게 수비를 책임지는 선수들의 특성은 다르다. 그렇지만 이들 사이에 괴리와 경계가 있어선 안 된다. 현대 축구는 공격과 수비의 구분이 점차 없어지고 있어, 결국 모두가 공격하고 모두가 수비해야 한다. 무리뉴는 자신의 축구 철학에는 이러한 이분법이 통하지 않는다고 말했다.

"더 창조적인 선수들이 수비적인 임무에서 자유로워야 한다고 말하는 이들은 축구에 대해 전혀 이해하지 못하는 사람들이다. 11명의 선수들은 볼 소유의 방법과 상대가 공을 가졌을 때 어떻게 해야 하는지 반드시 알아야 한다."

물론 무리뉴 역시 창조성이 뛰어난 선수들의 필요성을 인정한다. 하지만 이 선수들에게 요구되는 기본 덕목은 '팀플레이'다.

"가장 강한 팀은 팀으로 뛸 수 있는 팀이다. 가장 중요한 것은 팀 플레이를 할 수 있는 한두 명의 위대한 선수를 보유하는 것이다. 내겐 아주 명확한 일이다. 최고의 팀은 최고의 선수를 갖춘 팀이 아니라 그 선수들이 팀플레이를 하는 팀이다. 내 목표는 하나가 되는 것이다. 나눠지는 것이 아니다. 우리는 누가 최고인지, 누가 최고의 상태인지, 누가 선발인지에 대한 논쟁을 벌이지 않을 것이다. 우리는 팀이고, 팀으로 뛸 것이다. 이기든 지든 팀일 것이다."

그렇다고 개인의 개성을 완전히 억제하라는 이야기는 아니다. 자신이 가진 장점이 팀플레이에 최대한 보탬이 되고, 팀플레이를 저해해선 안 된다는 것이 주요 원칙이다. 무리뉴는 팀 내부의 경쟁의식도 그런 점에서 긍정적으로 바라봤다. 팀을 위한다고 해서 선발 자리에 욕심을 내지 말라는 이야기는 아니다. 중요한 것은 모든 선수들이 매 경기 선발로 뛰길 바라야 한다는 점이다.

한두 명의 특별한 선수들이 갖는 위상은 다를 수밖에 없다. 골을 만들어내는 선수가 결국 스포트라이트를 독식하고, 승리의 마침표를 찍는다. 때론 이 선수들의 수준으로 승패의 향방이 갈리기도 한다. 하지만 그렇다고 해서 팀원 전체가 그를 위해 희생한다고 생각하게 만들어선 안 된다. 무리뉴는 드레싱룸에서 "최고의 스타들, 자기가 최고라는 자신감을 지닌 너희 스타들이야말로 팀이 중요하다는 점을 깨달아야 한다. 그러면 우리는 최고의 팀이 될 것이다"라고 선언했다.

무리뉴는 FC바르셀로나 코치로 일하던 시절 매 경기 골을 기록하던 브라질 공격수 호나우두Ronaldo를 향해서도 가차 없이 쓴소리를 날렸다. 보비 롭슨 감독은 호나우두를 두고 '그가 곧 전술'이라고 표현했지만, 무리뉴의 철학 속에서 그는 아직 반쪽이었다. 무리뉴는 "호나우두에게 멋진 골을 하나 터트렸다고 해서 나머지 89분을 그냥 허비하는 것은 좋지 않다"라고 말했고, 그는 이후 더 부지런한 움직임을 구사하며 많은 기회를 만들 수 있게 발전했다.

파트리크 비에라Patrick Vieira는 로베르토 만치니 감독 시절 즐라탄 이브라히모비치의 컨디션에 따라 좌우되던 인터밀란의 전력이 주제 무리뉴 감독의 부임과 함께 달라지기 시작했다고 말했다.

"무리뉴가 오기 전, 우리는 즐라탄을 위해 뛰었다. 그가 팀의 에이스였기 때문이다. 즐라탄은 경기에 차이를 만드는 선수였다. 무리뉴가 온 첫해에도 그 방법은 그대로였다. 하지만 무리뉴는 팀이 개인적 노력보다 팀의 노력으로 만들어지도록 바꾸었다."

무리뉴는 이렇게 스타 선수들이 부리는 오만과 태만 그리고 불만에 단호하게 대처했다. 아직 감독으로서는 무명에 가까웠던 벤피카 시절, 부임과 함께 맞닥뜨린 가장 큰 문제는 이집트 출신의 기술적인 공격수 압델 사타르 사브리Abdel Sattar Sabry였다. 사브리는 조직적인 움직임보다는 개인적인 플레이에 더 치중하는 선수였다. 이를 본 무리뉴는 이렇게 선언했다.

"나는 절대 한 명의 선수를 위해 팀 전체의 응집력을 양보하지 않는다."

게다가 사브리는 무리뉴의 요구대로 언론이 아닌 자신의 사무실로 찾아와 불만을 이야기하라는 규칙도 지키지 않았다. 그는 신문과의 인터뷰에서 자신이 레프트윙으로 투입되고, 많은 수비적 부담을 안고 있는 것이 불편하다고 말했다. 스트라이커 뒤의 창조자 역할이 자신의 최고 기량을 낼 수 있는 위치라고 말했다. 그는 무리뉴와의 단독 면담에 나서지 않았고, 무리뉴 역시 언론을 통해 사브리의 항명에 대처하기로 결정했다.

무리뉴는 사브리 사태에 대응하기 위해 사브리의 플레이에 관한 모든 것을 기록했고, 이를 통해 언론에 자신이 내린 판단의 당위성을 설명하기로 했다. 선발 출전 기회를 잃기 시작한 사브리의 문제가 무엇인지를 만천하에 공개했다. 사브리가 경기 중 몇 회나 공을 빼앗기고, 다시 공을 되찾기 위한 노력이 얼마나 부족한지를 수치로 나타냈다. 교체 투입을 지시했을 때 축구화를 갈아 신느라 8분의 시간이 그냥 허비된 것 역시 놓치지 않았다. 사브리가 오프사이드를 몇 번이나 기록했고, 득점 기회를 얼마나 놓쳤으며, 전술에 대한 이해가 얼마나 부족했는지 낱낱이 짚었다. 사브리가 원하는 10번 공격수의 역할로 투입했을 때 나온 결과 역시 전했다. 도전에 대한 강력한 응징이다.

"10번 유형의 선수는 고도의 전술적 수준을 갖추고 수비 라인과 공격 사이를 연결해 주는 역할을 해야 한다. 상대를 직접 방어하거나 공격하는 자리가 아니다. 벨레넨세스와의 경기에서 사브리는 그 위치에서 5번이나 공을 잃어버려 상대에게 중요한 역습 기회를 허용했다. 출전 시간이 부족하다고? 그가 신발을 갈아 신느라 놓친 8분을 더해 28분을 뛰었다면 사브리는 20분 동안 뛰면서 하지 못했던 것을 할 수 있었을 것이다."

결국 사브리의 벤피카 경력은 짧게 끝나고 말았다. 이처럼 무리뉴는 선발 출전 기회에서 밀려난 선수들의 투정을 받아들이지 않았다. 이는 애제자인 히카르두 카르발류도 예외는 아니었다. 무리뉴의 선수 선발 및 기용 방식에 대해 카르발류가 언론을 통해 불만을 토로하자 무리뉴는 전에 없이 심한 언사로 대응했다.

"히카르두 카르발류는 이해력에 문제가 있는 것 같다. 아마 아이큐 테스트라도 받아봐야 하는 게 아닌가 싶다. 아니면 정신과를 가보거나 다른 곳을 찾아가 봐야 할 것 같다."

카르발류는 다시는 무리뉴의 권위에 도전하지 않았다. 둘은 이후 화해한 뒤 레알마드리드까지 여정을 함께했다.

무리뉴는 훈련 시간 및 팀의 소집 시간에도 엄격했다. 본인이 가장 먼저 훈련장과 경기장에 도착하는 스타일이다. 첼시 감독으로 처음 부임했을 때 이러한 규율을 정확하게 하기 위해 강렬한 발언을 남겼다. 에르난 크레스포Hernan Crespo가 아르헨티나에서 휴가를 보낸 뒤 비행기를 놓쳤다는 이유로 제날짜에 도착하지 못하자 "난 에르난이 훈련 첫날 나타나지 않은 것이 불쾌하다. 만약 길이 막혀서 아르헨티나에서 비행기를 타지 못했다면 버스를 타고서라도 왔어야 했다"라며 관용을 베풀지 않았다. 크레스포는 결국 무리뉴의 팀에 자리 잡지 못하고 이탈리아로 돌아갔다.

한편으로는 인간이 가진 본연의 이기심을 최대한 활용한 것이 무리뉴다. 무리뉴는 선수들이 자신을 위해 철저히 이기적이 된다면, 즉 모두가 공통의 목표로 이기심을 극대화한다면 그것이 결국 팀 전체의 일관된 방향으로 가는 힘이 될 수 있다고 여겼다.

"난 너희들이 다른 누구도 아닌 너희 자신만을 믿길 원한다. 올 시즌 우승을 원한다면 우리는 이전의 어느 때보다도 하나로 뭉쳐야 한다. 우리는 혼자고, 모두가 같은 방향을 보고 싸워야만 문제를 해결할 수 있을 것이다."

마드리드 감독으로 부임했을 당시 클럽이 열 번째 챔피언스리그 우승에 대한 열망에 대해 이야기하자 무리뉴 자신도 "나의 세 번째 챔피언스리그 우승"이라고 받아쳤다. 개인적인 의미로도 챔피언스리그 우승이 최대의 목표라며 팀과 개인의 목표가 일치되어 있다는 것을 밝힌 것이다. 무리뉴가 이기심을 추구해도 팀의 목표는 완수된다는 이야기다.

"내가 마드리디스타라고 느낀다고 말한다면 그것은 거짓말일 것이다. 하지만 이 한 가지는 이야기하고 싶다. 레알마드리드를 정기적으로 방문하는 그 어떤 팬들보다, 내가 더 레알마드리드가 경기에서 승리하길 바라는 사람이다."

· SPECIAL TIP ·

월급 도둑을 제거하라

미꾸라지 한 마리가 온 물을 흐린다는 말이 있다. 팀 분위기를 가족처럼 만들어야 한다고 말했지만, 회사는 실제로 가족처럼 운영될 수 없다. 가족이라면 손해를 끼치는 문제라도 품어 안고 희생할 수 있지만, 회사에서는 이런 이들에게 월급을 주고 고용을 지속하지 않는다. 규율을 따르지 않는 인력을 방치하면 그 자체가 특권을 주는 것이 된다. 이는 다른 팀원에게 규율을 따르도록 하는 힘을 약화시킨다. 리더에 대한 불만이 새어 나오는 것은 당연하다. 일하지 않는 사람, 성과를 내지 못하는 사람은 월급 도둑일 뿐이다. 그가 일할 수 있는 곳, 그가 성과를 낼 수 있는 곳으로 보내는 것이 합당하다. 이들을 방치하는 것은 곧 우수한 인력이 방만해지거나 떠나는 악영향으로 이어질 수 있다. 썩은 가지는 단호하게 잘라내야 한다.

팀 내 최고의 선수보다 더 많은 급여를 받는 이유

—

믿고 따르게 만드는 존경심은 나보다 우월한 사람, 나보다 더 많은 것을 알고 있는 사람에게 쏠린다. 선배와 상관 그리고 연배가 높은 이들을 향한 존경심의 발로는 사실 먼저 겪어본 이들의 지식에 있다. 인터밀란에서 주제 무리뉴 감독을 가장 잘 따랐던 네덜란드 미드필더 베슬러이 스네이더르는 인터밀란의 스타 선수들이 선수 경력이 일천한 무리뉴를 향해 절대적인 존경심을 갖출 수 있었던 이유를 설명했다.

"무리뉴는 선수와 팀, 둘 모두를 어떻게 다뤄야 하는지 정확하게 알고 있다. 우리가 경기를 앞두고 두려워하지 않는 이유이기도 하다. 그는 아무도 생각하지 못한 것을 우리에게 알려준다. 바로 그런 점이 무리뉴의 능력이다."

하지만 그것만이 전부는 아니다. 선수들에게 감독이 얼마나 팀에서 중요한 존재인지를 인지시키기 위해선 급여의 차이도 필요하다. 자본주의 사회에서 가장 강력한 힘을 발휘하는 것은 '돈'이다. 많은 이들이 외모, 학력, 지위 혹은 신장에 이르기까지 줄 세우기를 하지만 궁극적으로 윗자리를 차지하는 것은 재력이다. 사회에선 직급에 따라 연봉이 결정된다. 연봉과 서열은 대체로 비례관계에 있다.

축구는 감독보다 선수가 돋보이는 스포츠다. 젊고 잘생긴, 힘차게 그라운드를 누비고 명품 옷과 스포츠카를 몰고 다니는 선수들이 축구 세계의 주인공이다. 그들이야말로 이 세계에서 가장 많은 돈을 쓸어 담는 개인이다.

스폰서를 통한 개인적인 수익에 대해선 차치하더라도, 클럽으로부터 감독보다 많은 급여를 받는 선수가 있다면, 그 선수는 자신이 감독보다 팀에 더 중요한 존재라는 생각을 은연중에 품을 수밖에 없다. 이는 자신의 의견과 감독의 의견이 상충하거나, 감독과의 관계가 어긋났을 때 자신의 정당성을 강화하는 논거로 작용할 수 있다. 감독의 권위에 대한 무시는 급여 차이로 인한 계급 인식 차이를 통해 확산될 수 있는 것이다. 팀보다 위대한 개인은 없다는 말이 클럽축구에서 지켜지기 위해선, 개별 선수들을 모두 통제하고 조합해야 하는 감독에게 최고의 대우를 해주어야 한다.

이탈리아 출신의 명장 파비오 카펠로Fabio Capello의 방식이 그랬다. 그 역시 레알마드리드 감독으로 재임하던 시절 팀 내 최고 평가를 받은 선수보다 무조건 1유로를 더 받겠다는 방침을 정했다. 이는 유럽에서 '카펠로 독트린'이라고 불렸다. 카펠로 감독은 잉글랜드 대표팀에서조차 900만 유로라는 거액의 연봉을 받았다. 세계 최고액 연봉을 받는 감독으로 알려진 무리뉴의 방식도 이와 같았다. 무리뉴는 레알마드리드에서 총액 1,500만 유로를 받는다고 스스로 밝혔다. 이는 스페인의 산탄데르 은행장 에밀로 보틴이 "무리뉴가 나보다 많이 번다"라고 할 정도의 액수다.

무리뉴가 보비 롭슨 감독의 통역사로 FC바르셀로나에 입단하며 스페인 무대에 첫 발을 디딘 당시에 받은 급여는 월 60만 유로에 불과했다. 당시 바르사 부회장 조안 가스파르트 소유의 호텔에서 공짜로 머물렀다. 15년의 시간이 지난 뒤엔 최고 연봉을 받는 스타가 됐다. 2010년 무리뉴가 레알마드리드와 계약했을 때 라인포르마시온닷컴Lainformacion.com이 발표한 기업인 고액 연봉자 순위를 보면 모두 무리뉴보다 적다. 무리뉴는 초상권 수익으로 500만 유로를 더 벌었다. 이 사실 역시 무리뉴는 언론을 통해 숨기지 않고 드러냈다.

일반적인 회사에서 연봉은 동료 간의 위화감을 피하기 위해 '비밀'을 원칙으로 한다. 하지만 친한 이들 사이에는 공공연히 공개하고 그에 대한 의견이 떠돈다. 나의 연봉에 비해 누가 얼마를 받느냐는 '돈'을 중심으로 돌아가는 현대 사회에서 아주 중요한 테마다. 리더의 급여가 나보다 작다면 그에 대한 경외심은 떨어질 수밖에 없고, 초라하고 무능력하게 여겨질 수 있다.

· SPECIAL TIP ·

통 큰 리더가 되어라

리더가 팀원보다 더 많은 연봉을 받아야 하는 이유는 또 있다. 팀원의 단합을 위해 갖는 회식 자리에서 결제를 하는 것은 언제나 리더가 되어야 한다. 물론 법인 카드가 제공되는 경우도 있지만, 그렇지 못하는 상황도 있다. 때론 리더가 개인의 돈으로 팀원들에게 한턱을 거하게 '쏘는' 자리를 만들어야 그에게 신세를 졌다거나 그가 윗사람이라는 인식을 내재화할 수 있다. 하지만 통 크게 쏘기 위해선 재정적 부담이 없어야 한다. 이런 상황에서 쪼잔한 모습을 보이는 리더는 존경심을 얻지 못한다.

승리는 선수 덕, 패배는 감독 탓

—

중요한 경기를 치르기 전까지의 동기부여와 마인드 컨트롤도 중요하지만 그만큼 중요한 것은 경기 결과에 대처하는 자세다. 이겼을 때와 졌을 때, 선수들이 다음 경기를 더 잘하고 리더를 따를 수 있도록 만드는 리액션이 필요하다. 성과에 대한 확실한 보상, 실패에 대한 발전적 독려, 무리뉴는 이 부분에 있어서도 탁월했다. 무리뉴는 '승리는 선수 덕, 패배는 감독 탓'이라는 리더십의 기본 원칙에 충실했다. 가장 쉬운 도피처인 '남 탓'은 결국 아무짝에도 쓸모가 없다는 것을 인식하고 있었다.

감독은 팀플레이를 강조하지만 승리했을 때 수훈 선수를 칭찬하고, 또 언제나 팀 전체가 이룬 성공이라는 점을 강조해야 한다. 스스로 스포트라이트를 집중시켜 놓은 방법론에서 승리라는 성과를 자신의 몫으로 돌리면 이 역시 반발심을 부를 수밖에 없다. 대신 졌을 때는 자신의 책임으로 공표해 선수단으로 하여금 자신을 '원죄를 뒤집어쓴 예수'처럼 여기게 한다. 이를 통해 선수들이 감독의 명예를 회복시키기 위해 더 분발하도록 자극하는 것이다.

무리뉴는 승부처의 중요한 경기마다 깜짝 놀랄 만한 용병술과 변칙 작전으로 승리를 거둬왔다. 그러자 언론은 그를 명장이라고 칭송했다. 하지만 승리 후 기자회견에서 무리뉴는 항상 지시에 반응해 준 선수들을 칭찬했다.

인터밀란을 이끌고 2009/2010시즌 UEFA챔피언스리그 16강전에서 첼시를 꺾은 뒤 "우리 선수들 모두가 내가 감수한 위험을 기꺼이 받아들이며 승리로 보답해 줘서 기쁘다. 가끔은 감독이 무리한 결정을 내려야 할 경우가 있지만, 팀이 그에 제대로 반응하지 못하면 효과가 없다"고 말했다.

이처럼 리더는 지시를 내린 자신보다 지시를 정확하게 수행한 팀원들에게 공을 돌려야 한다. 조직을 성공으로 이끄는 데에는 올바른 지시를 내릴 수 있는 지휘자의 역할이 중요하지만 실제로 움직여야 하는 이들의 노고를 폄하한다면 그다음부터는 리더의 지시가 온전히 먹혀들지 않는다.

무리뉴는 이 점을 잘 알고 있었다. 같은 해 준결승전에서 FC바르셀로나를 만나 1차전에서 3-1 승리, 2차전에서 0-1 패배로 골득실 차 우위의 결승진출을 이룬 뒤에도 그는 세계 최고의 팀을 무너트린 자신의 전술보다 끝까지 이 전술을 수행한 선수들에게 고마움을 표했다. 그리고 스스로 직접 뛰지 못해 미안하다고까지 했다. 패배한 경기를 마치고도 극찬을 쏟아냈다.

"오늘 우리 선수들이 피를 흘리며 고군분투했다. 바르셀로나를 상대하려면 11명이 온 힘을 다해 싸워도 힘든데 오늘 우리는 고작 10명으로 싸웠다. 새로운 역사 창조나 다름없다. 줄리우 세자르가 놀라울 정도로 잘해준 덕분에 마치 11명이 경기에 임하고 있는 듯했다. 이 경기는 내 생애 가장 멋진 패배다. 경기를 뛰지 못한 것이 아쉬울 따름이다. 물론 내 경기력은 형편없었을 테지만, 나 또한 피를 흘리며 내 선수들과 함께 싸웠을 것이다."

뿐만 아니라 늘 돋보이기 어려운 골키퍼 포지션의 선수를 특별히 칭찬하는 한편, 한때는 최전방에서 이기적인 플레이를 구사한다고 지적받았던 사무엘 에토오가 부지런한 수비 가담으로 변모한 모습을 보이자 공개적으로 그를 독려했다.

"내가 스탬퍼드브리지에서 패한 유일한 경기에서 득점한 선수가 바로 에토오다. 오늘 우리가 그 상황을 재현했고, 난 그 순간 가장 기뻐한 사람이 되었다."

"에토오가 좋은 모범을 보여줬다. 팀이 난관에 빠졌을 때, 누군가의 헌신이 필요하다. 에토오가 그 순간 제일 먼저 달려와 희생하는 모습을 보여주었다."

기술이 아니라 헌신에 대해 독려하는 것은 다른 선수들에게도 시기와 질투가 아닌 공헌에 대한 보상으로 여겨진다. 무리뉴는 늘 성과가 포인트로 드러나지 않는, 이면에서 뒷받침하는 선수들을 지지하고 칭찬한다. 어떤 의도를 가진 칭찬이라도 경기에 뛰지 못한 선수, 선택받지 못한 선수들은 마음속으로 불만을 가지기 마련이다. 그래서 무리뉴는 늘 뛰지 못한 선수들의 마음까지 세심하게 챙겼다.

뛰어난 누군가, 특정한 누군가에게만 기회를 주어선 안 된다. 그는 고정된 베스트 11보다 활발한 선수 로테이션을 시도했다. 초보 감독 시절에도 자주 선발 명단에 변화를 주며 11명이 아닌 25명의 팀이 작동할 수 있도록 했다. 그러한 공정함이 기반이 되어야 개인의 성공이 아닌 팀의 성공이라는 정체성을 강화할 수 있다.

FC포르투에서 리그 우승을 앞둔 중대한 경기가 이어지던 시즌 막판에도 그랬다. 몇몇 감독들은 이미 시즌 순위표가 결정된 뒤에야 후보 선수들을 투입하지만 무리뉴는 아주 중요한 경기에 기회를 주는 것이야말로 효과를 낼 수 있다고 생각했다. 여러 대회를 병행해야 하는 체력적 부담 외에 이러한 심리적 측면 역시 로테이션의 중요한 동인이다. 이때 중요한 것은 선수들이 단지 경기 수가 많기 때문에 불가피하게, 땜질을 위해 기회가 주어진 것이 아니라고 인식하게 하는 것이다.

"심리적인 면에서 내 선수들은 최종적으로 로테이션 정책이 딱 들어맞았다는 것을 납득했다. 코치진과 친한 몇몇 선수들은 의구심을 갖기도 했다. 자신들이 교체될 이유가 없고 모든 경기를 다 뛰고 싶어 했다. 하지만 시즌 말미에 와서는 그런 의심을 떨쳐내고 더 많이, 더 열심히 훈련해야 한다는 동기부여와 함께 팀 정신이 더 강화되는 모습을 보였다. 결국 선수들은 오늘 뛴 선수가 다음 경기에 꼭 뛸 필요가 없으며, 오늘 경기에 나섰다고 해서 다음 경기에도 나서리란 것을 장담할 수 없다는 사실을 이해했고, 이것이야말로 정상적인 일이라고 바라보기 시작했다."

셀틱과의 UEFA컵 결승전을 앞두고 무리뉴가 전한 메시지가 선수단 전체가 하나로 뭉칠 수 있도록 작동했다.

"우리는 팀으로 이곳에 왔고 팀으로 뛸 것이다. 그리고 우승컵을 가지고 고향으로 돌아가게 될 것이다."

· SPECIAL TIP ·
칭찬의 기술

체육 교사 출신이며 아주 어린 나이에 유소년팀 코치를 맡아 지도자 경력을 시작한 무리뉴는 어린아이들을 가르친 경험으로 남다른 칭찬의 기술을 체득했다. 포르투의 UEFA컵 우승을 이룬 뒤 무리뉴는 주장 조르제 코스타에게 특별한 선물을 건넸다. 그는 코스타가 우승컵을 들어 올리고 환호하는 폴라로이드 사진을 뽑아 '이 순간부터 너는 클럽의 전설이다'라는 메시지를 적었다. 코스타의 충심이 더욱

강해진 것은 말할 것도 없는 일이다. 그는 무리뉴가 선수들의 동기부여를 하고 드

레싱룸을 떠난 뒤에 스스로 나서 선수들의 정신을 더욱 뭉치게 했다. 그는 심지어

경기에 지면 은퇴해버리겠다는 말로 선수들의 정신력을 강화한 무리뉴의 충신으

로 활약했다.

3.

패배는
프로 인생의
일부일 뿐

: 무리뉴의 실패

08

레알마드리드 역사상
가장 막강한 권한을 얻은 감독

Jose Says, 회장이 축구 전술에 관여한다면 팀은 강등당할 것이다. 내가 클럽의 경영에 관여한다면 파산할 것이다.

리더십을 발휘해야 하는 사람은 한 조직의 최정점에 있는 인물 뿐만이 아니다. 일반적인 회사를 예로 들자면 회장, 사장, 이사, 상무, 전무, 부장, 차장, 과장, 팀장에 이르기까지 단계를 거쳐 올라가는 과정에서 관리해야 할 자신의 그룹이 있다. 이 과정에서 중요한 것은 피라미드 구조에서 '장'을 맡고 있는 이들에게 힘을 실어 줘야 한다는 점이다. 물론 궁극의 결정권은 피라미드의 꼭대기에 있는 리더에게 주어지지만, 가장 높은 곳에 있다고 해서 전지전능한 신이 되는 것은 아니다. 피라미드의 아래 단계로 내려갈수록 실체적 상황에 접근하기는 어려워진다. 그렇기 때문에 각 단계의 리더에게 그들의 영역에 대한 결정에 독립적인 권한을 부여해야 한다. 즉, 사고의 구조를 바꿔야 한다. 하위 단계에 있는 리더들이 나의 아랫사람이 아니라 다른 영역의 업무를 관장하는 동등한 위치에 있다고 여기면 이해가 빠르다. 나의 꼭두각시나 허수아비가 아니라 그 자신의 능력을 발휘할 수 있는 동업자라는 생각을 가져야한다. 그렇지 않으면 해당 리더에게서 솔직하고 냉철한 의견을 받을 수 없다.

축구클럽에서 정점에 있는 인물은 구단주다. 구단의 재정을 뒷받침하며 운영 전반의 최종적 결정권을 쥔 인물이다. 클럽 운영 구조에 따라 임기가 있는 회장 체제로 운영되기도 하고, 전문 경영인이 고용되어 일하기도 하지만 대체적으로 부여된 권한과 역할은 비슷하다. 축구 클럽에서 감독은 회장에 의해 고용된 사람이다. 하위 단계의 리더라고 할 수 있다.

많은 클럽 회장들이 선수 영입과 선발, 투입에 대해 의견을 내고 싶어 한다. 그러나 회장이 감독의 의사결정에 영향을 미치기 시작하면 리더십에 균열이 생기기 시작한다. 물론 발전적 제안에 대한 협의 및 의견 교환은 있을 수 있지만 반강제적 지시 성향을 드러낸다면 감독은 선수단을 장악할 수 없다.

주제 무리뉴는 2004년 여름에 첼시 감독으로 부임했다. 1년 전 첼시를 인수한 러시아 재벌 로만 아브라모비치는 막대한 자금을 투여해 중상위 클럽이었던 첼시를 단기간 안에 유럽 축구 최정상의 열강으로 변신시켰다. 이 과정에는 아브라모비치의 자금과 경영 능력이 큰 역할을 했지만, 경기 결과로 말해야 하는 축구팀의 속성상 무리뉴 감독이 미친 영향도 그에 비견될 정도로 막대했다. 2004/2005시즌과 2005/2006시즌 프리미어리그 연속 우승으로 맨체스터유나이티드의 아성에 도전했고, 두 차례 UEFA챔피언스리그 준결승 진출로 유럽 대륙 전역에 위상을 떨칠 수 있었다.

우승컵은 돈만으로 살 수 있는 것이 아니다. 무리뉴 감독은 회장의 축구팀 간섭에 대해 다음과 같은 말을 남겼다.

"만약 그가 선수단 트레이닝을 돕겠다고 나선다면 우리는 리그 꼴찌에 있을 것이다. 만약 내가 그의 분야에서 벌어지는 사업에 관여한다면 우리는 파산할 것이다."

즉, 각자의 영역을 존중해야 한다는 것이다.

무리뉴는 어린 시절부터 통제권을 갖는 것에 집착해왔다.

"나는 공을 갖고 있었다. 아버지가 축구를 제대로 해보라고 사주셨다. 축구공을 갖고 있는 사람이 나밖에 없으니 내가 어느 팀에서 뛸지, 어디에서 뛸지, 경기를 얼마나 계속할지 내 마음대로 할 수 있었다. 그래서 항상 우리 팀이 이기고 있을 때 경기를 끝내버리곤 했다. 그래도 모든 아이들이 내가 집 밖으로 나오기를 기다렸다. 내가 없으면 플라스틱 공으로 축구를 해야 하니까 초인종을 눌러대곤 했다. 내가 갖고 있는 것은 아디다스 탱고 월드컵 공이었기 때문이다. 내가 감독이고 회장이었던 셈이다. 내 친구들이 이 인터뷰를 읽는다면 웃어댈 것이다. 다 사실이니까!"

그를 '타고난 리더'라고 부르는 이유다. 리더에겐 카리스마가 필요하고, 카리스마는 대개 권한에서 나온다. 권한은 곧 통제력이다.

상부에 제 목소리를 내지 못하는 리더는 그 어떤 것도 통제할 수 없다. 물론, 권한만으로 모든 것을 통제할 수는 없다. 무리뉴는 팬들조차 통제하려고 시도했다.

실상은 나 스스로를 통제하기도 어려운 것이 삶이다. 무리뉴의 성공 과정에는 승리를 위해서 모든 것을 자신의 통제권 안에 두려고 한 시도가 있다.

승리를 위한 조건, 통제권

—

선수단 운영에 막대한 자금이 투입되는 빅클럽에서 감독이 운영 전권을 갖는 것은 어려운 일이다. 맨체스터유나이티드의 알렉스 퍼거슨 감독이 은퇴한 이후 그토록 절대적인 힘을 얻었던 감독이 나오는 일은 불가능으로 여겨지고 있다. 스페인, 포르투갈, 이탈리아 등 클럽 운영이 많은 이사진과 관계자, 언론, 소시오가 뭉쳐 정치적 영향력까지 고려해야 하는 리그에서는 더더욱 그렇다. 무리뉴는 이 세 개의 리그에서 모두 통제권을 두고 싸움을 벌여야 했다.

레알마드리드는 그중에서도 가장 정치적 입김이 많이 작용되는 팀이며, 감독의 권한이 미미한 팀으로 유명하다. 하지만 20세기 최고의 축구팀이며, 전 세계 축구인들에게 꿈의 팀으로 불리는 초대형 클럽이다. 무리뉴 역시 "최고의 선수들과 감독의 경력에 레알마드리드가 없다면 빈자리가 있는 것"이라고 말하며 레알마드리드 감독으로 부임했다. 그는 2013년 레알마드리드를 떠나 첼시로 돌아가면서도 "꼭 한 번 이 거대한 괴물을 컨트롤해보고 싶었다"라고 말했다. 무리뉴의 도전은 절반의 성공이었다. 10번째 챔피언스리그 우승이라는 궁극의 목표는 달성하지 못했지만, FC바르셀로나가 쥐고 있던 절대적 헤게모니를 마드리드로 가져온 공로는 분명했다. 비록 그는 씁쓸하게 마드리드를 떠났지만 말이다.

무리뉴가 개인의 힘으로 통제하기 어려운(선거를 통해 선출되기 때문에 회장조차 절대적인 권한을 갖기 어려운) 레알마드리드를 택하면서 노력했던 것 중 하나는 선수단 장악과 더불어 클럽 운영에 대한 통제권 확보였다. 레알마드리드에서 선수 영입의 결정 권한은 감독보다 회장과 스포츠 디렉터가 더 많이 가지고 있었다. 무리뉴는 절체절명의 위기를 맞고 있던 레알마드리드가 감독직을 제안하자 가장 먼저 이에 대한 '전권'을 요구했다.

첼시 시절 말미에 무리뉴는 선수 영입 권한이 흔들리기 시작하면서 균열이 시작된 것을 경험했다. 당시 무리뉴는 언론을 통해 '달걀과 오믈렛'에 대한 비유로 자신의 권한이 침해됐음을 알린 바 있다.

"우리가 어떤 스타일의 축구를 하느냐는 아주 중요하다. 하지만 오믈렛과 달걀을 생각해보라. 좋은 달걀이 없으면 좋은 오믈렛도 만들 수 없다. 달걀의 질이 중요하다. 슈퍼마켓에 가면 1등급부터 3등급까지의 달걀이 있다. 몇몇 달걀은 다른 달걀들보다 비싸다. 비싼 달걀이 더 맛 좋은 오믈렛을 제공한다. 웨이트로즈 마트에 1등급 달걀이 있다. 그런데 그곳에 갈 수 없는 상황이라면 문제가 아닌가."

포르투 시절 무리뉴가 아꼈던 수비수 조르제 코스타는 "무리뉴라면 (레알마드리드의) 상황은 달라질 것이다. 그는 자신이 뭘 원하는지 안다. 레알마드리드에 이미 영입된 선수도 그의 결정에 따른 것일 테고, 앞으로 영입될 선수도 그가 결정할 것이다. 예외란 없다. 나는 무리뉴를 잘 알고 있다. 그는 마드리드로 가기로 결정하기 전에 여러 조건을 맞춰봤기 때문에 코칭스태프도 결정할 수 있었다"라며 무리뉴가 아무런 보장 없이 감독직을 수락하지 않았을 것이라고 말했다.

축구 클럽에서 가장 쉽게 일자리를 얻는 직책은 감독이다. 축구 클럽이라는 회사의 마케팅에서 가장 중요한 판매 상품은 선수단이고, 상품의 질은 '성적'으로 평가받는다. 물론 어떤 경기 내용을 보이느냐도 중요하다.

감독은 성적과 내용을 책임지는 위치다. 거스 히딩크 감독은 시즌 도중 첼시에 부임한 뒤 선수단에게 "왜 감독이 경질되었는지 아느냐? 선수단 전체를 물갈이할 수 없기 때문이다"라고 말한 바 있다. 감독이 책임을 져야 한다면 소신껏 운영할 수 있는 권한도 줘야 한다. 마음대로 운영할 수 있는 힘도 주지 않고서 책임을 지라는 것은 억지다. 하지만 이 권한은 감독직에 오른 뒤 가만히 앉아 있다고 그냥 주어지는 것이 아니다. 확보하기 위해서는 투쟁해야 한다. 레알마드리드처럼 거대한 팀에선 더더욱 그렇다. 무리뉴 감독 역시 늘 최고의 선수들을 끌어모으는 레알마드리드가 감독들에겐 독이 든 성배가 될 수 있다는 것을 잘 알고 있었다.

"난 레알마드리드가 우승 경력이 없는 감독은 선임할 수 없다고 생각한다. 지금 두 번의 챔피언스리그 우승과 6개의 여러 다른 리그에서 우승한 감독이 있다. 총 17개의 우승컵이 있는 감독에게도 엄청난 의심이 쏟아진다. 만약 우승 경력이 초라한 감독이 부임한다면 그가 아무리 천재적이라도 죽게 될 것이다."

무리뉴는 자신의 영역을 완벽하게 사수하길 원한다. 그 영역이 침범당하는 일이라면 사소해 보일 수 있는 일, 그냥 넘어갈 수도 있을 법한 작은 일조차 용납하지 않았다. 오히려 이러한 작은 일이 발생했을 때 엄격함을 보이면서 더 큰 침범이 이어지지 않도록 예방했다. UD라이리아 감독 시절의 일화는 무리뉴의 이러한 면을 잘 보여준다. 그가 감독직에 부임한 뒤 겨우 2주 정도 지났을 때 훈련장에서 벌어진 일이다. 대부분의 사람들이 휴식을 취하는 토요일, 라이리아 선수들의 훈련이 끝난 뒤에 라이리아의 이사진으로 구성된 축구팀과 라이리아를 취재하는 언론 기자들로 구성된 축구팀이 친선 경기를 치르기로 되어 있었다.

문제는 무리뉴가 지휘하는 라이리아 선수단의 훈련이 완전히 끝나기 전에 이들이 그라운드에 올라와 몸을 풀기 시작하면서 발생했다. 물론 이사진과 기자들의 팀이 사용한 그라운드는 라이리아 선수단과 같은 곳이 아니었다. 옆에 있는 피치였다.

하지만 무리뉴는 라이리아 선수단의 훈련을 멈추고 이사진 및 기자들에게 나가라고 소리쳤다. 이사진은 무리뉴를 선임했으며, 클럽 운영의 키를 쥐고 있는 무리뉴의 업무적 상사라고 할 수 있는 이들이었다. 그러나 무리뉴는 가차 없었다. 당황스러운 표정을 보인 이사진에 단호하게 세 차례나 당장 나가라고 소리쳤다. "다른 운동장이 아니냐"라는 질문에 "나중에 설명하겠다"라고 짧게 답한 뒤 모조리 철수시켰다. 그러고 나서 나머지 훈련을 마무리했다.

이후 무리뉴는 "프로 축구가 어떻게 운영되고 구성되는지 모르는 이들이기 때문에 쓰지 않는 운동장에서 나가라고 하는 내가 호들갑스러워 보일 수 있다. 그래서 난 그들에게 훈련장 전체가 내 관할에 있다고 설명했다. 선수들이 집중하고, 프라이버시를 보호받기 위해서는 우리의 훈련시간에는 훈련장 전체가 온전히 선수들만을 위해 사용되어야 한다. 이사진은 내 말이 전적으로 옳다고 인정해 주었고, 그 후로 다시는 이런 일이 생기지 않았다"라고 말했다.

그러나 레알마드리드에서는 쉽지 않은 일이었다. 2010년 6월 레알마드리드 감독으로 부임한 무리뉴는 10월에 스페인 아스투리아스 왕자상 시상식 행사에 주장 이케르 카시야스Iker Casillas가 참석해야 하는 문제 때문에 처음으로 플로렌티노 페레스 회장과 충돌했다. 카시야스는 스페인 대표팀의 주장 자격으로 금요일 오후에 오비에도에서 열릴 시상식에 페레스 회장과 동행할 예정이었다. 페레스 회장은 정치적 이유로 카시야스를 꼭 데려가길 원했다.

무리뉴 감독은 무려 세 차례나 완강하게 거절 의사를 표했다. 주말 리그 경기에 이어 AC밀란과의 UEFA챔피언스리그 경기를 앞둔 중요한 시점이었기 때문이다. 그러나 무리뉴는 훈련 시간을 한 시간 늦춰 진행해 카시야스가 페레스 회장의 전용기를 타고 시상식에 다녀오기로 한 절충안을 끝내 거절할 수 없었다. 축구적 계획만이 우선시되는 환경이 아닌 레알마드리드에서 무리뉴는 통제권 관리에 어려움을 겪었다.

무리뉴는 레알마드리드의 스포츠 디렉터 호르헤 발다노 Jorge Valdano 가 훈련장과 드레싱룸까지 드나드는 것도 못마땅해했고, 결국에는 금지시켰다. 선수 영입에 대한 의사 결정 과정에서 마찰까지 빚어지자 종국에는 발다노가 스포츠 디렉터직을 그만두고 레알마드리드를 떠나기에 이르렀다. 발다노가 10년이 넘는 시간 동안 페레스 회장의 신임을 받아왔던 인물이라는 점을 상기하면 무리뉴가 얼마나 큰 특권을 얻은 것인지 이해할 수 있을 것이다.

무리뉴는 심지어 두 번째 시즌인 2011/2012시즌에 직접 스포츠 디렉터의 직무까지 수행하며 원하는 선수를 영입할 수 있었다. 무리뉴는 "모든 클럽은 다르다. 하지만 내가 클럽을 대하는 정신과 방법은 언제나 같다. 무리뉴는 언제나 무리뉴일 것"이라는 말로 자신을 감독직에 앉힌 이상 자신의 방법론을 클럽에 적용시키기 위한 확실한 권한을 요구했다.

이후 회장의 개인 자문에서 스포츠 디렉터가 되었다가, 무리뉴와 함께 잠시 레알마드리드의 벤치에 앉기도 했던 지네딘 지단도 결국 절대적 권한에 대한 침해를 원치 않았던 무리뉴로 인해 유소년 파트로 자리를 옮겼다. 선수단 운영에 있어서 무리뉴는 자신이 배치한 코칭스태프의 의견에 대해선 적극적으로 수용했으나, 외부의 간섭에 있어선 철저하게 차단했다.

나의 권한을 보호받고 싶다면 상대의 권한도 인정하라

성공을 이룬 사람들을 만나다 보면 자신이 전지전능하다는 생각에 사로잡힌 유형의 사람들이 있다. 자신의 권한이 보호받길 바라면서 상대의 권한을 침해하려고 시도하는 이들이 있다. 잠깐의 경험을 가지고 "나도 해봤다"라고 섣불리 달려드는 이들이 있다. 이러한 경향은 스스로 경계해야 하는 일이다. 내 권한을 확실하게 요구하려면 나 스스로도 상하를 막론하고 상대의 결정과 판단을 존중해야 한다. 무리뉴는 인터밀란 감독 시절 최고의 기량을 뽐내던 아르헨티나 공격수 디에고 밀리토가 정작 국가 대표팀에서 벤치만 데우고 돌아오자 이렇게 말했다. "내 선수들이 국가대표로 뛸 때는 더 이상 내 선수들일 수 없다. 그래서 A매치에서 있었던 일에 대해 난 뭐라 할 자격이 없다. 그런 이유로 난 밀리토를 아르헨티나의 선발 명단에 반드시 넣어야 한다고는 말하지 않겠다."

위선과 싸우되 이기려 하지 않는 것

—

세상은 수많은 위선으로 뒤덮여 있다. 우리 역시 마찰 없는 사회생활을 위해 위선과 가식이라는 가면을 써야 하는 상황을 자주 맞이한다. 학연, 지연, 혈연으로 얽혀 있는 '연줄'의 고리는 비단 한국 사회만의 문제가 아니다. 인간이 존재하는 어디에서나 파벌이 형성된다. 모두가 공평하게 친할 수 없는 일이고, 완벽하게 공정하기 어렵다. 문제는 어느 정도의 선을 지키느냐다. 납득하기 어려운 선을 넘는 순간 감정이 폭발하고 전쟁이 시작된다.

성공적인 프로 선수 생활이라는 기반이 없었던 주제 무리뉴의 감독 경력은 온전히 자신의 실력을 통해 개척해 나가야 했던 정글이었다.

"난 어려운 일을 겪으리란 것을 알고 있다. 내가 정신적으로도 조금 달라졌기 때문에 일하기 어려운 환경에서도 굉장히 편하게 일하게 될 것이다. 그뿐만 아니라 내가 포르투갈의 '클랜'에 속하지 못한 인물이란 것도 자각하고 있다. 카드를 쥐고 경기를 만드는 이들, 내가 말하는 것이 무엇인지 알 것이다. 자연스럽게 이런 부분 때문에 난 조금 이방인이라고 느낀다. 게다가 난 성공적인 선수인 적이 없었기에 다른 이들처럼 보호받지 못할 것이다. 난 나를 지지해 줄 수 있는 선수로서의 성공이 없으니까."

그래서 무리뉴는 스포츠 세계가 최대한 공정한 잣대에서 이루어진다고 믿는 여론을 향해 자신이 처한 부당한 상황에 대해 폭로했다. 그가 유독 기자 회견장에서 불평, 불만을 토해내는 이유는 밀실에서 뒤처리를 할 수 있는 세력의 그러한 비양심적 행동을 꺼리는 성미 때문이다. 무엇보다 이러한 비양심과 위선의 세계에 발을 담그기 시작하면 결국 그 세계에 발목을 잡히게 된다. 털어서 먼지나는 사람은 강력한 발언권을 가질 수 없다. 켕기는 것이 있기 때문이다.

무리뉴에 반하는 세력의 편에 선 언론은 그의 말과 행동을 곡해하기도 했다. 그가 눈앞에서 놓친 수많은 중요한 경기에서 주심의 판정에 대한 논란이 일었을 때 처벌을 받은 것은 불만을 공개적으로 토해낸 무리뉴 자신이었다. 하지만 무리뉴는 저항을 멈추지 않았다.

"불평? 무엇이 불평인가? 그건 불평이 아니라 진실이다. 당신은 위선자인가? 당신들이 위선자가 되고 싶다면 그건 당신들의 문제다. 난 차라리 비겁한 사람들을 위한 샌드백이 되겠다. 그렇게 태어나고 자랐고, 그렇게 죽을 것이다. 고개를 빳빳이 들고. 난 진실을 말하는 것이 두렵지 않다."

2009/2010시즌은 무리뉴의 프로 경력에 대표적인 최고의 순간이다. 인터밀란 감독으로 세리에A 우승, 코파 이탈리아 우승, UEFA챔피언스리그 우승으로 이탈리아 축구 초유의 트레블을 달성했기 때문이다. 하지만 무리뉴는 그해 이탈리아축구협회로부터 세 차례나 중징계를 받았다. 모두 심판 판정에 대한 항의 때문이었다. 결코 적지 않은 출전 정지 징계와 벌금에도 무리뉴는 부당한 일을 겪을 때마다 온몸으로 저항했다.

2010년 2월 삼프도리아와의 경기에서 수비수 왈테르 사무엘과 이반 코르도바가 연달아 퇴장당하자 경기 도중에 입을 굳게 다물고 두 손을 엇갈려 수갑을 차는 제스처를 취하며 유럽 전역의 관심을 집중시켰다. 그는 2명의 열세에도 무승부를 거둔 뒤 "5명 정도 퇴장시켜야 우리를 지게 만들 수 있을 것"이라고 말한 뒤 3경기 출전 정지에 4만 유로의 벌금을 내야 했다.

하지만 두려워하지 않고 맞서는 것과 싸움에서 승리하는 것은 다른 문제다. 무리뉴는 "난 언제나 솔직하다. 난 늘 솔직하게 말한다. 정치적으로 올바르지 않고, 축구계 권력 구조가 듣고 싶어 하지 않는 이야기도 서슴지 않고 한다"라고 말하면서도 "난 이런 구조를 바꿀 수는 없다"라며 인정했다. 그는 레알마드리드에서 정치적 이유로 열 번째 챔피언스리그 우승이라는 궁극의 목표를 달성하지 못하고 물러서며 "위선과 싸우려고 생각했다면 잘한 생각이지만, 그 싸움에서 이기겠다고 생각한다면 착각이다"라고 말했다.

유년기의 무리뉴를 지켜본 무리뉴의 고모는 "그 아이는 작았지만 어떤 것도 겁내지 않았다"라고 회고한다. 하지만 한 개인이 거대한 사회 집단의 구조와 체계, 관행과 맞서 싸우는 것은 계란으로 바위를 치는 것과 같은 결과로 이어질 뿐이다. 거대한 강물에 작은 파문을 일으킬 수는 있지만, 곧 휩쓸려 사라지고 만다.

스페인 가수 페르난도 알파로는 무리뉴를 "축구계의 미셸 우엘벡Michel Houllebecq"이라고 비유했다. 프랑스 출신 작가 우엘벡은 늘 사회가 정면으로 바라보길 꺼리는 문제에 대해 거침없이 비판을 가하는 독설 소설가다. 그는 예술의 가치가 시장에서의 가격표로 평가되는 상황에 염증을 느껴 7년간 공백기를 갖기도 했으며, 병든 예술계를 집요하게 파고들어 꼬집는 데도 서슴지 않았다. 냉철한 비관주의자였지만 끝내 예술계를 떠나지는 않았다.

위선과 싸우되 위선의 세계를 영영 떠날 수 없는 것이 인간이다. 위선의 세계 안에서 자신의 영역을 만들고, 그 영역을 조금씩 확장해나가는 것만으로도 충분히 의미가 있다. 세상은 위선자를 존경하지 않고, 위선을 이기겠다고 달려드는 이는 지쳐 나가떨어진다. 누구나 정치적으로 행동할 필요가 있지만, 위선만은 피해야 한다.

· SPECIAL TIP ·

눈앞의 검은 유혹은 내 발목에 채우는 족쇄다

한번 금이 간 신뢰는 엎질러진 물처럼 다시 담을 수 없다. 업무적 실수로 내려간 평가는 노력을 통해 회복할 수 있지만 한번 잃은 도덕성을 되돌리는 것은 노력만으로 되지 않는 일이며, 최소한의 개선에 이르기까지도 많은 시간을 요한다. 믿어주는 리더를 만난다면 도덕성에 손상을 입은 경우에도 일자리를 얻을 수 있지만, 여러 사람의 믿음을 필수로 삼는 리더의 임무를 수행하기는 어렵다. 조직의 이익을 해치면서까지 정의의 투사가 될 필요는 없지만, 부정에 영합하는 모습을 취하면 오래가지 못한다. 영원한 거짓말은 없다. 눈앞의 검은 유혹으로 원칙을 놓치는 순간 누구도 그 리더를 믿고 따르지 않는다.

파워 게임

—

그라운드 위의 선수들은 골을 넣기 위해 그리고 막기 위해 열심히 뛰는 것만으로 본분을 다할 수 있지만 감독은 그렇지 않다. 회사로부터 충분한 지원을 이끌어내야 하며, 선수단을 하나로 뭉칠 수 있게 해야 하고, 상대팀, 리그연맹 및 축구협회 등 외부 세력과의 경쟁에서도 앞서나가야 한다. 이 모든 과정이 결국은 정치력이 작용하는 '파워 게임'이다. 이 모든 것이 균형을 이뤄야 목표점에 도달할 수 있다. 경중을 따지기 어렵지만 가장 중요한 것은 무엇보다 회사로부터의 믿음과 지원이다. 이 부분이 충족되지 않으면 기본적으로 나의 자리를 보전할 수 없기 때문이다. 무리뉴의 프로 경력은 언제나 파워 게임과 함께 이어져 왔다.

무리뉴가 맨 처음 감독직을 맡은 팀은 포르투갈의 벤피카다. 많은 이들이 크게 기억하지 못하는 시기다. 그의 재임 기간은 고작 서너 달에 불과했다. 그가 시즌 전반기를 마치고 지휘봉을 내려놓았던 이유는 성적 부진이 아니었다. 그 반대였다. 시즌 시작 한 달여 만에 감독을 경질하고 무리뉴를 부임시킬 정도로 악화된 팀을 무리뉴는 두 달 만에 정상화시켰다. 무리뉴는 원치 않는 선수 영입과 이사진의 약속 불이행이라는 이중고 속에도 승리하는 팀을 만들었다.

문제는 무리뉴를 선임한 아제베두 회장이 선거에서 패배하며 빌라리뉴라는 새로운 회장 체제가 들어섰다는 점이다. 스포르팅리스본과의 라이벌전 3-0 승리에도 빌라리뉴 회장과 이사진은 무리뉴 대신 자신들이 직접 고른 감독을 앉히고 싶어 했다. 사실 빌라리뉴 회장의 경우 무리뉴 감독이 이룬 성취를 인정하고 있었지만 투자자들과 이사진 세력 대다수가 초짜 감독 무리뉴의 강짜에 호의를 갖지 않고 있었다.

무리뉴는 1년 재계약에 봉급 동결을 제시했고, 받아들여지지 않을 경우 겨울 휴식기에 당장 팀을 떠나겠다고 협상 카드를 내밀었다. 빌라리뉴 회장에겐 받아들일 힘이 없었다. 그는 시즌이 끝날 때까지 남아달라고 요청했으나 무리뉴는 후임 감독을 위한 길을 닦는 일로 시간을 낭비하고 싶지 않았다.

벤피카 측은 무리뉴가 연봉 3배 인상을 요구해서 협상이 틀어졌다고 언론에 거짓 정보를 뿌렸다. 무리뉴는 분개했지만 미련 없이 벤피카를 떠났고, 이후에 성공 가도를 이어가며 실력으로 복수했다. 이후 벤피카가 다시 감독직을 제안했을 때 거절했다. 이 경우 무리뉴는 벤피카에서 쫓겨난 신세가 됐지만 파워 게임에서 패배자가 된 것은 아니다. 오히려 미련을 갖고 시간을 허비하다가 내쳐지는 것이 자신의 경력에 더 부정적 영향을 끼칠 수 있었다. 승산이 없는 게임에선 재빨리 자신에게 더 도움이 되는 판단을 내리는 것이 중요하다.

첼시에서도 그랬다. 2007년 9월 무리뉴가 첼시를 떠나기 수개월 전에 이미 이사진과 무리뉴 사이의 불화설이 새어 나왔다. 무리뉴를 충실히 따르는 공격수 디디에 드로그바가 프랑스 언론 '레키프'와의 인터뷰에서 "이사진이 더 이상 무리뉴를 지지하지 않고 있다"라고 폭탄 발언을 한 것이다. 첼시 측은 드로그바의 발언이 번역상의 오류였을 뿐이라고 해명했으나 2006/2007시즌 첼시는 리그 3연속 우승 도전에 실패했고, 얼마 지나지 않아 무리뉴도 떠났다. 타이틀을 빼앗아간 맨체스터유나이티드의 실력도 뛰어났지만 내부적으로 단합이 이루어지지 않았던 점이 무리뉴의 팀이 실패한 결정적 이유였다. 내부 파워 게임이 힘겨워지면 좋은 성과를 낼 수 없다. 이런 조직에서는 빨리 빠져나오는 것이 좋다. 인생은 짧고 갈 곳은 많다. 모든 싸움을 다 이기려고 들다간 상처만 더 많아진다.

레알마드리드는 아마도 무리뉴의 감독 인생에 가장 어려운 도전이었을 것이다. 시발점이 벤피카 데뷔 시기의 명성과 시행착오의 문제로 고전했던 것이라면, 레알마드리드에서는 이미 세계 최정상의 감독이라는 위치에서 맞은 첫 번째 고비였기 때문이다. 무리뉴는 취임 당시 "레알마드리드 감독이 되어 매우 행복하다. 내게 대단한 경험이다. 내 생각에 아마 축구 역사상 가장 거대한 클럽이라고 생각한다. 이런 곳에서 일할 기회를 놓칠 수 없었다"라며 가시덤불로 뛰어들길 자처한 이유를 밝혔다. 그를 오랫동안 지켜봐온 포르투갈 방송 기자 마누엘 페르난데스실바는 "무리뉴는 꾸준히 도전을 받아야 살 수 있고, 패하는 것을 견디지 못한다"라고 말했다. 무리뉴가 언제나 다른 이들이 달성하지 못한 성과를 내며 '특별해'질 수 있었던 이유다.

레알마드리드라는 공룡 같은 팀에서 성공하기 위해 무리뉴는 파워 게임에서 먼저 주도권을 잡기로 했다. 그는 선수단의 편의를 봐주는 인자한 감독이었지만 과도한 요구에는 반응하지 않았다. 2011년 8월 29일, 주장 카시야스가 무리뉴 감독에게 훈련 시간을 한 시즌 늦춰줄 수 있느냐고 물었다. 아이들을 학교에 데려다주고 싶은 학부모 선수들의 요청을 전달한 것이다. 무리뉴는 "자네 아이가 있는가"라고 물었고, 카시야스는 "아니다. 다른 선수들이 있다"라고 하자 "훈련 시간 상관할 것 없다. 아이가 있는 선수는 극히 소수다"라고 답했다. 일부의 편의를 봐주다가 팀 전체의 스케줄이 어그러지고, 더 많은 인원이 불편해질 수 있다. 특히 몇몇 고참 선수들의 사정을 봐주는 일은 어린 선수들에게 위화감으로 다가올 수 있다.

선수단과의 싸움은 작은 일에 불과했다. 무리뉴는 레알마드리드 부임 초기 호르헤 발다노 스포츠 디렉터와 알력 싸움을 벌이는 데 많은 힘을 뺐다. 무리뉴는 부당한 심판 판정에 맞서 싸워야 하는 것이 본인이 아닌 클럽이 해야 할 일이라고 생각했다. 그는 기자 회견장에서 때때로 직접 이 문제를 지적했다.

무리뉴는 2010/2011시즌 16라운드 세비야전을 마친 뒤 기자 회견장에 A4 용지 한 장을 들고 들어왔다. 그는 "마이크로소프트 워드로 작성한 완벽한 문서"라는 블랙 조크로 이야기를 시작하며 이날 경기에서 주심이 범한 13개의 심각한 오심 목록이라고 설명했다. 무리뉴는 극도의 분노를 표했다. 경기가 과열되며 선수들뿐 아니라 코치진 사이에도 주먹 다툼이 벌어졌고, 70대 노인인 레알마드리드 홈경기장 관리자까지 바닥에 나뒹구는 일이 벌어졌다.

하지만 무리뉴가 비난의 화살을 겨냥한 쪽은 심판진이 아니라 레알마드리드 이사진이었다.

"여기에 나와서 우리 팀을 편들어야 하는 처지가 지긋지긋하다. 지금까지 외부의 적과 싸워서 언제나 이겨왔다. 그러나 내부의 전쟁에서도 이길 수 있을지는 잘 모르겠다. 나는 보이지 않는 전쟁을 좋아하지 않는다. 내가 전쟁을 한다면 공개적으로 하겠다."

말하는 중간중간 분노를 절제하지 못하고 가벼운 욕지거리를 내뱉는 무리뉴의 모습에 취재진은 당혹감을 감추지 못했다. 무리뉴의 말 외에 기자 회견장에는 어떤 말소리도 들리지 않았다. 무리뉴의 기자회견은 인터뷰가 아니라 전쟁을 시작하는 장군의 선전포고와 같았다. 그 대상은 심지어 자신의 팀에 속한 이들이었다.

"우리에겐 클럽이 있고, 체계가 있다. 나는 우리 팀을 보호해 줄 사람이 필요하다. 넘버원과 이야기할 수 있는데 왜 다른 사람을 거쳐서 이야기해야 하는가?"

무리뉴의 '적'이 수면으로 드러나는 순간이었다. 무리뉴와 플로렌티노 페레스 회장 사이에 위치한 디렉터 발다노였다. 선수 영입에 강력한 권한을 가지고 있고, 선수단의 상황을 회장에게 보고하는 발다노. 그가 중간에서 일을 틀어지게 하고 있다는 게 무리뉴의 생각이었다.

무리뉴는 "레알마드리드는 거대하지만 그 규모에 맞는 구조를 갖추지 못하고 있다"고 말했다. 무리뉴는 선수와 클럽 사이의 계약 협상 문제가 언론에 새어나가고, 선수단과 감독이 원하는 선수를 데려오는 과정에 협의와 절충이 필요하며, 종국에는 감독이 모든 책임을 짊어지고 소모품처럼 버려져온 이유를 감독과 회장 사이에서 막강한 권력을 행사하는 스포츠 디렉터에서 찾았다.

무리뉴는 언론을 통해 만천하에 레알마드리드 팀 내의 치부와 잘못된 운영 방식이 주는 한계를 드러내며 승리자가 될 수 있었다. 비록 이러한 일련의 사건을 통해 레알마드리드 이사진의 지지를 얻는 데 실패해 계약 기간을 채우지 못하고 물러났지만, 3년이라는 시간 동안 스페인 내에서 차지할 수 있는 모든 우승 트로피를 가져올 수 있었던 데에는 파워 게임에서의 승리를 통한 클럽 운영 통제권 확보가 있었다.

09

영원한 승리자
: 실패와 싸워 이기다

Jose Says, 패배는 프로 인생의 일부다. 초인은 영화 속에만 존재한다.

모든 경기에서 다 이길 수는 없다. 승리를 위해 노력하는 것이 나쁜만은 아니다. 열심히 노력해도 더 많이 노력한 이들이 승리를 가져갈 수 있고, 행운이 따르지 않아 승리를 놓칠 수 있다. 절대평가가 아닌 상대평가로 이루어지는 사회생활, 프로의 세계에선 원하는 모든 것을 다 이룰 수 없다. 세상에 완벽함이란 존재하지 않는다.

철저한 준비와 노력으로 대표되는 리더 주제 무리뉴 역시 예외가 아니다. 다만 패배와 실패에 어떻게 대응하느냐가 그다음의 성공과 승리를 이어갈 수 있는 열쇠다.

2011/2012시즌, 무리뉴는 레알마드리드 감독으로 최고의 시즌을 보냈으나, UEFA챔피언스리그 준결승전에서 바이에른 뮌헨에 승부차기로 패하며 탈락한 뒤 "초인은 영화 속에나 존재하는 것"이라며 모든 것을 다 계획대로 성공할 수는 없다고 받아들였다. 2012/2013시즌을 마치고 레알마드리드를 떠나면서도 끝내 UEFA 챔피언스리그 우승에 실패한 것에 "패배는 프로 인생의 일부"라고 말했다.

넘어진 것보다 넘어졌을 때 다시 일어서는 것이 중요하다. 어떻게 얼어나야 관절에 무리 없이, 상처를 남기지 않고 벌떡 일어나 다시 더 높은 곳으로 올라갈 수 있는 동력이 되도록 할 수 있을까? 실패를 성공의 어머니로 만들기 위한 무리뉴의 방법론을 들어보자.

강박감을 버리고 꿈을 꾸다

—

2009/2010시즌 인터밀란을 이끌고 FC바르셀로나를 상대하던 당시 무리뉴 감독은 바르셀로나 전체의 분노를 산, 결정적인 한 마디로 심리전에서 우위를 점했다. 당시 대회 결승전이 레알마드리드의 홈경기장 산티아고베르나베우에서 열릴 예정이었고, 레알마드리드가 이 대회의 우승에 대해 집착하다 조기 탈락했다. 이후 FC바르셀로나는 라이벌의 안방에서 우승 파티를 열고 싶다는 열망에 사로잡혀 있었다. 무리뉴는 조별리그에서 FC바르셀로나를

상대로 한두 경기에서 모두 열세를 보였으나 준결승전에서는 반대의 상황이 연출될 것이라고 장담했다. FC바르셀로나의 동기가 불순하기 때문이라고 이유를 밝혔다.

"우리에겐 챔피언스리그 우승이라는 꿈이 있다. 하지만 바르셀로나는 챔피언스리그 우승에 대한 강박관념에 사로잡혀 있다. 이것은 큰 차이다. 꿈은 강박관념보다 순수하다. 바르셀로나는 지난해 로마로 향할 때 꿈을 지니고 있었다. 하지만 지금 베르나베우를 향한 바르셀로나의 마음은 강박관념이다. FC바르셀로나에서 일하던 시절 1997년에 베티스를 상대로 베르나베우에서 코파델레이 결승전을 치렀다. 우승을 이루자 마치 월드컵 우승을 한 것 같은 분위기였다. 경기장에 바르사의 응원가가 울렸고 모두 엄청나게 즐거워하는 모습이 참 인상적이었다. 그래서 바르사의 마음을 이해할 수 있다. 팬들과 클럽은 베르나베우에 카탈루냐기를 세우고 싶어 한다. 그들에게 결승 진출 열망에는 안티 마드리드 주의가 녹아 있다."

국제올림픽위원회와 국제축구연맹 모두 스포츠에 정치가 끼어드는 것을 극도로 제한한다. 물론 정치적으로 얽힌 국제 관계가 스포츠 경기에서 승리에 대한 카타르시스를 배가시켜주지만, 스포츠의 본질보다 정치적 설욕이 우선시된다면 내용이 추해진다. 우정과 존중이 사라진다. 경기 자체에 집중하지 못하게 되면 무리한 플레이와 실수가 유발된다. 무리뉴는 그 점을 지적한 것이다. "목표는 꼭 해야 한다, 하지 못하면 실패다"라는 강박관념이 아니다. "이룬다면 대단한 일이다"라는 꿈이 되어야 빛날 수 있다. 숙제를 해

치우는 것이 아니라 자발적으로 가입한 방과 후 활동에 임하는 마음가짐이어야 한다. 결국 무리뉴의 말대로 FC바르셀로나는 베르나베우에 가지 못했다.

2006년 4월 프리미어리그 선두 경쟁이 막판으로 치달았을 때, 2연속 우승을 눈앞에 둔 1위 팀 첼시의 무리뉴 감독에게 영국 언론은 타이틀 방어에 대한 '압박감'에 대해 물었다. 그러자 그는 "압박감은 1등에게 오는 것이 아니다. 2등이나 3등에게 오는 것"이라고 웃으며 받았다. 이어 1등의 자리에 있어도 축구 경기에 압박감을 느끼지 않는다고 부연했다.

"축구는 삶과 비교될 수 없다. 내겐 지난 며칠간 가장 압박감을 느낀 것은 조류 독감에 대한 문제다. 난 마스크를 사러 갈 것이다!"

무리뉴에게 우승은 강박관념이 아니라 꿈이었기 때문에 패배를 받아들이는 데에도 유연했다. 2011/2012시즌 UEFA챔피언스리그 대회는 비록 눈앞에서 우승을 놓쳤지만 무리뉴의 레알마드리드 경력 중 가장 빛났던 시간이다. 승부차기라는 운명의 대결에서 미끄러진 뒤 무리뉴는 팀을 향한 비판에 이렇게 대응했다.

"이 수준에 있는 최고의 선수들도 사람들에게 비판을 받는다. 왜 놓쳤느냐고 이유를 묻는다. 하지만 이들은 2층에 살면서 에스컬레이터를 이용하는 이들이다. 그러면서 왜 엘리베이터가 없느냐고 불평하는 이들이다. 우리 선수들은 엄청난 압박 속에 동물처럼 뛰어다녔다. 두 팀은 모두 5개의 페널티킥을 넣지 못했다. 페널티킥은 시도한 사람만이 실축도 할 수 있는 것이다. 나 또한 킥을 차지 않았기 때문에 실축하지 않았을 뿐이다. 실패한 선수들은 모두 용감했다. 팀을 위해 최선을 다한 이타적인 이들이다. 난 이 선수들이 아주 자랑스럽다."

무리뉴는 패배한 순간에도 선수들을 위로하고 더 큰 동기부여를 안기는 데 천재적이다. 그의 말을 들은 선수들은 패배가 가져온 상실감과 공허를 극복하고 다시 승리하는 팀으로 거듭날 수 있었다.

"나를 위해서가 아니라 우리 선수들 때문에 슬프다. 우리 선수들이 엄청난 압박감을 느꼈다는 사실에 압박감을 느낀다. 리그 우승만 이뤄도 좋은 시즌이 될 것이다. 선수들은 그동안 잘 훈련해왔다. 두 시즌 연속 4강에 오른 것도 나쁘지 않은 결과다. 하지만 우리는 그 이상을 원한다. 다음 시즌에 우리는 또다시 이 자리에 있을 것이고 챔피언스리그 우승을 위해 싸울 것이다."

무리뉴가 레알마드리드 선수들에게 했던 말은 "시련이 더욱 큰 성장을 부른다"라는 것이었다. 2011/2012시즌 라리가 우승에 성공한 뒤 성대한 우승 퍼레이드를 벌인 레알마드리드는 이어 2012년 여름 FC바르셀로나와의 수페르코파 데 에스파냐 대회까지 우승하며 UEFA챔피언스리그 탈락의 아픔이 지속적인 상처가 되지 않았음을 보여주었다.

"내가 롭슨에게 배운 가장 중요한 것은 승리의 순간에 최고라는 자만에 빠져선 안 되며, 패배의 순간에는 형편없는 쓰레기라고 자책할 필요도 없다는 것이다. 나의 팀은 패배를 두려워하지 않는다. 패배를 걱정하지 않는 팀이 더 많이 승리하고 그렇지 못한 팀보다 더 좋은 축구를 한다."

패배에 대한 무리뉴의 지론이다.

무리뉴는 인터밀란에서 트레블을 달성한 감독이 됐지만, 사실 FC포르투 시절 2003/2004시즌에 먼저 위대한 위업에 도달할 수 있었다. 그해 포르투는 포르투갈리그와 UEFA챔피언스리그에서 우승했고, 포르투갈컵에서는 결승전에서 아쉽게 패했다. 벤피카에게 승리했다면 트레블이었다. 포르투갈컵 결승전은 챔피언스리그 결승전보다 먼저 있는 일정이었다. 무리뉴는 이 패배가 선수단의 사기에 악영향을 미치지 않길 바랐다. 그는 "챔피언스리그 결승전과 비교하면 아무것도 아닌 대회. 대부분의 사람들에게 챔피언스리그 우승은 일생에 한 번도 일어나기 어려운 일이다. 포르투갈컵 우승은 여러 번 할 수 있다"라고 말한 뒤 선수단에 이틀간의 휴가를 줬다. 중대한 경기를 앞두고 벌어진 파격적인 일이었다. 이틀 동안 선수들은 망가지지 않았고, 온전히 휴식을 취하고 돌아왔다.

AS모나코를 상대로 한 챔피언스리그 결승전의 승리는 FC포르투의 몫이었다. 이른 나이에 위대한 성취를 이룬 무리뉴에게 챔피언스리그 우승은 언제나 최대치의 목표였다. 축구계에서 가장 궁극적인 트로피이며, 그 트로피를 들어 올리는 것이 팬들을 가장 행복하게 하는 일이기 때문이다.

"난 좋은 일을 하고 싶다. 사람들을 행복하게 하는 일을 하는 사람이고 싶다. 경력이 끝나기 전에 최소한 한 번은 더 챔피언스리그 우승을 해내고 싶다. 하지만 무조건 그 일을 해내야 한다는 강박관념에 시달리지는 않는다."

행복을 위해 행하는 일에 부담감이나 강박감이 따를 수 없다. 그는 인터밀란에서 기어코 한 번 더 해냈고, 레알마드리드에서는 해내지 못했지만 자존감에 상처를 입지 않았다. 패배를 인정하고 실패를 받아들이는 법을 알았기 때문이다.

야유를 즐겨라

누군가가 나를 싫어한다는 것을 아는 일은 괴로운 일이다. 대중에 노출된 일을 하는 이들에겐 '악플'이라는 정신적 고통이 뒤따른다. 스포츠 세계에선 수만 관중의 야유를 받고, 인격 모독적인 욕설을 감내해야 하는 일도 많다. 겪어본 이들 대부분 아무리 오랜 시간이 지나도 익숙해지지 않는 일이라고 고통을 토로한다. 무리뉴 역시 엄청난 야유 속에 감독 경력을 보내왔다. 하지만 무리뉴는 야유조차 동기부여로 이어가는 강인한 정신력을 갖췄다. 무리뉴는 "난 일류 선수였던 적이 없었다. 예를 들면 피구가 레알마드리드 선수가 되어 바르셀로나로 갔을 때 느낀 감정 같은 것을 느껴보지 못했다. 그래서 난 8만여 명의 사람들이 내게 야유를 보내는 것에 대해 잘 몰랐다. 그런 야유를 듣고 나니 난 내가 세상에서 가장 중요한 사람인 것처럼 느꼈다"라고 말하며 야유가 자신의 존재감을 드러내는 현상이라고 여겼다. 인터밀란에서도 상대팀 및 언론, 상대 관중과 마찰을 빚을 때마다 흔들리지 않았다. 무리뉴는 이탈리아에 거주하면서 좋아하는 일들이 많았지만 괴로운 일도 많았다. 그러나 그 괴로운 일조차 동기부여가 된다며 반겼다. 무리뉴는 "적을 갖는 것이 좋다"라고 말했다. 적이 있다면 일이 더 어려워지지만, 시즌을 시작할 때 동기부여는 더 크게 되기 때문이다. 영국의 역사가 토마스 풀러는 "적이 없다는 것은 잊힐 것이라는 신호다"라고 말하기도 했다.

패배 후엔 진심 어린 축하를

—

패배를 멋지게 받아들이기 위해 중요한 또 하나의 방법은 바로 승리한 상대팀에게 진심을 담은 축하를 보내는 것이다. 무리뉴가 치열한 경쟁의 세계에서 많은 적을 만들었지만, 그만큼 많은 지지자 또한 확보할 수 있었던 이유는 여기에 있다. 그는 특히 한 수 아래의 팀, 하부리그 팀과의 경기에서 고전한 뒤 더욱더 상대의 성과를 칭찬했다.

대개 이런 결과가 나오면 비난과 지탄의 대상이 되지만, 상대의 노력을 칭찬함으로써 우리의 잘못이 아니라 상대가 잘한 점이 부각되게 한 것이다. 치욕, 수모라는 표현보다 기적이라는 표현이 전해지고 패배 뒤의 불평보다 상대를 향한 칭찬으로 아름다운 풍경이 연출되는 것이 패배를 포장하는 훨씬 좋은 방법이다. 내가 잘못한 것이 아니라 상대가 잘한 것이다.

무리뉴는 심지어 2011년 4월 여러 팀을 거치며 무려 9년 동안 이어온 리그 홈경기 150연속 불패의 기록이 산티아고베르나베우에서 열린 스포르팅히혼전으로 인해 깨진 뒤에도 상대팀에 대한 최고의 축하를 보내는 데 주저하지 않았다. 4월 2일 스페인 라리가 30라운드 경기에서 0-1로 패하며 홈 14연승 기록이 무너지며 1위 FC바르셀로나의 추격 가능성이 사라진 상황이었다. 사비 알론소가 징계, 호날두가 부상, 페페가 휴식, 마르셀루, 카카, 벤제마가 뛸 수 없는 상황에 벌어졌다. 짜증이 날 수도 있는 상황이었지만 무리뉴는 스포르팅히혼의 라커룸을 방문해 상대팀 감독 마놀로 프레시아도 ^{Manolo Preciado}와 히혼 선수들을 격려하고 축하하며 모든 이들과 악수를 나눴다.

지금은 고인이 된 프레시아도 감독 역시 스페인에서 만만치 않은 독설가로 명성이 높았고, 경기를 앞두고 무리뉴의 이전 언행에 맹비난을 쏟아왔는데, 이 일을 겪은 뒤 "무리뉴가 보인 행동에 고맙다. 그는 우리 라커룸으로 찾아와 축하해 줬고 온 마음으로 축하하더라. 무리뉴와 아무 문제가 없다. 그에게 행운이 따르길 빈다"라며 오해를 풀고 친밀한 관계가 됐다. 무리뉴는 패배 후 회견에서 "스포르팅은 좋은 팀이다. 경기란 이길 수도 질 수도 있는 것이고, 오히려 이 경기를 통해 정신력 강화라는 소득을 얻을 수 있었다"라고 말했다.

무리뉴에겐 강렬한 패배의 기억이 두 번 더 있다. 2007년 5월 6일 첼시는 프리미어리그 우승을 위해 중대한 시점에 있었다. 아스널 원정에서 승리하면 우승할 수 있지만 비기거나 지면 맨유에 우승을 내주는 상황이었다. 아스널이 먼저 전반 43분 지우베르투 시우바의 골로 앞서갔다. 첼시는 70분에 에시엔의 골로 비겼으나 충분하지 않았다. 퍼거슨이 프리미어리그를 차지했다. 무리뉴는 경기가 끝나고 패배를 받아들이며 상대를 존중했다. 그는 상대 골키퍼 레만에게 다가가 악수를 청한 뒤 축하했다. 그리고 계속 걸었다. 턱 밑에 손을 대고 고개를 들어 세웠다. 첼시 선수들과 팬들에게 고개를 들라는 의미였다. 졌지만 위엄을 지켰다. 이어 5월 19일에 맨유와 새 웸블리 경기장에서 FA컵 결승전을 치렀다. 이 경기에서 116분에 터진 드로그바의 골로 우승을 차지했다. 경기가 끝나고 첼시 선수들이 스스로 무리뉴의 고개를 위로 들라는 지시를 웃으면서 행동으로 옮겼다.

무리뉴는 바이에른뮌헨에게 승부차기 끝에 패배한 2011/2012시즌 UEFA챔피언스리그 준결승전이 끝난 뒤 바이에른의 드레싱룸에 찾아가 선수단 전체에 정중한 인사와 더불어 축하 인사를 전해 유프 하인케스 감독으로부터 "품격 있는 사람"이라는 찬사를 들었다. 첼시 감독 시절에도 하부리그 팀을 상대로 고전한 경기 뒤에 아마추어 신분인 상대 선수들을 찾아가 악수와 포옹으로 격려하며 축하했다.

무리뉴는 영국 시인 루디야드 키플링Rudyard Kipling의 시구절 하나를 인용하며 이렇게 말했다.

"졌다고 슬퍼하지 말라. 다른 쪽 라커룸에는 덕분에 아주 행복한 사람들이 있다."

물론 그는 특유의 위트로 다음과 같은 말을 덧붙였다.

"하지만 그렇게 생각하면 너무 많이 질 것 같다!"

레알마드리드 감독 부임 후 첫 번째 엘클라시코는 무리뉴의 감독 경력에서 유일한 참패였다. 2010년 11월 19일 바르셀로나를 상대로 0-5로 진 뒤 무리뉴는 차분하게 말했다.

"내 경력에 최악의 패배다. 0-5로 져본 적이 없다. 하지만 받아들이기 쉬운 패배다. 이길 가능성이 없는 경기였기 때문이다. 이런 패배는 쓴맛을 남기지 않는다. 왜냐하면 질만해서 졌기 때문이다. 패배일 뿐 굴욕은 아니다. 경기에 대한 평가는 아주 쉽다. 한 팀은 잠재력을 최고로 끌어냈고, 한 팀은 아주 나쁜 경기를 했다. 승리도 패배도 합당했다. 바르셀로나는 완성된 팀이다. 마드리드는 아직 갈 길이 멀다. 선수들에게 울지 말라고 했다. 눈물은 승리했을 때 흘리는 것이다."

물론 무리뉴 역시 참패에 기분이 상하지 않을 수는 없었다. 그러나 그는 복수심에 사로잡혀 이성을 잃지 않았다. 그는 측근들에게 "복수는 차가운 접시에 식혀서 먹어야 참 맛을 느낄 수 있다"라고 말했다. 이 말은 18세기 프랑스 소설 《위험한 관계》에서 처음 등장한 명언이다. '킬빌' 등 복수극에 자주 등장하는 클리셰와 같은 표현이다. 냉철하게 마음을 가라앉히고 치밀하게 준비한 뒤 복수를 이뤄야 제대로 음미할 수 있다는 뜻이다.

이후 무리뉴의 팀은 2011년 4월 21일 코파델레이 결승전에서 승리로 설욕했다. 18년 만의 우승이었다. 무리뉴의 소감은 설욕과 극복에 대한 찬사였다.

"난 언제나 내 선수들과 함께했다. 6개월 동안 그들과 함께 열심히 훈련했다. 역사적인 0-5 패배에 이 승리를 바친다. 6개월 동안 우리가 보여준 경기력과 헌신, 희생, 대단한 결과다. 감독으로서 선수들이 아주 자랑스럽다."

무리뉴는 패배를 극도로 싫어했지만 겁내지는 않았다. 리그 선두 경쟁에서 앞서면서도 FC바르셀로나에 패했던 2011/2012시즌 경기에서 "우리가 이제 해야 할 일은 다음 15경기에서 승리하는 것이다. 우리는 한차례 전투에 패했을 뿐 전쟁에서 진 것은 아니다"라고 말하며 평정심을 유지했다.

2012년 1월 코파델레이 8강전에서 FC바르셀로나를 다시 만났을 때 언론이 가한 압박에도 태연하게 대처했다. 한 스페인 기자는 무리뉴에게 "잃을 것이 많은 경기라고 생각하나?"라고 물었고, 무리뉴는 앉아 있던 자리를 박차고 일어나 명료한 대답을 남긴 뒤 떠났다.

"당신은 어떻게 생각하나? 내가 아무것도 잃지 않기 위해 얼마나 더 많은 트로피를 들어야 하나? 매 경기가 내겐 개인적인 만족감을 주고 기쁨을 준다."

· SPECIAL TIP ·

패배가 이슈가 되는 것은 그 자체로 영광이다

패배와 실패가 이슈가 되는 것은 역설적으로 나와 우리 팀의 가치를 대변하는 것이다. 무리뉴는 첼시 시절 2005/2006시즌 초반 무패 행진을 마감한 뒤 "모두가 첼시가 이기지 못하길 기다리고 있는 것 같다. 우리가 지면 국경일로 지정하기라도 할 기세다. 그렇게 되면 우리도 환영할 일"이라고 말했다. 부끄러운 패배는 없다. 그 반대다. 오히려 패배가 집중 조명되는 것은 우리 팀이 최고라는 것을 보여주는 것이기 때문이다. 무리뉴는 패배가 이슈가 되는 팀은 이미 승리자의 면모를 갖춘 것이라는 해석으로 돌리며 팀이 패배감에 짓눌리지 않도록 했다. 경기에 진다는 것은 세상이 끝났다는 것이 아니다. 계속된 패배는 없다. 곧 다시 승리할 순간이 온다. 무리뉴는 패배가 곧 '새로운 승리의 시대가 열린다'는 의미라고 해석했다. 실패와 패배를 겪은 이들에게 전하는 최고의 메시지다. 연패의 늪에 빠지지 않을 수 있는 이유는 패배를 병가의 상사로 받아들이는 마음가짐이다.

내가 일할 곳은 나를 가장 원하는 곳

—

사회생활의 성공을 위한 격언 중에 "나를 좋아하는 열 사람을 만들기 위해 노력하는 것보다 나를 싫어하는 한 사람이 생기지 않도록 노력하라"라는 말이 있다. 인간은 좋아하는 것보다 싫어하는 것에 더 격한 반응을 보이기 마련이다. 하지만 무리뉴는 언제나 수많은 적을 만들며 성공 시대를 열어갔다. 그만큼 주위에 불안요소와 위험요소, 폭탄이 많이 있었다. 무리뉴의 방법론은 일반론과 달랐다. 증오가 강렬하지만 그만큼 강력한 사랑을 얻음으로써 자신의 보호막을 만들었다.

단순히 무리뉴를 좋아하는 이들이라면 그를 증오하는 사람들과 맞서는 데 그리 적극적인 모습을 보이지 않지만, 무리뉴는 자신을 사랑하는 이들의 세력을 만들어 그들과 맞서 싸우게 만들었다. 무리뉴가 록스타, 멋진 큰형과 같은 리더십으로 인기를 높인 효과다. 적도 없고 팬도 없는 애매한 입지로는 최정상에 오를 수 없다. 적이 생긴다면 그 적을 이길 수 있을 만큼 강력한 세력을 만들면 된다. 무리뉴는 자신에게 남아달라고 외치던 UD라이리아를 떠난 뒤 FC포르투 감독이 되어 격돌하게 됐을 때, 한때는 자신을 열렬히 지지했던 이들의 야유를 받았다. 그는 이렇게 받아들였다.

"선수들이나 이사진과 관계에는 아무런 문제가 없었다. 모두 나를 환영해 주었다. 팬들은 내가 시즌이 끝날 때까지 남겠다고 했던 약속만 기억한 모양이다. 난 라이리아에 엄청난 돈을 벌어주고 떠났다. 야유 소리는 그들이 나를 그전까지 얼마나 사랑했는지를 증

명해 주는 모습이다. 나를 좋아하지 않았다면 그냥 무시했을 것이
다."

무리뉴는 몸담는 곳마다 엄청난 사랑을 받았다. 그를 경험해본
많은 이들이 떠난 그를 다시 얻길 바란다. 무리뉴가 레알마드리드
에서 떠날 것이라는 소문이 돌자 그와 함께 큰 성과를 이뤘던 인터
밀란과 첼시가 적극적으로 재영입에 달려들었다. 회장, 이사진, 선
수, 팬 모두 그가 돌아오기를 바랐다. 거쳐간 곳마다 욕을 먹고 나
온다면 시간이 갈수록 갈 수 있는 곳이 없어진다. 무리뉴는 그 반
대다. 언제나 선택지를 넓히는 행보를 보였다.

포르투갈의 포르투, 잉글랜드의 첼시, 이탈리아의 인터밀란, 스
페인의 레알마드리드를 거치며 자신이 꿈꿨던 유럽축구리그 그랜
드슬램을 달성한 무리뉴는 자신의 일에 찬사를 보내는 나라와 사
람들을 훨씬 더 많이 늘렸다. 이제 그는 자신이 달성해야 할 목표
가 아니라 자신을 가장 원하는 사람들과 함께 일하기로 결정했다.
반백년을 산 무리뉴는 이제 도전만큼이나 안정이라는 가치에 눈을
두기 시작했다.

"사람들은 자신이 알고 있는 것만 그리워한다는 말을 한 적이 있
다. 에어컨이 있던 차를 몰던 사람이 에어컨이 없는 차를 사면, 어
쩔 수 없이 에어컨 생각이 날 것이다. 반대로 평생 에어컨이 없는
차를 몰았다면, 여름에 운전을 하면서도 에어컨 생각을 하지 않을
것이다. 그러니 익숙했던 무언가가 사라졌다고 하면, 무척 힘들 거
라는 생각이 든다."

무리뉴가 자신을 그리워하는 팀을 향해 했던 말이다. 그 자신도

계속된 도전과 응전이라는 피로감 속에 자신이 있어야 할 곳을 찾았다.

"이제 나는 '스페셜 원'이 아니라 '해피 원'이다. 첼시로 돌아오기로 한 것은 쉬운 결정이었다. 서로가 서로를 원하다 보니 5분 동안의 대화로 결정했다. 보통은 클럽을 맡고 나서 몇 년이 지나야 사랑하게 된다. 이미 사랑하고 있는, 모든 것을 줬던 클럽에 돌아오게 된 것은 내게 있어서 처음 있는 일이다. 난 이 클럽에 오랜 시간을 머물 수 있는 준비가 됐다. 내가 첼시에서 사랑을 받고 있다는 것을 알고 있다. 이곳에서는 최선을 다한 사람에게 충성심을 주는 문화가 있다. 그리고 이 문화가 첼시를 특별한 클럽으로 만들고 있다. 인터밀란과 레알마드리드에서의 경험도 소중했지만, 감독으로서 나의 안정성, 한 인간으로의 안정감, 항상 나를 놀라울 정도로 지지해 주는 가족 같은 이들과 함께 내 경력 최고의 순간에 나의 클럽, 나의 첼시로 왔다. 그냥 행복한 것이 아니라 아주 행복하다."

최고의 자리에 오르기 위한 포트폴리오를 완성했다면, 생계에 문제가 없을 만큼 안정된 재정적 기반을 구축했다면, 그다음에 가야 할 곳은 내가 심리적으로 가장 편안하게 일할 수 있는 곳이다. 언제나 극한의 스트레스 속에서 살아갈 수는 없다. 무리뉴가 매번 2~3년의 짧은 시간만 보내고 팀을 옮겨왔던 것은 그래서다.

"선수들은 휴식이 필요하지만 나는 아니다. 선수들이 피곤해 보일 때 나는 승리가 기적을 낳는다고 말해준다. 계속해서 경기를 이겨나가면 피로를 느낄 수 없다."

계속 승리가 이어진다는 것은 무리뉴가 원하는 이상적인 구조가 구축됐다는 이야기다. 가장 중요한 것은 유명 팀, 돈을 많이 주는 팀이 아니라 나를 가장 사랑하는 팀이다. 인생에서 궁극적으로 중요한 것은 결국 행복감이다. 돈은 그 행복감 안에 매우 중요한 역할을 담당하지만 언제나 2순위로 둬야 한다.

4.

전쟁의 결과를
지배하는 비결

: 무리뉴의 전술 노트

10

무리뉴 노트에서 발견한
11가지 승리의 기술

Jose Says, 축구에 행운의 골이란 없다. 경기장 안의 모든 골은
전술적 움직임에 의해 만들어지고, 행운이란 것 역시 이런 노력
을 통해 나타나는 것이다.

지금까지 무리뉴가 리더로서 보인 일반적인 방법론에 대해 설명
했다. 축구 지도자를 꿈꾸는 이들에겐 축구 감독으로서 무리뉴가
보인 보다 구체적인 전술과 훈련법 그리고 축구철학에 대한 궁금
증이 해소되지 않았을 것이다. 이번 장에서는 무리뉴가 축구 지도
자로서 이룬 성취의 비결을 소개하고자 한다.
 무리뉴 역시 인간이 컨트롤할 수 없는 '운'이라는 요소가 성공
의 마지막 부분에 적지 않은 영향을 미친다고 인정했다. 하지만 그

'운'에 기대려면 그 위치에 다가설 수 있도록 노력해야 한다. 그는 "축구에서 때로는 운이 좋아 이길 때도 있다. 혹은 경기 도중, 공을 어느 쪽으로 찰지 결정하는 그 순간에 승부가 결정되기도 한다. 하지만 가끔은 최고의 팀이기 때문에 승리하기도 한다. 처음부터 끝까지 최고의 경기력을 선보인 팀이 이겼다면 그 경기는 완벽했다고 평가해야 한다. 그리고 바로 그 팀이 나의 팀이었으며 내 선수들이었다"라고 말했다.

무리뉴의 축구는 분명 다른 명장들과는 차이가 있다. 대표적인 공격 축구의 전술가 요한 크루이프와 아르센 벵거, 주제프 과르디올라가 자신들의 축구 스타일을 구축하는 것에 집중하는 것과 달리 상대가 마음대로 경기를 하지 못하게 하면서 자신의 팀 방식으로 경기를 이끌고 간다. 이런 방식을 소화하기 위해서는 자료를 수집하고 믿음직한 스카우트에게 상대팀을 관찰시켜야 한다. 비디오 분석도 엄청나게 많은 데이터를 통해 치밀하게 준비한다.

수동적일 수 있는 준비 자세가 무리뉴의 축구가 열세에 있다는 평가로 이어지는 것은 아니다. 그는 새로운 전술을 창조하진 않았지만 그 누구보다 기존의 전술 체계를 발전시킨 인물로 꼽힌다. 그 누구보다 많은 승리와 우승을 챙긴 감독이라는 점이 이를 뒷받침한다.

무리뉴의 철학을 지탱하는 것들은 대부분 상식적인 부분이다. 무리뉴의 철학을 살펴보면 단순한 점이 많다. 무리뉴는 자신의 수비수들에게 상대 공격수들과 일대일 헤딩 경합을 할 수 있을 만큼 키가 크다는 점을 주지시킨다고 한다. 그의 방식은 늘 가장 중요한 기본적인 부분을 아주 확실하게 인식시키고 작동하도록 하는 데 있다. 무리뉴는 자신의 팀이 수비적이고 수동적이라는 의견 역시 반박한다.

"내가 아는 한 공격적인 팀이라든가 수비적인 팀이라는 것은 없다. 다만 공수 조절이 잘되어 있는 팀이 있고, 안 된 팀이 있다. 공격 일변도 팀들은 많은 수의 경기에서 승리하지 못한다. 그들은 골을 넣지만, 이내 실점하고 공수균형이 심각하게 무너진다. 물론 이는 좋지 않다. 반대로 수비적인 팀들은 실점을 잘 하지 않지만 골을 넣지 못하고 또 실점했을 때 골을 넣을 능력이 없다."

"언론과 팬들 모두 바보처럼 멋진 축구를 하는 공격적인 팀들에 대해 말하곤 한다. 그러곤 수비적인 팀들은 모두 별것 아닌 것처럼 말한다. 하지만 그런 것에 집중하기보단 균형 있는 팀과 균형 잡히지 않은 팀에 대해 말해야 한다. 포지션적으로 균형이 잡혀 있는지, 그리고 기능적으로 균형이 잡힌 팀인지에 대해 말해야 한다."

그러면 무리뉴는 어떻게 축구 팀의 균형을 만들었을까? 11가지 개별 단계를 통해 무리뉴의 팀 빌딩 비결을 알아보자.

무리뉴식 훈련법

—

무리뉴는 벤피카를 맡아 처음 감독직에 부임한 뒤 가진 훈련 첫 날에 소집 시간보다 두 시간 먼저 훈련장에 도착했다. 꿈에 그리던 감독이 됐다는 점에 대한 흥분 때문이 아니라 점검해야 할 일이 많았기 때문이다. 그는 그날 이후로 지금까지 언제나 최소한 훈련 시간 한 시간 전에 도착한다. 그는 살면서 어떤 일정이든 늦어본 적이 없다. 늦지 않아야 한다는 단순한 강박 때문이 아니라 정해진 시간에 와서 준비하기엔 해야 할 일이 많기 때문이다. 미리 이야기를 나눠야 할 사람들이 많고 잔디의 길이를 살펴야 하며 잔디에 물을 뿌려야 할지 말지 같은 부분도 직접 점검한다. 공, 콘, 이동식 골문 등 훈련에 필요한 장비들 역시 요청해야 한다. 피치에 설 팀의 레이아웃도 스케치한다. 의료진을 만나 선수들의 피지컬 컨디션도 체크한다. 누가 훈련할 수 있고, 누가 할 수 없는 컨디션인지, 누구에게 제한된 몇몇 훈련만 시켜야 하는지, 그래서 어떤 훈련을 시켜야 하는지 등을 준비한다. 그는 스포츠 신문도 전부 체크한다. 훈련을 시작하기 전에 해야 할 일이 늘 많기 때문에 훈련 시간보다 무조건 빨리 나올 수밖에 없다. 그 누구보다 먼저 나오게 된다.

무리뉴는 어느 팀을 맡든지 공과 함께하는 훈련만 실시한다는 자신의 방법론을 관철시켰다. '전임자가 어떤 훈련을 해왔고, 이 훈련 방식에 적응하지 못하는 선수가 있지 않을까' 등의 고려는 전혀 하지 않았다. 무리뉴의 팀에 별도의 체력 훈련은 없다.

"완벽한 방법은 없다. 그저 내가 믿고 그렇게 해야 한다고 생각하는 방식이다."

무리뉴는 언제나 공을 사용하고 체력 훈련을 따로 실시하지 않는다. 오랜 시간 동안 다른 방식으로 훈련을 해온 선수들이라도, 두세 달이 지난 후에 이런 훈련 방식에 적응하지 못하는 경우는 없었다. 실내 훈련이나 웨이트 훈련을 분리해서 진행하는 게 일반적인 이탈리아에서도 마찬가지였다. 꼭 이런 훈련을 해야 한다거나, 특정한 양을 소화해야 한다는 규칙은 없다. 언제나 집중력을 발휘하며 훈련을 하는 것뿐이다. 이제 선수들도 포괄적이 되었으니, 훈련 역시 분리된 방식이 아니라 포괄적이 되어야 한다고 믿었기 때문이다.

모든 훈련을 공과 함께 진행하는 것은 FC바르셀로나의 전통적 모델이다. 바르셀로나는 공을 가지고 기술적, 전술적인 훈련을 하는 문화를 갖고 있다. 무리뉴 역시 여기에서 영향을 받았음을 부인하지 않는다. 하지만 세세한 훈련 내용은 자신만의 방식으로 진화시켰다. 무리뉴는 감독 생활을 시작했을 때 전통적인 방식의 피트니스 코치가 아니었던 후이 파리아를 만났고, 이런 생각을 공유하게 되었다. 무리뉴는 공과 함께 훈련하고 플레이하는 것을 좋아했고, 그런 점에 대한 집착이 이런 발상을 발전시키는 계기가 됐다.

파울루 수자는 이러한 훈련이 공 소유권을 높이는 데 큰 도움이 된다고 설명한다.

"무리뉴의 훈련 방식은 굉장히 특별하다. 모든 훈련을 공으로 한다. 만약 선수들이 공을 잘 다루지 못한다면 점유율을 안정적으로 가져가기 어렵기 때문이다."

무리뉴의 훈련은 90분간 이루어진다. 체육관에서 헬스를 한다거나 공 없이 뛰는 일은 '진부한 일'로 치부된다. 대다수 감독들은 훈련 과정을 나눈다. 체력적인 부분, 정신적인 부분, 기술적인 부분 그리고 전술적 부분이다. 그러나 무리뉴는 그렇지 않다.

"난 축구 훈련을 하나로 합치는 것이 좋다고 주장한다. 굳이 제각각 요소들을 나눌 필요가 없다."

무리뉴는 이러한 작업을 운용주의라고 설명했다.

공을 가지고 하는 훈련만 진행하기 때문에 느슨할 틈이 없다. 무리뉴는 정해진 시간만 훈련한다. 훈련 시간을 연장하지도 줄이지도 않는다. 양보다 질을 우선시한다. 그렇기 때문에 훈련 중에 집중력이 떨어지는 것을 용납하지 않는다. 공간, 시간, 선수 숫자, 규칙을 철저히 적용한다. 이 때문에 시간에 철저하다. 목표 달성을 위해 제한된 시간을 넘기지도 않는다. 시간에 매우 엄격하다.

고도의 집중력, 최고의 기량으로 훈련을 요구하는 무리뉴는 물 마시는 시간까지 체크하면서 모든 것을 통제한다. 그는 선수들이 실수를 범하는 것에 강하게 자극하며 더 완벽해지길 요구한다. 레알마드리드를 이끌던 시절, 2011년 9월 훈련장에서의 일화다. 파비우 코엔트랑이 골문을 빗나가는 어이없는 슈팅을 하자 "힘내라, 파비우! 세 번이나 밖으로 차지 않았느냐! 난 살면서 네가 세 번이나 밖으로 차는 걸 본 적이 없다. 아닌가?"라고 소리쳤다. 경기장 위에서의 실수에는 격려를 보냈지만 훈련장에서는 가차 없었다. 훈련에서 보인 모습이 그대로 실전 경기에 반영되기 때문이다.

레알마드리드의 브라질 출신 레프트백 마르셀루는 "무리뉴와 훈련하면 항상 최선을 다하게 된다. 그렇게 훈련하면 경기에서도 최고를 보이게 된다"라고 말했다. 호날두 역시 "훈련장에서 환상의 축구쇼가 펼쳐진다"라고 말했다. 페페는 "아주 강렬한 훈련"이라고 말했고, 이과인은 "언제나 공을 갖고 훈련하지만 체력적으로 도움이 많이 된다"라고 했다. 훈련에서 이토록 격렬하게 뛰고도 실전 경기에 체력적 어려움을 겪지 않는 이유는 이 훈련 외에는 일체의 추가적인 피지컬 트레이닝이 없기 때문이다.

무리뉴는 공 없이 진행하는 피지컬 트레이닝이 무용한 이유를 다음과 같이 설명한다.

"위대한 피아니스트는 피아노 주변을 뛰거나 손가락 힘을 기르기 위해 푸시업을 하지 않는다. 그는 훌륭해지기 위해 피아노 연주를 한다. 그는 평생을 연주했다. 훌륭한 축구 선수가 되기 위해 러닝이나 푸시업, 일반적인 운동은 방법이 아니다. 훌륭한 선수가 되기 위한 최고의 길은 축구를 하는 것이다. 개인 스포츠에서 하는 능력 향상 훈련은 축구 같은 집단 스포츠에서는 효과를 전혀 볼 수 없다."

프리시즌 계획표

—

무리뉴는 여름 프리시즌 기간에 치르는 경기에서 전반전과 후반전에 11명의 선수 전원을 교체한다. 이렇게 경기를 치름으로써 얻는 두 가지 효과가 있다. 첫 번째는 경쟁심 유도다. 전반전에 뛴 선수들과 후반전에 뛴 선수들 사이에 서로의 포지션 경쟁자보다 더 나은 모습을 보이겠다는 열망을 높이는 것이다. 하지만 동시에 단결력과 우정을 함양할 수도 있다. 선의의 경쟁심을 유지함과 동시에 팀의 승리라는 결과가 중요하기 때문이다.

무리뉴는 전반전에 뛴 11명의 선수들이 후반전에 뛸 11명의 선수들에게 상대에 대한 팁을 주도록 했다. 그래서 후반전에 나선 선수들이 더 좋은 경기를 하도록 유도해다. 벤치에 있는 선수들은 그라운드에서 경기하는 선수들의 응원단으로 기능해야 했다. 이를 통해 선수단 전체가 친해지고 하나로 뭉쳐 사기를 높였다. 선수들은 연습 경기에서도 승리에 대한 강한 의욕을 보였다. 무리뉴는 유벤투스 감독 클라우디오 라니에리가 프리시즌에 치르는 경기에서 경기 결과에는 큰 의미가 없다고 말하자 "내가 하는 일에 확신을 갖기 위해서는 승리가 필요하다. 그것이 내가 많은 트로피를 차지한 이유"라고 말했다.

"친선 경기일 뿐이지만 이겨야 한다. 첫 경기에서 이겨야 이어지는 경기도 이길 수 있다."

시작이 반이요, 첫 단추를 잘 끼워야 한다는 말은 익숙한 우리 속담이다. 무리뉴 역시 프리시즌 훈련의 첫 주가 아주 중요하다고 강조한다. 대개 빅클럽의 경우 프리시즌 첫 주에는 팀의 핵심 선수들이 아직 복귀하기 전이다. 여름 기간에 열리는 각종 국제 대회와 국가 대표 경기로 스타 선수들이 추가적인 휴가기간을 부여받기 때문이다. 이 시기에는 새로 영입된 선수, 유소년 팀에서 승격된 선수, 많은 실전 경기를 뛰지 못한 후보 선수들이 먼저 소집된다.

무리뉴는 "팀 내 입지가 높은 선수들이 빠지면서 새내기 선수들이 훨씬 덜 압박감을 느끼며 훈련 자체에 집중할 수 있다. 중심이 되는 이들이 없으니 더 편하게 열린 마음으로 사람들과 사귀고 녹아들 수 있다"라고 설명한다.

이미 1군의 훈련 방식에 익숙하고, 능숙하게 해내는 선수들이 옆에 있다 보면 신출내기 선수들은 조급증을 느낄 수 있다. 무리뉴는 이러한 상황을 영어 수업 시간에 초급자와 상급자를 같은 교실에 모아 같은 레벨로 수업하는 것과 같다고 비유한다. 덜 능숙한 이들이 먼저 모여 훈련하는 것이 주는 이점이다.

경기 전략 짜기

—

UEFA 기술위원장 앤디 록스버그는 무리뉴가 경기를 준비하는 수준을 한 차원 끌어올렸다고 말한다. 일반적으로 감독들은 경기 중 일어날 수 있는 예측 불가능한 상황을 최대한 줄이는 데 집중하지만 무리뉴는 그 준비를 극한까지 하는 전혀 다른 접근법으로 주목을 받았다.

"경기 전에 나는 상대팀의 전형적인 공격 패턴에 대해 정리한다."

무리뉴는 상대팀을 최대한 많은 시간 동안 지켜보고, 분석한 뒤 상대에 대한 전력 보고서를 팀원들에게 배부한다. 이 보고서는 매우 구체적이다.

다음은 영국 언론이 포착한 첼시 시절 무리뉴의 뉴캐슬유나이티드 분석 보고서의 일부다.

- 수비수 개인의 실수 또는 팀워크 부재로 인하여 뉴캐슬의 수비는 취약하다(장 알랭 봄송은 실수를 남발한다. 그를 공략하라).
- 뉴캐슬의 수비는 존 디펜스(공간을 주지 않는 것)와 대인 방어의 혼합형이다.
- 오른쪽 측면 수비수 스티븐 카, 놀베르토 솔라노는 한번 전진하면 빠르게 자신의 위치로 돌아오지 못한다.
- 그 사이 미드필더인 스콧 파커는 남는 공간을 모두 책임져야 하는데, 이는 불가능하다.

선수 개개인 또는 팀의 약점 외에도 무리뉴 감독의 보고서는 상대 선수들의 신체적 특징에 대한 사실도 담고 있다. 무리뉴는 세트피스를 매우 중요시하며, 자신이 보유한 장신 선수들이 코너킥이나 프리킥 상황에서 상대편 선수들을 방어하게끔 지시한다. 무리뉴는 경기 중 일어날 수 있는 예측 불가능한 상황을 훈련장에서 최대한 줄이려 한다. 첼시 감독 시절, 무리뉴는 바르사, 리버풀 그리고 볼턴을 상대할 때 3백을 사용했고, 이는 대단한 효과를 발휘했다. 물론 이는 사전에 철저한 훈련을 통해 준비했기에 가능했다. 무리뉴는 3백 수비를 연습하며 이렇게 말했다.

"경기를 치르기 전에 미리 연습을 하지 않고 전술을 펼치는 걸 나는 '자살 축구'라고 부른다. 연습을 충분히 했는데도 잘 안 되는 것이 축구인데, 필드에서 임기응변으로 전술을 구사한다면 어떤 일이 벌어질지 생각해보라."

FC포르투에서 2003년 UEFA컵 우승, 2004년 챔피언스리그 우승을 연속으로 이루며 결승전을 준비한 방식은 철두철미했다. 세비야에서 열린 2003년 5월 19일 셀틱과의 경기를 대비하기 위해 선수 개개인에 맞는 특별 트레이닝을 준비했고, 더 이상 변수를 찾기 어려울 정도로 다양한 전술 훈련을 시도했으며, 선수들의 심리에 대한 분석까지 진행했다. 여기에 세비야 현지의 무더운 날씨에 적응하기 위해 포르투갈에서 가장 무더운 시점인 오후 12시부터 1시 30분 사이에 매일 훈련을 진행했다. 진을 빼놓는 것이 아니라 선수들을 결승전에 최적화된 강철전사로 만들기 위함이었다.

개인 기량이 뛰어난 선수들이 더 많았던 2004년 5월 모나코와의 대결에서는 상대에 대한 분석을 극한의 수준으로 끌어올렸다. 무리뉴는 경기를 준비하면서 어마어마한 양의 상대팀 경기를 봤다. 그는 이미 모나코에 대한 모든 것을 알고 있었지만 선수들 역시 모든 것을 다 알고 있기를 바랐다. 모나코전의 경우 선수들이 지울리가 얼마나 빠르게 역습 공격을 시도하는지, 모리엔테스가 얼마나 기회를 잘 포착하는지, 로텡이 팀 공격을 이끌며 얼마나 침착하게 플레이하는지. 선수들 전원이 공격과 수비 상황에 어떻게 움직이는지 알고 있어야 한다고 생각했다. 그래서 선수단 전원이 DVD 컬렉션을 직접 보고 분석작업에 나서도록 했다.

예를 들면 라이트백 파울루 페헤이라에겐 그가 직접 상대해야 하는 측면 공격수 로텡의 개인적인 움직임이 모두 담긴 DVD를 췄고, 중앙 수비수들에겐 모리엔테스와 프뤼소의 정보를 줬다. 모든 선수들이 자신만을 위해 만들어진 DVD를 통해 연구에 나섰다. 그러고 나서 단체 회의를 통해 개인적으로 얻은 정보를 교환하고 의견을 나눴다. 이 방법을 통해 포르투 선수단은 모나코와 그 선수들의 모든 비밀에 대해 세부적인 부분까지 완전히 파악할 수 있었다.

인터밀란을 이끌던 당시 2010년 2월 친정팀 첼시와 벌인 UEFA 챔피언스리그 16강 대결은 카를로 안첼로티 감독과의 지략 대결로 관심이 높았다. 홈에서 치른 1차전에서 2-1로 승리했기 때문에 모두가 무리뉴의 팀이 2차전에서 수비적으로 나올 것이라고 생각했다. 선수들조차 그랬다. 선수들도 경기 직전까지 팀의 전략에 대해 알지 못했다.

무리뉴는 이 경기를 위해 수시간에 이르는 비디오 분석 시간을 가졌다. 어느 때보다 긴 시간이었다. 무리뉴는 이를 통해 수립한 경기 전략을 비밀로 남겨두고 싶었다. 완벽히 감추기 위해 경기 전날에 전술 미팅도 갖지 않았고, 적의 안방 스탬퍼드브리지에서는 훈련도 하지 않았다. 수석코치 등 최측근이 아니면 아예 입도 벙긋하지 않았다. 측근에게만 계획을 넌지시 알리는 수준에서 끝냈다.

뚜껑을 연 인터밀란의 공격은 스리톱이었다. 중앙에 밀리토, 라이트윙에 에토오, 레프트윙에 판데프가 나선 데다 스네이더르를 공격형 미드필더로 기용했다. 경기 전 무리뉴는 선수들에게 단언했다.

"난 이 경기를 이기러 왔고, 또 이기길 원한다. 만일 우리가 세트

피스에서 골을 내주지만 않는다면, 이 경기의 승자는 우리다. 분석 결과 수비에 치중하는 팀은 첼시 원정에서 실점할 수밖에 없다. 첼시가 체력적으로 가장 강하고 프리킥, 코너킥 기회에서 장신의 거구들이 6명이나 달려든다. 아예 코너킥 스로인 프리킥 기회를 허용하지 않고 크로스 허용을 최소화해야 한다. 그러려면 공격을 적극적으로 해서 상대를 위협하고 물러서게 해라. 공격수 숫자를 늘려 계속 공격 기회를 만들어라. 첼시가 수비하며 시간을 보내도록 해라."

무리뉴는 스네이더르에겐 존 오비 미켈과 미하엘 발라크 사이를 움직이며 간격을 넓히게 했고, 밀리토와 협력해 공간 압박을 시도하게 했다. 이를 통해 발라크의 움직임을 봉쇄했다. 그러자 첼시의 전진 패스의 질이 떨어졌다. 좌우 공격수는 공격적인 자세를 취해 상대 풀백의 오버래핑을 제어했다.

첼시는 골이 필요했지만 감히 앞으로 나서지 못했다. 무리뉴는 공격이 최선의 방어라는 문구를 전략적 선수 배치를 통해 구현했다. 결과는 2차전에서도 에토오의 골을 통한 1-0 승리였다.

90분 타임 라인

—

축구 감독의 업무 중 경기 중 90분은 일부에 불과하지만, 모든 준비가 열매를 맺는 가장 중요한 시기라는 것을 부인할 수 없다. 과연 무리뉴는 이 90분을 어떻게 사용할까?

- **킥오프~5분** : 우리 팀이 경기를 어떻게 시작할지 알고 있으니 상
  대를 관찰하기 시작한다. 나야 그들에 대해 모든 걸 알고 있다고
  생각하지만 사실은 그렇지 않다. 그래서 경기 초반 5분 동안은 상
  대가 무엇을 하는지, 계획이나 플레이 스타일을 이해하려고 한다.
  그러고 나서 우리 팀이 상황에 어떻게 적응하는지를 본다.
- **5분~30분** : 초반 30분이나 35분간은 양 팀의 대결구도를 분석하
  는 시간이다.
- **31분~45분** : 전반전 마지막 10분 동안 하프타임을 준비하기 시
  작한다. 무슨 말을 해야 할지, 어떤 식으로 이야기할지, 내게 주어
  진 7, 8분 동안 팀을 어떻게 도울지 고민한다.
- **46분~85분** : 후반전은 어떤 일이 벌어질 수 있을지 기대하기 시
  작하는 시간이다. 감독은 경기 중 3명을 교체할 수 있다. 이기고
  있든 지고 있든, 벤치에 무언가를 시도해볼 만큼 좋은 선수들을
  보유하고 있다면 변화를 통해 팀을 도울 수 있다. 상대가 다른 것
  을 시도할 때, 어떤 반응을 보일지도 준비하고 있어야 한다.
- **86분~90분** : 마지막 5분 동안은…… 그냥 이기게 해달라고 기도
  나 할 수밖에 없다.

포메이션

—

무리뉴는 2004년 여름 첼시에 부임했을 당시 3개의 라인을 이
용하는 4-2-2 포메이션이 자신의 기반이라고 설명했다.

"난 4-4-2를 좋아한다. 하지만 2개의 라인으로 이루어진 4-4-2는 좋아하지 않는다. 4명이 두 줄로 나란히 서면 충분한 시야와 공을 소유할 수 있는 포지션을 얻지 못한다. 그리고 난 우리 팀이 공을 소유하는 것을 좋아한다."

그러나 실제로 무리뉴의 팀이 실전에서 많이 활용한 포메이션은 4-3-3이다. 경기 도중 4-4-2와 4-3-3의 활발한 변형이 이루어진다. 2004년 포르투에서 UEFA챔피언스리그 우승을 이끈 전술이 바로 이것이다. 빅클럽을 상대로 검증을 마쳤다.

포르투에도 능력 있는 선수들이 많았지만 화려함을 뛰어남은 근면함이 있었다. 그들이 구사한 4-3-3 시스템의 근면성과 템포 조절 능력이 상대보다 한 수 위였다.

"잉글랜드에서는 어린 선수들에게 여러 포지션을 소화하는 요령을 가르치지 않는다. 이해할 수 없다. 그들에게는 한 포지션에서 뛰는 것이 세상의 전부다. 난 공격수가 단지 공격수의 역할만을 하기를 원하지 않는다. 그는 움직여줘야 하고 크로스를 올려야 할 때도 있다. 4-4-2이든 4-3-3이든 3-5-2든 선수라면 모든 전술을 이해하고 소화할 수 있어야 한다."

무리뉴의 지도자 연수 시절을 지켜본 UEFA 기술위원장 앤디 록스버그는 무리뉴가 "전환에 미쳐 있었다"라고 회고한다. 수비에서 공격으로 넘어가고, 공격에서 다시 수비로 넘어오는 과정을 얼마나 안정적이고 효율적이며 빠르게 진행하느냐, 즉 역습 전술을 극도로 세밀하게 다듬는 데 주력했다. 무리뉴가 감독으로 있었을 당시 각 팀의 포메이션을 한 번 살펴보자.

⚽ **포르투 포메이션**
vs AS 모나코, 2003/2004 UEFA챔피언스리그 결승전

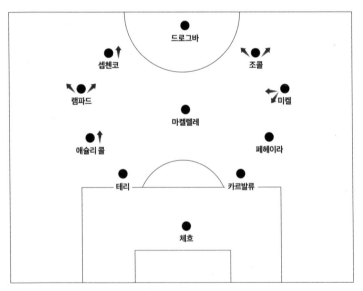

⚽ **첼시 포메이션**
vs 리버풀, 2006/2007 UEFA챔피언스리그 준결승 1차전

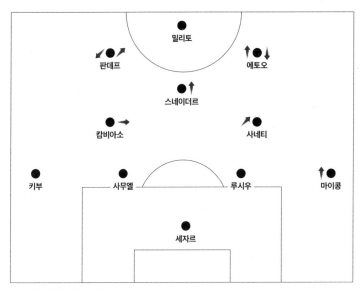

🤾 인터밀란 포메이션
vs 바이에른뮌헨, 2009/2010 UEFA챔피언스리그 결승전

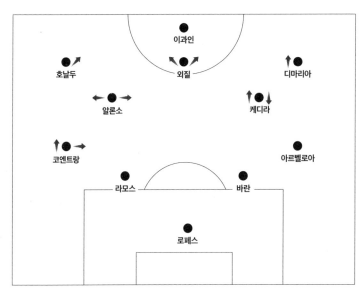

🤾 레알마드리드 포메이션
vs 맨체스터유나이티드, UEFA챔피언스리그 16강 2차전

무리뉴의 팀 미드필드진의 특징은 수비형 미드필더들에게 확고한 역할이 주어진다는 점이다. 이 점이 무리뉴의 팀을 수비적이라고 부르게 되는 이유다. 무리뉴 감독의 팀에는 주로 두 명의 중앙 미드필더가 선다. 수비의 안정감을 중시하는 삼각형 구조다.

"난 역할 구분이 명확히 된 삼각형의 미드필드 구성을 선호한다. 포르투에 있을 당시 데쿠는 자신의 탁월한 공 관리 능력으로 공격 작업을 했기 때문에 자신의 포지션을 벗어날 수 있는 자유가 많이 주어졌다. 마켈렐레가 경기당 평균 86개의 패스를 성공시킨다는 것을 아는 사람이라면 그가 첼시의 구성에 있어서 얼마나 중요한지 아는 사람일 것이다. 상대팀들이 그 중요성을 알고 그에게 압박을 가하려고 했지만, 우린 이미 그에 대한 방책을 마련했다. 마켈렐레에게 대인방어로 수비를 붙인다고? 그러면 마켈렐레야 공을 덜 잡겠지만 다른 포지션의 선수들이 더욱 오랜 시간 동안 공을 소유할 것이며, 또 다른 방식으로 공을 점유하면 된다."

무리뉴는 우승을 위해서 필요한 것은 강력한 두 명의 센터백과 한 명의 확실한 스트라이커라고 말했다. 그는 축구의 수비에 대해 "오버래핑 없이 수비수가 수비만 해도 위험한 상황이 연출된다"라고 말했다. 무리뉴의 팀에서 가장 선호되는 수비수는 공격력을 겸비한 수비수보다 확실하게 상대 공격을 끊어낼 수 있는 수비수다. 그리고 공격수에게도 방만한 창조성보다 냉철한 킬러본능을 요구한다.

"15번의 기회에서 3골을 넣을 수 있는 선수는 필요 없다. 그저 한 번의 기회에서 한 골을 넣을 수 있는 선수가 필요하다."

무리뉴의 팀은 전통적인 9번, 강한 9번을 필요로 한다. 무리뉴 스타일의 공격수로 대표적인 선수는 디디에 드로그바와 디에고 밀리토다. 이 둘은 쓸데없이 공을 끌거나 화려한 패스워크를 자랑하지 않는다. 지극히 간결한 플레이, 재치 그리고 배짱으로 경기에 임한다. 최전방에서부터 상대에게 압박을 가하고 90분 내내 왕성한 활동량을 자랑한다. 그중에서도 무리뉴가 가장 사랑한 선수는 드로그바다.

"드로그바는 절대 포기하지 않는 선수다. 기술적으로 현명한 그는 스트라이커가 상대 골문 20미터 근방에서 해야 하는 모든 일들을 할 수 있다. 공중볼에 강한 것은 물론 몸싸움에도 능할뿐더러 중요한 순간에 골을 터트린다."

플랜B

—

현대 축구에서 포메이션은 숫자 놀음으로 불리지만 이 숫자 놀음이 플레이 계획의 기반이 되기 때문에 중요성을 간과할 수 없다. 하지만 경기 도중 이 기반 자체를 뒤바꿀 수 있는 전환이 필요하다. 무리뉴는 플랜A와 전혀 다른 플랜B를 준비해 예상치 못한 경기 상황에 대비한다. 플랜A에 대한 지나친 집착은 자신의 발목을 잡을 수 있다. 이러한 면은 그가 전술적으로 더 발전하기 위해 택했다는 세리에A 시절에 더 세밀해졌다.

"보통 두 개의 전술 시스템을 준비한다. 주로 활용하는 시스템은 아니지만, 나머지 시스템도 편안하게 활용할 수 있어야 한다. 모든 상대들이 우리의 매 경기를 파악하고, 우리의 플레이를 막기 위해 수비적으로 플레이한다. 그래서 변화를 줄 수 있을 때는 다른 방식을 택한다. 시스템 전환이 전자동일 수는 없다. 하지만 다양한 방식, '덜 자동적(익숙하지 않은 방식으로, 저절로 하지 않는)'으로 플레이할 수 있도록 준비한다."

FC바르셀로나를 상대한 경기에서의 인상이 너무 강해 무리뉴의 팀이 수비 숫자를 많이 둔다고 생각하지만 무리뉴의 전술 역시 점유율을 높이면서 상대를 지치게 한 뒤 자신의 팀이 템포를 조절하는 것이 중심이다. 그러나 결코 점유율에 집착하지 않는다. 무리뉴의 팀은 4-4-2, 4-3-3, 4-2-3-1, 심지어 3-3-4 전술까지 몸에 익히고 그렇게 얻어진 선수들의 전술 유연성은 팀의 승리를 가져온다.

일례로 포르투 시절 그리스 클럽 파나시나이코스와의 UEFA컵 8강 1차전에서 패한 포르투는 반드시 승리가 필요한 2차전에서 공격적인 4-3-3을 포기하고 4-4-2 포메이션으로 경기에 임했는데, 이 전술이 오히려 데쿠의 플레이 자유도를 높이며 승리라는 성과로 이어졌다. 이에 대해 무리뉴는 이렇게 말한다.

"공격을 위해선 더 많은 스트라이커가 필요하다는 생각이 일반적이지만 경기에 따라 다른 방식이 더 효과를 낸다. 이겨야 하는 경기에선 경기를 조율할 수 있는 더 많은 미드필더가 필요하다. 미드필더의 숫자를 높이는 것이 필요한 경기가 있다."

전술적인 기민함과 철저한 준비가 전술적 유동성을 제공한다.

다른 감독들은 자신들이 보유한 선수들과 상대팀의 전력에 따라 여러 가지 전술을 사용하느라 머리를 싸매지만 무리뉴는 팀의 형태나 전술을 경기 중에도 바꾼다. 그는 경기 중에 문제점을 발견하면 작은 변화를 주는데, 이것이 많은 트로피를 차지한 이유였다.

"종종 우리는 이기고 있는 상황에서 리드를 지키기 위해 전술에 변화를 준다. 차이를 알아야 한다. 굳이 설명하자면 3백을 쓴다. 흔히 3명의 수비를 쓴다고 착각하는데 사실 5명이다. 5명의 수비수는 3명의 중앙 수비수와 2명의 윙백이다. 이렇게 5명의 수비수를 두면 상대가 피치를 넓게 써도 우리가 공간을 막을 수 있다."

구체적인 사례를 살펴보자. 2005년 10월 스탬퍼드브리지에서 열린 볼턴과의 경기는 첼시의 압승이 예상됐지만 전반전 45분 동안 오히려 끌려다녔다. 4-3-3으로 나선 첼시는 공간을 내주지 않는 볼턴에 고전했고, 0-1로 지고 있었다.

하프타임 이후 피치로 나온 무리뉴는 도박을 단행하며 총공세를 폈다. 구드욘센이 라이트백 델오르노 대신 나와 3-3-4라는 포메이션으로 경기에 임했다. 7분 뒤 구드욘센이 드로그바의 동점골에 기여했다. 첼시의 4인 공격에 당황한 볼턴은 공간을 내주기 시작했다. 드로그바는 램파드의 골을 도왔고, 램파드는 프리킥으로 한 골을 더 추가했다. 14분 만에 0-1을 3-1로 뒤집었다. 경기 주도권을 가져간 첼시는 조 콜을 빼고 우측 수비수 파울루 페헤이라를 투입해 4-4-2로 팀을 정비했다. 결국 5-1 대승을 거뒀다. 무리뉴는 "우리가 2005년에 세운 기록을 장식하는 듯한 경기였다. 우리 전술에 있어 한 발 더 나아가 발전했고, 더욱 능력 있는 팀이 되었다"

라고 뿌듯한 소감을 말했다. 그해 첼시는 리그 경기를 무패로 장식했다.

두 개의 포메이션을 준비한 이유에는 상대팀의 분석을 무용지물로 만들기 위한 의도도 포함되어 있다. FC포르투 시절 무리뉴는 애초에 프리시즌 기간 동안 경기 도중이 아니라 시즌을 치르면서도 두 개의 포메이션을 상황에 따라 다르게 선발 전술로 내세울 수 있도록 준비했다. 성공적인 시즌을 치른 뒤 수많은 팀들이 동일한 구성과 전술의 포르투에 대한 파악과 분석을 마쳤기 때문이다. 전술 훈련의 난도가 높아 프리시즌의 체력 및 정신의 소모가 컸으나 그 효과는 더욱 컸다. 당시 포르투는 4-4-2 포메이션과 4-3-3 포메이션을 불규칙적으로 라운드마다, 대회에 다라 다르게 적용해 내세웠다. 선수들은 아무렇지도 않게 다른 두 개의 전술로 시즌을 치렀다.

용병술

—

경기 도중 선수 교체를 통해 흐름과 결과를 바꾼 감독의 능력을 용병술이라고 표현한다. 감독이 경기에 대한 사전 준비 외에 90분간의 경기 시간 동안 가장 존재감을 드러내는 순간이 바로 이때다. 무리뉴 역시 하프타임과 후반전에 단행하는 절묘한 선수 교체로 마법 같은 결과를 이끌면서 명장이라는 평가를 얻었다.

유럽축구연맹 공식매거진 〈챔피언스〉는 무리뉴의 교체 방식에 대해 "거침없고 냉정하게 한 수 앞을 내다본다"라고 평가했다. 첼시 시절 무리뉴의 용병술이 가장 인상적이었던 해는 2006/2007시즌이다. FA컵 우승과 UEFA챔피언스리그 4강에 오르는 과정에서 놀라운 뒤집기가 있었다. 첼시는 토트넘홋스퍼와의 FA컵 8강전에서 경기 시작 5분 만에 디미타르 베르바토프에게 선제골을 내주고, 전반 28분 마이클 에시엔의 자책골, 전반 36분 호삼 갈리의 골까지 허용하며 1-3으로 뒤졌다. 무리뉴는 빠르게 대응했다. 전반 34분에 라이트백 파울루 페헤이라 대신 윙어 숀 라이트필립스를 투입했고, 후반 19분에는 레프트백 애슐리 콜 대신 공격수 살로몽 칼루를 투입한 아주 공격적인 자세를 취했다. 디디에 드로그바, 안드리 셉첸코, 아르연 로번, 미하엘 발라크, 프랭크 램파드가 동시에 뛰었다. 대신 수비형 미드필더 라스 디아라를 빼고 전천후 수비수 칼라트 불라루즈를 투입해 수비 커버링을 강화했다.

효과는 즉각적이었다. 후반 26분에 램파드의 추격골, 후반 41분에 칼루의 동점골이 터지며 재경기를 치를 수 있었고, 재경기에서 2-1로 승리해 4강에 오를 수 있었다. 이후 블랙번과 맨체스터유나이티드를 꺾고 첫 FA컵 우승을 경험했다.

발렌시아와의 챔피언스리그 8강전에서도 무리뉴의 주저 없는 교체가 효과를 냈다. 홈에서 치른 1차전에서 1-1로 비기며 불리한 상황에서 맞은 2차전에서 첼시는 전반 32분 호아킨의 크로스 패스에 이은 모리엔테스의 헤딩골을 내주며 끌려갔다. 전반전이 끝나자마자 무리뉴는 라이트백 라스 디아라를 빼고 조 콜을 투입했고, 오른쪽 미드필더로 나섰던 에시엔을 라이트백 자리로 후진 배치했다. 4-4-2로 출발했던 첼시는 전방에 숫자를 늘린 4-3-3으로 변화를 시도했고, 후반 7분 셉첸코의 동점골이 나왔다. 후반 45분에는 셉첸코의 어시스트에 이은 에시엔의 역전골이 터지며 4강 진출을 이뤘다.

수비 숫자를 늘리고 공격적인 선수를 늘리는 것은 위험을 수반한다. 무리뉴는 아무런 심리적 대비 없이 이런 교체를 단행하지 않는다. 게다가 리드 상황에도 이를 유지하고 이어가기 위한 용병술이 필요하다고 주장해온 감독이다.

벤피카 시절 그의 마지막 빅매치였던 스포르팅리스본과의 라이벌전에서 무리뉴는 1-0 리드 상황에서 후반전 전략 변화를 시도하려 했다. 추격자인 스포르팅이 후반전에 원톱 대신 투톱으로 전형을 변화할 것이 예상되었기 때문이다. 무리뉴는 센터백 콤비 마르체나와 메이라에게 물었다.

"2대 2로 상대팀 공격을 대하는 것이 겁나는가?"

우려를 표하면 무리뉴는 수비수 제랄두를 투입해 안정을 꾀할 작정이었다. 중원의 주도권을 내주고 수비적인 경기를 하게 되는 방식이었다. 그러나 수비 듀오는 둘이서 막겠다고 각오를 밝혔다. 무리뉴는 후반전에 미드필드의 숫자를 늘려 중원의 숫자가 줄어든 스포르팅을 상대로 볼 소유권을 완전히 장악했다. 짧은 패스 연결로 스포르팅을 지치게 하면서 계속해서 중원 자원을 보강했다. 결국 벤피카가 두 골을 더 넣고 승리에 쐐기를 박았다.

포르투 시절 AS모나코와의 2003/2004시즌 UEFA챔피언스리그 결승전에서도 무리뉴는 교체 카드를 효과적으로 사용하며 3-0 완승을 거뒀다. 전반전에 1-0 리드를 잡은 무리뉴는 공격형 미드필더 알레니체프를 득점을 기록한 공격수 카를루스 아우베르투 대신 투입해 데쿠의 자리에 배치하고 데쿠를 측면으로 이동시켜 모나코 수비진의 압박에서 자유롭게 움직일 수 있게 했다. 이를 통해 공간을 확보한 데쿠가 후반 26분에 추가골을 넣을 수 있었다. 데쿠를 전담 방어하던 지코스가 데쿠를 따라 측면으로 이동하자 후반 30분에 알레니체프가 한 골을 더 보태 승부에 완전한 쐐기를 박았다.

3-0 리드에도 무리뉴의 선택은 수비 보강이 아니라 전방의 속력 보강이었다. 스트라이커 데를리 대신 베니 매카시를 투입해 경기 흐름을 일관되게 유지했다. 뒤진 모나코가 공세를 취할 수 없었다. 매카시가 공격진에서 활기차게 움직였기 때문이다. 후반 40분에는 그라운드 위에서 가장 수비력이 부족한 데쿠 대신 투쟁심이 넘치는 페드루 마누엘을 투입해 무실점으로 경기를 마치기 위한 완벽한 대비를 했다. 완벽한 경기로 빅이어 트로피를 들어 올렸다.

윙어 활용법

—

무리뉴는 대부분의 팀에서 한 명의 중앙 공격수를 내세운 4-3-3 포메이션과 4-2-3-1 포메이션을 즐겨 사용했다. 그는 좌우측면 공격을 매우 잘 활용했는데, 이들에게 전통적인 윙어의 역할을 맡기지 않았고, 실제로 전통적인 윙어를 배치하지도 않았다.

전원 공격과 전원 수비가 만국 공통으로 자리 잡고 있는 현대 축구에서 풀백의 공격 가담 능력이 팀 전체의 전력에 차지하는 비중이 높아지고 있다. 무리뉴는 벤피카 감독 시절 스포르팅과의 경기에서 측면 공격수를 효과적으로 활용하기 위한 힌트를 얻었다.

"스포르팅의 무기는 (라이트백) 세사르 프라테스의 지속적인 공격 가담이었다. 많은 경기 비디오를 보고 나서 나는 프라테스가 수비적으로는 전혀 걱정하지 않고 있다는 것을 깨달았다. 상대팀의 왼쪽 윙어가 그를 막기 위해 사실상 또 한 명의 풀백처럼 뛰게 만들었기 때문이다. 이 사실을 알고 나서 이 상황이 우리에게 유리하게 작용하도록 이용하기 위한 계획을 세웠다. 우리의 레프트윙 미겔로 하여금 프라테스를 따라다니게 하지 않고 미드필더 한 명에게 그를 막는 일을 맡겼다. 스포르팅이 우리의 왼쪽을 공략하면 수비에 차단되었고, 이때 미겔이 측면 빈 공간으로 자유롭게 전진할 수 있었다. 미겔이 스포르팅 측면의 불균형을 야기하면서 프라테스의 전진이 멈추게 된다. 스포르팅의 오른쪽 공격이 막혀 이들의 공격이 왼쪽에 치우치게 되면서 좌우 균형이 깨지게 할 수 있다. 우리는 상대적으로 느린 스포르팅의 레프트백 안드레 크루스 쪽을 공략한다. 윙어 카를리투스와 라이트백 후이 조르제로 하여금 모두 공격에 가담하게 한다. 스포르팅 선수들이 넓은 범위를 커버하지 못하면서 우리에게 공격 기회가 찾아오게 된다."

공격력이 뛰어난 상대팀의 핵심 풀백을 미드필더 중 한 명이 막게 하고, 윙어가 가진 공격력을 활용해 그의 전진을 무력화시킨 것이다. 주된 공격 루트가 사이드였던 상대팀은 이쪽에서 기회를 도모하기 위해 미드필더를 한 방향으로 집중하게 된다. 이때 반대편에서는 윙어와 풀백으로 하여금 공격적으로 나서게 해 상대팀의 측면 공격을 무력화시키고 중원 압박의 간격을 높이는 작전이다.

이후 포르투와 첼시, 인터밀란과 레알마드리드를 거치며 무리뉴의 측면 공격수 활용 방법론은 진화를 거듭했다. 포르투 시절에는 공격진에서 다양한 역할을 할 수 있으며, 기술력과 득점력이 좋은 선수들을 측면 공격수 자리에 배치했다. 데쿠와 카를루스 아우베르투, 알레니체프가 이 자리에서 측면 돌파가 아닌 문전을 직접 파고드는 대각선 움직임으로 상대 풀백의 공격을 제한시키고 공간을 만들었다. 측면 선수가 중앙으로 파고들고, 중앙 선수가 측면으로 이동하는 스위칭 플레이로 상대 수비를 교란했다.

첼시에서는 폭발적인 스피드를 갖춘 데이미언 더프와 아르연 로번을 동시에 기용해 재미를 봤다. 힘 있는 공격수 드로그바는 첼시 입단 초기 득점력에 있어서 그리 큰 인상을 남기지 못했지만 그가 두 명의 센터백을 묶어두고 있었기 때문에 로번과 더프가 풀백 배후로 빠져들어가면 공간을 만들기가 쉬웠다. 그러나 로번이 자주 부상에 시달렸고, 더프의 기량이 떨어지면서 첼시는 윙어의 속도보다 중앙 미드필더의 중앙 지향적 움직임에 치중하는 스타일로 변화를 꾀했다. 이를 통해 드로그바의 득점력을 높일 수 있었다.

인터밀란에서는 사뮈엘 에토오를 라이트윙으로 배치해 엄청난 활동량과 스피드를 통해 상대의 측면 공격을 무력화시켰다. 에토오의 뒤에 위치한 브라질 라이트백 마이콩도 쉴 새 없이 공격진영과 수비진영을 오가며 자신의 최전성기를 누렸다. 반대쪽의 판데프도 헌신적인 움직임과 예리한 킥을 바탕으로 상대 측면이 역동성을 갖기 어렵게 만들었다. 측면에서의 무지막지한 활동량 덕분에 전방 공격수 디에고 밀리토와 플레이메이커 베슬러이 스네이더르가 킬 패스와 마무리 슈팅 기회를 쉽게 잡을 수 있었다.

레알마드리드에서는 크리스티아누 호날두의 능력을 극대화한 4-2-3-1 포메이션을 사용했다. 카림 벤제마와 곤살로 이과인이 원톱으로 상대의 수비 라인 사이를 움직이며 공간을 만들고, 오른쪽에 앙헬 디마리아가 직선적 움직임으로 상대 수비의 압박 간격을 넓힌다. 왼쪽의 호날두는 사이드 라인 쪽에서 긴 대각선 패스를 이어받아 공수 전환 상황에 빠른 속도로 탄력을 받아 문전 중앙으로 침투하며 슈팅 기회를 모색한다. 이 과정에서 메수트 외질과 벤제마, 케디라 등이 전진과 후진을 반복하거나 월패스를 시도해 호날두가 슈팅할 수 있는 공간을 만들어준다.

호날두가 대각선으로 컷인을 시도하면 마르셀루가 측면에서 오버래핑을 시도해 호날두에게 수비가 몰리는 것을 방지했다. 호날두는 거리에 상관없이 기회가 생기면 골문 안으로 대포알 같은 슈팅을 꽂아 넣었다. 레알마드리드가 호날두의 무수한 골로 승리할 수 있었던 데에는 이처럼 측면 공격을 유기적이며 계획적으로 운영했기 때문이다. 무리뉴의 팀은 언제나 측면 공격수의 공격포인트 기록률이 높으며 이를 통해 상대팀 풀백과 윙어가 모두 기능하지 못하게 하는 효과를 가져왔다.

볼 점유율과 템포 조절

—

무리뉴의 축구 경력에서 현재 축구팬들의 뇌리에 가장 강렬하게 남아 있는 경기는 인터밀란을 이끌고 6관왕을 이루며 당대 최고, 역대 최고의 팀으로 불리던 주제프 과르디올라와 리오넬 메시가 이끌던 FC바르셀로나를 UEFA챔피언스리그 준결승전에서 탈락시킨 경기다. 당시 캄노우 원정 경기였던 2차전에서 시도한 10백 수비가 무리뉴의 축구가 점유율이 아닌 질식 수비라는 이미지를 갖도록 했다. 실제로 당시 경기에서 인터밀란은 일찌감치 티아고 모타가 퇴장당한 상황에 25퍼센트의 볼 점유율을 기록하는 데 그쳤다. 0-1 패배로 경기를 마치고 골 득실 차로 결승에 오르자 무리뉴는 "볼 없이 할 수 있는 궁극의 축구"라며 자부심을 표했다.

영국 축구팬들에게도 무리뉴의 스타일이 지배보다 실리에 맞춰져 있다는 인식이 남아 있다. 2006/2007시즌 FA컵 결승전에서 맨체스터유나이티드를 상대할 때 첼시는 풀백의 공격 가담을 최대한 자제한 채 페널티 에어리어 근방의 공간을 최소화하는 소극적인 축구를 했다. 분명한 이유가 있었다. 당시 맨체스터유나이티드가 크리스티아누 호날두, 웨인 루니라는 가공할 만한 속도와 결정력을 갖춘 선수를 앞세운 역습 공격을 주무기로 삼았기 때문에 이들의 강점을 살릴 수 없도록 애초에 경기 내내 질주 공간을 내주지 않는 축구를 했기 때문이다.

대신 첼시는 볼을 소유하는 것에는 집중했다. 무리뉴는 "맨유의 골문을 노리지 않더라도 공 소유권을 지켜라. 만약 맨유가 공을 확보하면 수비 시 공이 있는 위치 뒤에 6명의 선수가 있어야 한다. 자기 위치에서 나오지 마라"라고 지시했다. 11명의 선수들이 매우 타이트하게 간격을 좁혀 수비를 구사했다. 첼시의 축구는 90분 동안은 지루했다. 116분 동안 골이 나오지 않은 경기였다. 공을 소유한 채 맨유 공격을 무력화시키는 데 집중한 첼시는 연장 막판에 훨씬 높은 집중력을 보였고, 연장전 종료 4분 전에 드로그바의 결승골로 1-0 승리를 거두며 우승컵을 차지했다.

무리뉴는 볼 소유가 주는 장점을 알고 있다. 그 역시 FC바르셀로나 코치를 역임하며 소유가 체력 안배에 미치는 효과를 인지하고 있기 때문이다. 무리뉴는 아무런 의미 없는 패스라 할지라도 공을 소유하면 이곳저곳으로 돌리게 했다. 그러면서 기회를 모색하는 것이다. 공을 소유한 채 경기를 하는 것이 더 지칠 수 있지만 공을 천천히 끌면서 경기를 하면 선수들이 휴식을 취할 수 있다.

선수들은 90분 내내 집중할 수 없다. 상대 진영 가까이에서 좁은 간격을 유지하며 엄청난 압박을 구사해야 하기 때문에 많은 체력 소모를 요한다. 그래서 경기 중에도 휴식을 취할 수 있어야 한다. 무리뉴는 이것을 '공을 소유한 채 휴식하기'로 명명했다. 휴식을 취하면서도 위험부담을 최소화할 수 있는 방법이다.

이 상황에서 목적은 단지 공을 소유하는 것뿐이다. 공을 확보하게 되면 공을 가지고 쉴지, 아니면 공격에 나설지를 결정해야 한다. 어느 팀이든 체력이 다른 팀 선수들보다 우월할 수는 없다. 체력적으로 완벽한 선수라는 것도 있을 수 없다. 단지 경기 운영 방식에서 앞선다면, 경기 도중에 더 많은 시간을 쉴 수 있다면 체력적인 우위를 점할 수 있는 것이다.

무리뉴 역시 공의 소유권을 확보하는 것이 경기에서 우위를 점하는 첫 번째 방법이라는 것을 알고 있다. 그는 승리로 가는 길의 첫 번째 길이 지배이고, 두 번째 길이 통제라고 말한다.

"경기를 지배하는 것은 상대 진영에서 공격하고 득점하며 더 많이 공을 소유하는 것이다. 경기를 통제하는 것은 보다 뒤에서 경기를 하면서 모든 공간을 가득 채우는 것이다. 다시 말해 뒤에서 공을 확보하고 있는 상황이다. 뒤에서 공을 돌리고 있는 것도 통제의 일종이다. 먼저 지배하는 것을 주문하지만 안 될 경우엔 통제를 시도한다. 그 중간 단계는 없다."

무리뉴 역시 지배하는 축구를 선호한다. 벤피카, 포르투, 첼시 등을 맡아 팀을 꾸릴 때 언제나 많은 골을 넣고 승리하는 축구를 추구했다. 레알마드리드 감독으로 부임한 뒤 2011/2012시즌 라리가 우승을 이루면서 승점 100점으로 최고 기록을 세운 것은 물론이고 시즌 내내 121골을 넣어 최다득점 우승팀이라는 기록도 세웠다. 공을 소유하는 것이 가장 좋은 방법이지만 소유권을 얻는 것이 어려운 상황이라면 안 되는 쪽에 집착하지 말고 다른 방법을 찾아야 한다. 그는 FC바르셀로나 같은 기술력이 뛰어난 팀을 상대로 볼 점유율 싸움에 나서는 것은 무모한 자세라고 말했다.

"바르셀로나를 상대로 점유율 싸움을 하고 싶은가? 그랬다간 질 텐데? 당신이 페라리를 타고 내가 경차를 타는데 경주를 한다고 가정해 보자. 내기 이기려면 당신의 자동차 타이어에 구멍을 내거나 연료탱크에 설탕을 집어넣는 수밖에 없다."

공 소유권을 애초에 포기하고 공을 빼앗기 위해 쓸데없이 체력을 소모하지 않는다면 언젠가는 찾아올 공을 확보한 타이밍에 올바른 결정을 내릴 수 있는 집중력을 유지할 수 있다. 무리뉴는 볼 점유율보다 경기를 통제하는 움직임과 공을 확보했을 때 반응하는 템포를 더 중시한다.

"더욱더 전진하고 더욱 압박하고 더 많이 볼을 연결할 것이다. 그리고 더 빨라질 것이다."

FC포르투와 첼시 시절에도 역동성과 공수전환 스피드에 있어선 최고의 축구를 보였으나(FC포르투에 있을 때 자국 리그에선 지배적인 축구, 챔피언스리그에선 효율적인 축구를 병행하며 두 가지 성향의 전술을 완벽하게 수행했다) 볼을 소유하고 잘게 만들어가는 축구를 구사한 것은 아니었다. 하지만 많은 골을 넣고 많은 우승을 차지했다.

무리뉴는 FC바르셀로나와의 경기에서 기록적인 볼 점유율 열세의 경기를 치른 뒤 "바르셀로나는 공을 가졌으니 행복한 것 같다. 우리는 행복하게 결승전으로 가겠다"라고 말했다. 인터밀란이 FC바르셀로나를 탈락시킬 수 있었던 이유는 골문 앞에서 진을 치고 수비 숫자를 늘렸기 때문이 아니라 약속된 움직임으로 경기에 대한 통제력을 잃지 않았기 때문이다.

10명으로 승리하기

—

경기 중에 선수 한 명이 퇴장을 당하는 일은 시즌 중에 자주 발생하는 일은 아니지만 한 번도 겪지 않고 넘어갈 수 있는 상황도 아니다. 무리뉴의 팀은 10명으로 뛰어야 하는 상황을 큰 경기마다 종종 맞이했다. 특히 FC바르셀로나와의 대결 같은 경우 10명으로 뛴 경기가 11명으로 뛴 경기보다 훨씬 많다. 무리뉴는 이미 오래전부터 자신의 트레이닝 방법론 안에 10명으로 플레이하는 법에 대한 대비 작업을 포함시켜왔다. 포르투 시절에도 벤피카와의 빅매치에서 10명으로 싸워 승리한 경험이 있으며, 이 승리 역시 즉흥적인 임기응변이 아니라 준비된 맞춤 전술로 이룬 성취였다. 그는 심지어 "10명으로 뛰는 것이 11명으로 뛰는 것보다 나을 때도 있다"라고 말하기도 했다.

10명이 된 상황에 무리뉴가 즐겨 사용하는 전형은 4-3-2다. 퇴장당한 선수의 포지션에 관계없이 미드필드 숫자 한 명을 줄이는 방식을 택한다. 수적인 열세 상황이 됐다고 해서 수비적인 자세를 취한다면 오히려 더 불리한 상황에 처하기 때문에 공격수의 숫자를 줄여선 안 된다.

"미드필더와 두 명의 전방 공격수는 계속해서 상대 수비에 대한 압박을 유지하면서 여전히 동등한 숫자로 경기를 진행하고 있는 것처럼 움직여야 한다. 1명이 줄어든 상황에선 보통 스코어가 동률일 경우 전략을 바꿔 비기려는 경향을 보이는데 나 같은 경우 그런 방식을 채택하지 않는다."

이 같은 상황에 적절하게 대처하기 위해 무리뉴는 10대 11의 연습 경기를 수차례 지휘했다.

"우리 선수들은 수적 열세 상황이 되면 자동적으로 반응한다. 수적으로 앞서는 팀이 경기를 지배하지 못하면 심리적으로 더욱 열세에 처하게 될 것이다. 상대가 우리를 향해 달려드는 것이 아니라 우리가 상대에게 달려들어야 한다. 전방에 넘기 어려운 벽을 만들어서 경기를 지배해야 한다."

배수의 진을 최후방에 치는 것이 아니라 골문에서 가장 먼 곳에 설치해야 한다. 뒤로 밀려 내려오면 공간이 좁아지고, 좁은 공간으로 몰리면 수적 열세가 극명히 드러난다. 최대한 먼 거리에서 상대를 막아야 수적 열세가 드러나지 않고, 훨씬 더 안정적으로 수비할 수 있으며, 공격 상황을 만들기 쉽다. 무리뉴의 팀은 퇴장당한 경기에서도 승리한 경우가 많다.

FC바르셀로나를 제압한 수비 전술

—

주제 무리뉴는 FC바르셀로나에서 레알마드리드로 이적한 뒤 카탈루냐에서 공공의 적이 된 루이스 피구를 만나 이렇게 말했다.

"내게 고마워해라! 이제 카탈루냐에서 가장 미움을 받는 사람은 자네가 아니다!"

사실이다. 그 역시 피구와 함께 FC바르셀로나에 몸담았던 인물이지만 클럽을 떠난 이후 관계가 극도로 악화된 대표적인 인물이다. 첼시, 인터밀란에서 FC바르셀로나를 중요한 순간에 만나 격한 언쟁을 벌인 끝에 좌절시켰고, FC바르셀로나의 원수인 레알마드리드 감독으로 부임해 엘클라시코 전쟁을 벌였다. 그 과정에서 무리뉴는 때로 패하기도 했지만 결국에는 모든 타이틀 경쟁에서 한 번씩 승리를 맛보며 무적의 팀으로 불린 FC바르셀로나의 파훼법을 발명했다.

이탈리아의 명장 아리고 사키는 "무리뉴가 고루한 이탈리아 축구계를 뒤집어 놓았다"라고 극찬했다. 공격전술의 진화 속에 등장한 새로운 유형의 수비전술은 무리뉴에 의해 고안됐다. FC바르셀로나의 독주 시대가 끝난 것에 대해 전 세계 축구인들은 무리뉴에게 감사 인사를 전해야 한다.

인터밀란 vs FC바르셀로나

"인터밀란은 지역 방어를 사용하기 때문에 메시를 쫓아다니며 수비하지는 않을 것이다. 컨디션이 최고조일 때 메시를 막기란 굉장히 어렵다는 사실을 잘 알고 있다. 우리와 경기를 치르는 날 저녁에는 그러지 않기를 바란다. 하지만 어떤 상황이 닥치더라도 우리 선수들은 어떻게 대처해야 하는지 잘 알고 있다."

홈에서 치른 1차전에서는 골과 승리가 필요했다. 두 명의 수비형 미드필더 티아고 모타가 1차적으로 메시를 압박했고, 에스테반 캄비아소가 커버 플레이를 통해 메시의 활동 반경을 제한했다. 포백 수비 라인은 페널티 에어리어 안에서 벗어나지 않고 공간을 최소화했다. 판데프와 에토오까지 후방으로 내려와 최대 8명이 간격을 좁혀 수비했다. 과르디올라가 이끈 바르셀로나는 라인을 높이 끌어올려 상대팀을 그들의 진영에 가두고 융단폭격을 시도하는 축구를 하는데, 문전 공간을 완전히 메워버리자 패스를 연결할 공간도, 드리블 돌파를 시도할 공간도 남지 않았다. 완벽에 가까운 집중력과 조직력으로 바르셀로나의 공격을 차단한 인터밀란은 역습 상황에 빠르고 신속하며 치명적인 공격으로 3골을 넣었다.

캄노우 원정으로 치른 2차전에서는 2골 차로 패배하지만 않으면 되는 경기였다. 경기 초반에 모타가 퇴장당하면서 9명의 필드 플레이어는 90분 내내 수비에 임해야 했다. 무리뉴는 판데프를 모타가 빠진 자리로 내리고, 라이트윙 에토오를 판데프가 있던 위치로 옮겨 메시와 다니 아우베스가 콤비 플레이를 펼쳐 공략할 수 있는 레프트백 크리스티안 키부를 지원하도록 했다. 디에고 밀리토가 에토오의 자리로 내려와서 역습 기회를 도모했지만 공격보다는 수비 밸런스를 맞추는 데 더 집중했다.

무리뉴는 수비에만 집중한 축구를 구사하며 골문 앞에 버스를 주차해뒀다는 비판에 "우리는 버스를 주차하지 않았다. 비행기를 골문 앞에 뒀다. 양 날개를 떼어버린 비행기 말이다"라고 전술적으로 답했다. 측면에는 공간을 내줬지만 문전에는 한 치의 틈도 주지 않았다. 사무엘과 루시우라는 철벽같은 센터백이 버티고, 당시 바르사의 전방에 섰던 즐라탄 이브라히모비치도 헤딩 공격이 능한 상대가 아니며, 바르사 자체가 크로스 패스를 통한 공격 시도를 거의 하지 않기 때문에 패스 플레이와 연계 플레이가 이뤄질 수 있는 중앙 공간만을 빼곡하게 메운 것이다. 측면에서는 편안하게 볼을 잡을 수 있었지만 그것만으로는 골문 근처에도 가지 못했고, 슈팅 시도조차 할 수 없었다. 바르사의 장점이 전혀 발휘될 수 없도록 만들었다.

레알마드리드 vs FC바르셀로나

레알마드리드는 무리뉴가 인터밀란처럼 수비적인 방식에 집중한 축구로 FC바르셀로나를 상대하는 모습을 보고 싶어 하지 않았다. 주도적이고 지배하는 축구, 공격하는 축구로 승리하길 바랐다. 2010년 11월 첫 번째 엘클라시코에서 수비적 대비 없는 4-2-3-1 포메이션으로 나섰다가 0-5 참패를 당한 무리뉴는 코파델레이 결승전에서 첫 번째 엘클라시코 승리를 거두며 설욕했다. 당시 무리뉴가 꺼낸 깜짝 카드는 빠르고 거친 수비수 페페를 미드필더로 전진 배치한 것이다. 0-5 참패 과정에서 문전을 지키던 페페와 히카르두 카르발류가 가짜 9번으로 2선 지역으로 물러난 메시를 방어하는 데 전혀 힘을 쓰지 못하자 메시가 공을 잡는 위치에서 미리 괴롭히기 위한 작전이었다.

사실 페페의 전진 배치는 메시 방어라는 임무보다 바르셀로나의 패스 플레이 자체가 매끄럽게 이어지지 못하게 하도록 시도한 방법이었다. 페페는 수비형 미드필더의 자리가 아니라 공격형 미드필더 자리까지 올라가 바르셀로나의 수비형 미드필더 세르히오 부스케츠, 중앙 미드필더 차비 에르난데스를 집중적으로 따라다녔다. 그는 공격진에 자리한 프리롤 수비수였다.

부스케츠와 차비가 후방에서 볼을 뽑아내며 패스 줄기를 만드는 바르셀로나는 이들의 플레이에 제동이 걸리자 당황하기 시작했다. 메시는 공이 넘어오지 못하자 자꾸 골문보다 먼 중원 지역으로 밀려 내려갔고, 공을 잡아도 레알마드리드의 이중 삼중으로 이어진 협력 수비에 차단되고 말았다. 바르셀로나 진영 가까이서 효과적인 수비를 펼친 레알마드리드는 공격 기점 및 역습 기점도 높아졌고, 힘과 높이, 스피드를 이용한 빠른 측면 공격을 통해 바르셀로나 수비를 위협했다. 결국 연장전 추가시간에 호날두의 헤딩골로 승리를 거뒀다.

이후에도 무리뉴는 페페의 전진 배치라는 변칙 수비로 재미를 봤다. 이 방식 외에도 공격진 선수들에게 강한 전진 압박을 주문해 바르셀로나의 패스 시발점을 공략하는 방식으로 엘클라시코에서 뒤로 물러서지 않으면서 대등한 경기를 펼칠 수 있었다.

5.

무리뉴와
손흥민의 만남

: 토트넘 시대

11

시대의 변화를 읽고
끊임없이 발전하라

Jose Says, 감독 경력 내내 수많은 실수를 저질렀다. 같은 실수
를 반복하지 않겠다.

겸손한 사람이 된 특별한 남자
—

"나는 이제 겸손한 사람Humble One이다. 내 감독 경력 전체를 분석
하려고 노력했다. 그 정도로 충분히 겸손하다고 본다. 단지 지난해
뿐만 아니라, 내 모든 경력에 대해 분석했다. 그것이 진보를 의미
한다. 문제점을 찾고, 해결책을 찾는 것이다."

토트넘홋스퍼를 맡아 11개월 만에 감독직에 복귀한 주제 무리

뉴 감독은 2019년 11월 21일 기자회견에서 이렇게 말했다. 무리뉴 감독은 새로운 시대를 열며 겸손을 말했다. 지난 경력 동안 무리뉴 감독의 행보와 언행은 '겸손'과는 거리가 멀었다. 자신만만하고, 위풍당당했으며, 오만했다. 그것을 그의 승리 방정식으로 삼았다. 2000년대를 사로잡은 스타 감독 무리뉴는 2010년대에 겪은 실패를 시대의 변화에 부합하지 못한 자신에게서 찾았다. 실패가 그를 겸손하게 만들기도 했고, 이제는 백발이 된 그이기에 겸손해지기도 했다. 선수로 실패한 뒤 감독으로 성공하기 위해 부단히 노력했던 무리뉴는 도태되어가는 자신을 일으켜 세우기 위해 자신을 비판할 수 있는 용기를 갖고 있었다.

2013년 여름 레알마드리드를 떠나 첼시의 지휘봉을 다시 잡았을 때, 무리뉴 감독은 "나는 행복한 사람Happy One"이라고 했다. 2004년 여름 첼시에 부임하며 스스로를 특별한 사람Special One이라고 지칭한 뒤, 무리뉴 감독의 별명은 '스페셜 원'이 됐다. 실제로 특별한 업적을 연이어 세우면서 승승장구했다. 하지만, 영원한 승자는 없다. 첼시에서의 세 번째 시즌에 겪은 실패는, 레알마드리드에서의 세 번째 시즌에 더 큰 실패로 이어졌고, 두 번째 첼시 부임 기간에도 세 번째 시즌에 문제가 생겼다. 무리뉴 감독은 첼시 복귀 첫 시즌은 2013/2014시즌에 리그 우승은 어렵다고 했고, 실제로 팀을 재정비하는 기간으로 삼았다. 무리뉴 감독은 첫 번째 첼시 지휘 기간에 프리미어리그 홈경기 불패 신화를 썼는데, 2014년 4월 19일 선덜랜드를 상대로 1-2로 패해 이 기록이 깨지기도 했다. 하지만, 리그 4위로 차기 시즌 UEFA 챔피언스리그 진출권을 얻었고,

아틀레티코 마드리드에 패했지만 UEFA 챔피언스리그 4강 진출을 이뤄 복귀 시즌에 첼시의 견고함을 회복했다는 준수한 평가를 받았다.

정비를 마친 2014/2015시즌에 성과를 냈다. 리그컵 우승과 프리미어리그 우승의 더블을 달성했다. 겨우 3번의 패배만 허용하며 잉글랜드 챔피언이 된 첼시의 수장 무리뉴는 올해의 감독상도 거머쥐며 왕의 귀환을 알렸다. FA컵과 UEFA 챔피언스리그에서는 조기 탈락했으나 5년 만에 리그 우승을 이룬 성과가 더 빛났다. 흥미로운 대목은 당시 무리뉴 감독을 대신해 선수비 후역습 전술을 기반으로 반응형 축구의 대표주자로 떠오른 디에고 시메오네 감독의 아틀레티코 마드리드의 중심 선수를 2014/2015시즌 첼시에 이식하며 성과를 낸 것이다. 공격수 디에구 코스타와 레프트백 필리피 루이스가 아틀레티코로부터 영입됐고, 골키퍼 티보 쿠르투아는 아틀레티코 임대 생활을 끝냈다. 하지만 2015/2016시즌에 첼시는 다시 흔들렸다. 물리 치료사 에바 카르네이로와의 충돌은 무리뉴 감독과 구단, 선수단 사이의 신뢰가 흔들리는 상황이 표출된 사건이었다. 레알마드리드 시절과 마찬가지로 함께 성공을 향해 나아가는 동안에는 문제가 되지 않았지만, 성공 이후의 포만감과 더불어 타이트하게 팀을 몰아치는 스타일로 단기간에 성과를 내는 무리뉴 감독의 방식은 스타 선수들의 불만을 야기했다. 2019년 여름까지 연장 계약을 체결했던 무리뉴 감독이 2015/2016시즌도 온전히 마치지 못한 채 경질된 배경은 하위권으로 추락한 팀 성적 때문이기도 하지만, 그러한 성적을 야기한 선수단의 균열이 더 큰 문제였다. 승패는 병가의 상사다. 경기를 잘하고도 질 수 있고, 준비 밖의 변수로 질 수도 있다. 무리뉴 감독이 또 한 번 첼시에서 경질된 이유는 팀이 내부에서 무너졌기 때문이고, 감독 교체가 유일한 해결책으로 여겨졌기 때문이다.

무리뉴 감독은 오래 쉬지 않았다. 첼시에서 내쫓기는 과정에는 선수들의 문제가 없었던 것도 아니기 때문이다. 실제로 무리뉴 감독이 경질되고 첼시의 소방수로 거스 히딩크 감독이 재선임되었는데 그 역시 첼시 선수단이 가진 문제를 본질적으로 해결하지 못했다. 첼시는 2016/2017시즌 안토니오 콘테 감독이 부임하며 스리백 전술을 기반으로 회생에 성공했는데, 유럽 클럽 대항전 출전권을 아예 놓치면서 생긴 시간적 여유와, 바닥을 친 선수단의 쇄신이 반등의 동력이 됐다.

2016/2017시즌에 그가 원하던 맨체스터유나이티드의 감독직을 맡았다. 알렉스 퍼거슨 감독이 물러나며 데이비드 모예스 감독과 루이스 판 할 감독이 후임으로 지휘봉을 잡았으나 맨체스터유나이티드는 퍼거슨 감독 재임 기간의 명성을 유지하지 못했다. 선수단 영입에 지속적으로 큰돈을 썼지만 UEFA 챔피언스리그 진출권을 확보하는 일도 버거웠다. 퍼거슨 감독은 은퇴를 결정하면서 후임 감독으로 2000년대 중반부터 양강 구도를 이룬 주제프 과르디올라 감독과 무리뉴 감독을 염두에 뒀다. 과르디올라 감독은 고사했고, 무리뉴 감독도 다른 일을 하고 있었다. 무리뉴 감독은 자신도 관심을 보였던 맨유의 지휘봉을 2016년 여름 잡으며 "맨유는 거대한Giant 클럽이고, 이런 팀에는 최고의 감독Best manage이 필요하다"라

고 말했다. 2004년 여름 첼시 부임 당시 자신을 스페셜 원이라 칭했던 호기를 되찾은 모습이었다.

무리뉴 감독의 맨유 시절은 성공과 실패의 사이에 있다. FA 커뮤니티 실드 우승으로 시작한 2016/2017시즌, 프리미어리그에서는 6위로 부진했지만 UEFA 유로파리그 우승을 이뤄 2017/2018시즌 UEFA 챔피언스리그 본선 진출권을 얻었다. 유로파리그 우승은 맨유 역사상 초유의 일이기도 했다. 인터밀란을 지휘하며 좋은 인연을 맺었던 즐라탄 이브라히모비치를 비롯해 네마냐 마티치 등 베테랑 선수를 영입해 새로 세운 팀의 중심축도 전술적으로 잘 기능했다.

문제는 이브라히모비치가 장기 부상을 입은 2017/2018시즌에 발생했다. 맨유는 로멜루 루카쿠와 폴 포그바 같은 대형 선수를 영입했고, 2018년 1월 이적 시장에는 맨체스터 시티와 영입 경쟁에서 앞서 알렉시스 산체스를 품기도 했지만 무리뉴 감독 체제에서 모두 성공적으로 적응하지 못했다. 무리뉴 감독은 선수단과 잘 어울리지 못했고, 전술적으로도 최신 트렌드를 따르지 못했다. 승부사적 기질을 앞세워 압도적인 우승 팀 맨체스터 시티와 후반기 더비전에서 3-2 승리를 거두기도 했고, 끝내 리그 준우승으로 준수한 성적을 냈지만 경기력 자체로 인상 깊은 팀을 만들지 못했다. 무리뉴 감독은 화려한 축구로 리그를 지배한 과르디올라 감독, 리버풀을 역동적인 팀으로 쇄신하며 UEFA 챔피언스리그 결승전에 진출한 위르겐 클롭 감독에 뒤처졌다는 평가를 받았다.

무리뉴 감독은 맨유를 지휘한 기간 자신의 오른팔로 불린 수석코치 후이 파리아와도 결별했다. 조제 모라이스, 안드레 빌라스보아스 등과 마찬가지로 그도 스스로 감독이 되기 위해 떠났다. 무리뉴 감독은 사단이 해체되는 과정에 대처가 미흡했다. 현대 축구 팀은 감독 혼자 모든 것을 할 수 없다. 무리뉴 감독의 성공도 애초에 각 분야의 전문성을 가진 스태프의 힘이기도 했다. 공을 지배하는 과르디올라, 강렬한 전방 압박의 클롭, 확고한 수비와 역습 전술의 시메오네와 비교했을 때 무리뉴 감독은 맨유에서 공격도 수비도 어정쩡한 팀을 만들었다. 선수 구성도, 팀의 방향성도, 팀의 정신력도 명확하지 못했다. 결국 2018/2019시즌에 또 한번 급격한 부진을 겪으며 시즌 중 경질 당했다. 이번에도 부임 후 세 번째 시즌에 찾아온 위기였다. 무리뉴 감독은 지휘한 팀에서 매번 우승 컵을 들었으나, 맨유에서는 리그 우승 없이 떠났다.

재취업을 위한 기간이 어느 때보다 길었다. 그 기간 무리뉴 감독은 영국 방송 스카이스포츠의 패널로 일하기도 했다. 무리뉴 감독이 재취업을 위해 오랜 시간을 보낸 것은 그의 인기가 떨어졌기 때문이 아니라, 다시 자신을 채우고, 연이어 발생한 문제를 개선하기 위해서였다. 독일어 공부에 나섰다는 무리뉴 감독은 바이에른 뮌헨과 연결되기도 했고, 지네딘 지단 감독도 복귀 후 고전하면서 레알마드리드로 다시 돌아갈 수 있다는 소문이 돌기도 했다. 일본 J리그와 중국 슈퍼리그에서 천문학적인 거액 연봉의 제안도 있었다. 하지만 다시 감독으로 자신의 명성과 가치를 높이길 원했던 무리뉴 감독의 선택은 토트넘홋스퍼였다. 모두를 놀라게 한 결정이었다.

무리뉴와 손흥민이 만나다

—

2019년 11월 무리뉴 감독의 토트넘 부임은 전 세계적인 화제이기도 했지만, 특히 한국 팬들에게는 비현실적인 풍경을 제공했다. 세계적인 명장 무리뉴 감독이 손흥민을 지도하는 모습, 손흥민에게 농담을 하고, 얼싸안는 모습, 손흥민에게 전술적 지시를 내리고 손흥민의 골에 환호하며, 손흥민을 위해 기자 회견장에서 특유의 독설 화법을 구사하는 모습 모두 믿기지 않았다. 그런 일이 실제로 벌어졌다.

2018/2019시즌에 마우리시오 포체티노 감독 체제로 UEFA 챔피언스리그 준우승이라는 성과를 낸 토트넘은 2019/2020시즌에 우려대로 무너지기 시작했다. 포체티노 감독은 5년간 팀을 이끌며 재정적으로 리그를 선도하는 팀들에 비해 적은 돈으로 단단한 팀을 만들었다. 하지만 우승에 도전하기에는 부족했다. 2018년 여름에도 영입 선수 없이 챔피언스리그 결승 진출이라는 쾌거를 이뤘다. 하지만 리그 우승에 도전할 수 있는 고비마다 힘을 받지 못했고, 챔피언스리그 결승전에서도 스쿼드의 경험 부족 문제가 드러났다. 더 큰 문제는 2019년 여름 이적 시장에 스쿼드가 제대로 보강되지 못한 것이다. 핵심 선수인 크리스티안 에릭센과 토비 알데르베이럴트 등은 계약 만료를 앞두고 구단의 연장 계약 제안에 응하지 않았다. 토트넘이 우승이라는 목표를 위해 무리하게 지출하기 보다. 새로 지은 경기장으로 생긴 재정 부담을 최소화하면서 적자를 보지 않고 효율적으로 구단을 운영하는 것에 집중하고 있기

때문이다. 포체티노 감독도 이를 야망 부족이라고 지탄했다. 하지만 경영적인 측면에서 마냥 비판할 수 있는 부분은 아니었다.

포체티노 감독 자신도 불만이 쌓인 가운데 동기부여가 떨어진 선수단은 2019/2020시즌 개막 후 급격히 흔들렸다. 포체티노 감독이 2019년 11월 경질됐을 때 리그 순위는 14위까지 떨어졌다. 여러 감독이 후임 물망에 올랐지만 이미 레알마드리드나 맨체스터유나이티드, 바이에른 뮌헨 등 빅클럽과 연결되는 포체티노 감독을 대신할 감독을 찾는 일이 쉽지 않았다. 더구나 토트넘의 방향성을 아는 명장들이 이 자리를 크게 탐내지도 않았다. 그런데 무리뉴 감독이 깜짝 부임했다. 무리뉴 감독의 첼시 입성을 주도한 이스라엘 출신 에이전트 피니 자하비가 움직였다. 무리뉴 감독은 토트넘이 보유한 선수단이 자신의 전술 방향성을 구현하기에 적합하며, 부족한 부분을 채울 자금 지원을 약속받자 토트넘의 제안에 응했다. 무리뉴 감독은 젊고 야망 있는 선수들, 속도감과 활동력을 갖춘 선수들을 원했고, 토트넘에는 그런 선수들이 있었다.

특히 감독의 지시를 전심으로 따르며, 역습 시 폭발적인 스피드로 뒤 공간을 파고 과감한 슈팅으로 해결하는 손흥민은 무리뉴 감독이 총애하는 선수가 됐다. 손흥민은 2019년 11월 23일 웨스트햄과 2019/2020 프리미어리그 13라운드, 무리뉴의 토트넘 데뷔전에 첫 골을 작렬하며 기대에 부응했다.

무리뉴 감독은 토트넘 부임 회견에서 "지난 5년 반 동안 만들어진 기반을 존중하겠다"라고 했다. 웨스트햄과 23일 2019/2020 프리미어리그 13라운드 경기에 내세운 포메이션은 지난 몇 주간 포체티노 감독이 배열한 것과 다름없는 4-2-3-1이었다. 무리뉴 감독은 "포메이션에 변화를 주지 않을 것"이라며 "그러나 세부 사항에는 변화가 있을 것"이라고 예고한 바 있다. 그 변화의 동인은 "선수들이 편하게 뛰는 것"이다.

현대 축구 전술은 선수들의 높은 기술력과 전술 이해력, 몇 수 뒤의 상황을 끌어내는 복잡한 콤비네이션으로 이어지는 포지션 플레이로 진화해왔다. 포체티노 감독의 토트넘도 낮은 곳에서 시작하는 빌드업과 풀백의 전개 관여, 전방 지역 선수들의 기술적 하모니를 선보였다. 델레 알리, 크리스티안 에릭센, 손흥민, 해리 케인으로 이어진 DESK 라인은 기술, 창조성, 속력, 결정력을 절묘하게 융합했다.

에릭센이 동기부여나 경기 컨디션 측면에서 정점에서 내려온 가운데 무리뉴 감독은 과거 본인이 이끌었던 팀의 성공 방정식인 좌우 윙어를 활용한 공격 형태를 시도했다. 해리 케인을 원톱으로 두고 돌파력을 갖춘 손흥민과 루카스 모우라를 동시에 선발 출전시킨 것이다. 그리고 이들에게 패스를 공급해 줄 10번 자리에 델레 알리를 배치했다.

"여러분은 때때로 4-3-3이나 4-2-3-1을 보고 같다고도 생각할 수 있다. 하지만 결코 같지 않다. 같은 포지션, 전술적 기반을 갖고 있지만 가장 중요한 것은 어떤 역동성을 가져오느냐다. 난 내 방식대로 하고자 했다. 나는 선수들이 편안하게 뛰도록 하고 싶었다. 우리는 종종 선수들에게 이미 준비되어 있지 않은, 주지 않은 것을 요구하며 일을 복잡하게 만든다. 난 해리, 손흥민, 루카스, 윙크스,

에릭에게 그들을 가장 쉽게 만드는 것, 그들의 능력에 적응된 것이 무엇이냐고 물었다."

공을 기반으로 경기를 지배하길 원하는 팀은 선수들이 개별 포지션의 역할에 집중하기 보다 상황에 따라 포지션과 역할을 바꿔가며 공간을 만드는 플레이를 추구한다. 이러한 플레이는 높은 이해력과 오랜 훈련을 통해 숙련해야 한다. 무리뉴 감독은 이틀간 팀에 변화를 주기 위해 선수들의 역할을 단순화하고, 전술적 허점을 최소화하는 데 집중했다.

전통적 9번 공격수를 선호하는 무리뉴 감독은 케인으로 하여금 전방 포스트 플레이와 2선 연계 플레이 등 전술적 역할을 주문했다. 케인이 상대 센터백을 묶어두는 미끼이자, 좌우 윙이 침투할 때 패스 레인을 형성하도록 했다. 케인이 부지런히 뛰어준 것은 손흥민과 루카스에게 공간을 만들어주는 것은 물론, 델레 알리의 수비 부담도 덜어줬다.

무리뉴 체제의 첫 경기에서 토트넘은 공격과 수비의 경계가 명확했다. 라이트백 세르주 오리에가 오른쪽 윙어처럼 뛰면서 앞에 언급한 4명의 선수와 더불어 5명의 선수가 공격 역할을 했다. 그리고 두 명의 수비형 미드필더 해리 윙크스와 에릭 다이어가 오버래핑을 자제한 채 사실상 스리백을 형성한 벤 데이비스, 토비 알데르베이럴트, 다빈손 산체스와 5명의 수비를 형성했다.

웨스트햄은 4-4-1-1 포메이션으로 나섰는데, 토트넘이 5명의 공격적인 선수를 배치하면서 포백이 수적 우위를 점하기 어려웠다. 케인이 두 명의 센터백을 묶어두고, 두 명의 중앙 미드필더는 손흥민, 알리, 루카스 내지 윙크스, 알리, 다이어를 상대해야 했다. 센터백과 풀백 사이를 공략하는 손흥민과 루카스의 공격에 웨스트햄의 좌우 측면 미드필더 야르몰렌코와 펠리피 안데르송은 수비적 기여가 부족했다.

무리뉴 감독은 공격 전개에 복잡하고 많은 패스를 요구하지 않았다. 스리백에서 좌우로 벌린 데이비스와 산체스가 하프 스페이스나 측면으로 길게 공을 뽑아주고, 돌파력을 갖춘 손흥민, 루카스, 오리에를 통해 중앙 지역에 슈팅 공간을 만들었다.

손흥민과 오리에가 사이드 라인에 가깝게 뛰면서 웨스트햄 수비 간격을 벌려 놨고, 중앙 지역에서 델레 알리와 루카스가 공을 잡거나, 전방으로 침투할 수 있는 자유가 생겼다. 손흥민, 알리, 루카스는 2선 지역에서 공을 전달받았을 때 능숙하고 편안하게 돌파했다.

손흥민은 수비 시 4-4-2 대형으로 변한 토트넘의 왼쪽 측면에서 수비적으로도 부지런히 뛰었으나 무리뉴 감독 체제에서 케인을 위한 전술적 미끼로 허비되지 않을 것이다. 웨스트햄전 토트넘의 두 윙어는 케인의 보조자가 아니라 중앙 지역에서 상대 수비의 견제를 유도한 케인과 알리의 존재로 돌파와 슈팅을 위한 많은 공간을 얻었다. 손흥민도 사이드라인으로 벌렸다가 적극적으로 좁혀들어와 슈팅 기회를 얻었다.

토트넘의 세 골은 후방 빌드업 상황에서 나오지 않았다. 손흥민의 선제골은 웨스트햄의 공격 패스를 차단한 직후 신속하게 전개됐고, 루카스의 득점은 웨스트햄의 롱볼 전개를 차단하며 진행됐다. 케인의 헤더 득점도 웨스트햄의 파울 뒤 빠르게 프리킥 패스를 연결하며 이뤄졌다. 많은 인원의 많은 패스가 필요치 않은 득점이었다.

손흥민의 득점이자 선제골 상황은 윙크스가 2선의 알리에게 패스하고, 2선에 있던 손흥민이 웨스트햄 포백 뒤 공간으로 침투하며 공을 받아 마무리했다. 이때 케인은 손흥민, 알리, 루카스보다 뒤에 있었다. 공을 받기 위해 아래로 내려오면서 전방에 공간을 비웠다. 이 공간을 손흥민과 루카스가 가짜 투톱처럼 활용했다. 알리가 공을 잡았을 때 손흥민과 루카스가 나란히 배후로 침투하며 웨스트햄 수비를 혼란에 빠트렸다.

두 번째 득점 상황은 다이어가 역습 상황에서 왼쪽 측면으로 벌린 알리에게 패스했다. 케인과 루카스가 전방에서 배후로 달려들 준비를 했다. 왼쪽 측면 수비에 가담했던 손흥민이 빠르게 전진해 알리의 패스를 받아 왼쪽 측면을 파고든 뒤 문전 오른쪽으로 깊숙이 패스를 넘겼다. 루카스가 논스톱 슈팅으로 마무리했다.

오프사이드에 걸리기는 했지만 데이비스의 전진 패스, 알리의 스루 패스에 이은 케인의 슈팅은 손흥민과 루카스가 좌우에 배치되어 중앙 지역에 틈을 만들었다. 그동안 알리는 에릭센이나 에릭 라멜라, 조반니 로셀소 등과 호흡을 맞추며 본인의 주도로 2선을 운영하기 어려웠다. 홀로 공격형 미드필더 자리에서 10번 역할을 맡자 탈압박과 스루 패스로 좋은 기점 패스와 키패스를 만들었다. 두 명의 수비형 미드필더가 지원하며 공격에만 집중할 수 있었고, 세 명의 공격수가 앞에 있으니 패스 옵션도 많았다. 특히 돌파

와 득점에 능한 손흥민과 루카스의 '투 윙어'는 무리뉴의 주요 득
점 루트가 될 가능성을 보였다.

무리뉴 감독판 토트넘홋스퍼의 황태자는 델레 알리지만, 전술적
열쇠는 손흥민이다. 무리뉴 감독은 손흥민에게 종전 윙어 역할과
더불어 윙백 역할까지 주문하고 있다. 손흥민은 무리뉴 감독 체제
에서 이 임무를 완벽하게 소화하며 전술적으로 진화했다.

손흥민을 진화시킨 무리뉴의 활용법

—

11월 30일, 본머스와 2019/2020 프리미어리그 14라운드 경기에
손흥민은 두 개의 어시스트를 기록했다. 무리뉴 감독의 비대칭 스
리백 전술의 중심에 왼쪽 측면 공격수 손흥민이 있다. 놀라운 속도
와 체력에 수비 가담 능력을 갖춘 손흥민의 헌신이 아니었다면 이
전술은 측면 수비에 큰 허점을 드러냈을 것이다. 손흥민은 풀백보
다 센터백에 가까운 페르통언이 뛴 본머스전에 측면 수비에 더 많
은 비중을 둔 위치에 서서 본머스의 우측 공격을 제어했다.

손흥민은 수비 상황에 적극 따라붙으며 무려 6개의 태클을 성공
했고, 걷어내기도 한 차례 기록했다. 전반 3분 본머스 라이트백 잭
스테이시의 전진을 빠르게 달려들어 차단한 장면, 전반 37분 라이
언 프레이저와 일대일로 마주한 상황에서 영리하게 공만 따낸 수
비 장면은 백미였다. 손흥민은 교체 아웃된 87분까지 파울이나 경
고 없이 토트넘의 측면을 완벽하게 지켰다.

손흥민의 수비 영향력은 토트넘이 손흥민이 교체 아웃된 이후엔 후반 추가시간에 왼쪽 수비 지역에 공백이 생겨 해리 윌슨에게 만회골을 허용한 장면에서 드러났다. 손흥민 대신 투입된 조반니 로셀소, 알리가 빠진 자리를 채운 해리 윙크스는 스리백 앞을 제대로 보호하지 못했다.

어린 시절부터 폭발적인 스피드와 양발을 통한 슈팅 능력이 장점으로 꼽힌 손흥민은 공이 없을 때 영향력이 적다는 점을 숙제로 지적받았다. 본머스와 경기에서 손흥민은 공이 없을 때 더 빛났다. 페르통언 앞 영역을 적시에 커버하며 수비한 것은 물론, 수비에서 공격으로 전환할 때는 빠르게 공격 지역으로 달려들어 상대 수비를 분산시키거나, 돌파를 통해 직접 허물고, 결정적인 패스로 동료의 슈팅을 끌어냈다.

손흥민은 공격적으로 4개의 키 패스를 기록해 이 부문에서도 경기에 출전한 모든 선수 중 최다 기록을 남겼다. 이 중 두 개의 패스는 어시스트로 연결됐다. 어시스트는 사실 공을 받은 선수의 슈팅이나 돌파 등 득점자의 지분이 높은 경우도 많다. 손흥민이 이날 기록한 두 개의 어시스트는 순도와 비중이 높았다.

전반 21분 델레 알리의 선제골은 토비 알데르베이럴트가 수비진에서 본머스 수비 배후로 길게 연결한 롱패스가 기점이다. 왼쪽 측면에서 뒤로 처져 있던 손흥민이 이 공의 낙하지점을 향해 누구보다 열심히 뛰어갔다. 본머스 수비가 견제하러 다가오자 손흥민은 이 공을 잡거나, 바로 슈팅하는 대신 옆에서 따라 들어온 알리에게 논스톱 패스로 내줬다. 손흥민은 공의 낙하지점을 확인하고 달려가면서 알리가 뛰어들어오는 것도 파악했다. 계산된 어시스트였다.

이 선제골이 경기 초반 단단한 수비에 이은 날카로운 역습으로 토트넘을 위협하던 본머스의 기세를 꺾었다. 알데르베이럴트의 롱패스도, 알리의 마무리도 손흥민의 질주와 패스가 아니었다면 빛날 수 없었다. 토트넘은 후반 5분에는 알데르베이럴트의 롱패스에 이은 알리의 문전 기술로 한 골을 더 넣었다.

손흥민은 후반 14분에도 역습 상황에서 자신의 진가를 발휘했다. 왼쪽 측면에서 기본 위치가 낮았음에도 놀라운 스프린트 능력을 통해 왼쪽 측면 전망으로 튀어 들어가며 침투 패스를 받았다. 속도와 타이밍을 살리기 위해 왼발로 문전 우측을 향해 크로스를 보냈고, 무사 시소코가 논스톱 슈팅으로 마무리했다. 3-0으로 달아나는 골이었으나 무리뉴 감독 체제 들어 후반 실점이 늘어난 토트넘은, 결국 이 골로 승리할 수 있었다.

손흥민의 도움은 모두 경기에 가장 결정적인 골로 연결됐다. 양발 슈팅이 장점으로 꼽히던 손흥민은 양발 크로스도 그의 무기라는 것을 알렸다. 손흥민을 상대하는 수비수들이 그의 패턴을 예측하기 더 어렵게 됐다. 왼쪽에서 공을 잡았을 때 꺾고 들어오면서 슈팅할 수 있을 뿐 아니라 그대로 핀포인트 크로스를 올릴 수 있다는 점은 수비수의 머릿속을 더 복잡하게 만들 수 있다.

안정된 측면 수비와 예리한 오버래핑은 공격적인 왼쪽 윙백의 임무로 볼 수 있다. 레알마드리드를 지휘했던 주제 무리뉴 감독은 왼쪽 측면 공격수 크리스티아누 호날두의 득점력을 극대화한 것뿐 아니라, 왼쪽 풀백 마르셀루의 잠재력도 폭발시켰다. 마르셀루는 무리뉴 감독 부임 전 수비에 약점이 있는 공격력 좋은 레프트백으로 평가됐다. 무리뉴 감독 체제에서 측면 수비력이 발전했고, 그와 더불어 호날두와 근거리에서 콤비네이션 플레이를 펼치며 공격적 장점도 잃지 않았다.

무리뉴 감독은 라이트백 자리의 세르주 오리에를 전진시키고, 오른쪽 측면 공격수를 더 안으로 좁힌 뒤 델레 알리를 왼쪽 하프스페이스에 배치하고 있다. 그로 인해 손흥민이 조금 뒤로 내려가지만, 공격 상황에서는 손흥민이 사이드라인을 기반으로 왼쪽 측면을 차지하고, 알리와 근거리에서 호흡하며 상대 수비를 흔드는 패턴을 활용하고 있다. 때로 알리가 측면으로 빠지고, 손흥민이 안으로 들어오기도 한다. 올림피아코스전에는 이런 교차 움직임을 통해 골이 나오기도 했다.

무리뉴 감독은 전술적 장점이 많은 손흥민을 레알 시절 호날두처럼 득점 상황에만 한정시키지 않고 윙어와 윙백의 임무까지 주면서 다각도로 활용하고 있다. 체력적으로나 전술적으로 2인분 이상을 시키고 있다. 주는 임무가 많다는 것은 그만큼 신뢰한다는 이야기다.

손흥민은 레알 시절 호날두가 보인 플레이, 레프트백 마르셀루가 보인 플레이를 모두 해내고 있다. 질주하며 전진하거나, 측면 지역 수비로 상대 공격을 차단하고 공격 빌드업의 기점이 되고 있다. 호날두와 근거리 콤비네이션은 알리와 근거리 조합이 유사성을 보인다. 손흥민은 최전방에도, 측면에도, 중앙에도 설 수 있는 선수다. 포체티노 감독도 윙백으로 기용한 적이 있었는데 한계를 보였다. 무리뉴 감독 체제에선 이마저도 성공적이다.

무리뉴 감독이 손흥민에게 왼쪽 측면 공격과 수비 전술의 중책을 맡기는 이유는 현 스쿼드 안에서 충분한 수비력과 역동성, 전술 이해력을 겸비한 레프트백이 없기 때문이기도 하다. 벤 데이비스는 속력에서, 로즈는 수비력과 빌드업에서 각각 부족한 부분이 있다. 무리뉴 감독은 비대칭 스리백으로 수비 및 빌드업의 허점을 상쇄하면서 손흥민을 통해 측면 화력을 극대화하고 있다.

손흥민의 체력 부담이 커지는 전술이라는 점에서 시즌 내내 지속하기는 어렵다. 무리뉴 감독은 웨스트햄전에 이어 본머스전에도 경기를 마치고 나오는 손흥민은 진하게 안아주고 격려했다. 경기 후 기자회견에서는 손흥민의 득점이 없었던 것에 대해 "그런 아름다운 크로스는 0.5골은 된다"라고 칭찬했다.

무리뉴의 지휘 아래 탄생한 손흥민의 원더골

—

12월 8일 번리와 2019/2020 프리미어리그 16라운드에 손흥민이 기록한 골은 전 세계적으로 화제가 됐다. 무리뉴 감독 체제에서 손흥민이 너무 수비적으로 경기한다는 우려를 불식시킨 활약이 나왔다. 수비 지역부터 상대 골문까지 70여 미터를 단독 돌파하고 득점해 브라질의 '페노메노' 호나우두, '축구신동' 디에고 마라도나, '축구의 신' 리오넬 메시 등과 비교됐다. 2019년 올해의 골이 손흥민의 몫이라는 주장이 개리 리네커, 앨런 시이러 등 잉글랜드 축구 전설들의 입에서 나왔다.

손흥민은 번리와 전반전에 토트넘이 기록한 세 골에 모두 관여했다. 그와 더불어 골대를 때린 무사 시소코의 슈팅도 손흥민의 키 패스에서 나왔다. 무리뉴 감독이 번리를 공략하기 위해 준비한 역습 공격 전술의 핵심이 손흥민이었다는 점이, 그의 놀라운 단독 돌파보다 의미 있다. 무리뉴 감독 체제에서 손흥민이 확고한 입지를 다지고 있으며, 월드 클래스 공격수 반열에 오를 만큼 명확한 강점을 가진 선수라는 점을 증명하기 때문이다.

경기 시작 4분 만에 나온 해리 케인의 선제골은 케인의 슈팅 자체가 워낙 좋았으나 전개 과정이 신속해 케인이 편안한 자세로 슈팅할 수 있었다. 손흥민을 향한 토비 알데르베이럴트의 롱패스 전개가 한차례 차단되고 나서, 이 볼을 차단해 공격 빌드업으로 전개한 번리 라이트백 매튜 로턴의 전진 패스를 알데르베이럴트가 차단함과 동시에 논스톱 롱패스로 전방에 보냈다.

무리뉴 감독 부임 후 자신의 롱패스 능력을 뽐내고 있는 알데르베이럴트의 이 선택이 선제골 과정에 가장 주효했다. 번리가 공격을 위해 미드필드 라인을 전진시키고 있어 포백 라인 앞 공간이 크게 열렸고, 알데르베이럴트는 전진하는 최종 수비 라인의 앞, 그리고 로턴이 전진하며 틈이 생긴 왼쪽 공격수 손흥민에게 공을 연결했다. 손흥민은 자신에게 전달된 공을 받지 않고 논스톱으로 케인에게 내줬다. 케인이 달려들어오며 가속을 붙인 데다, 번리 수비수들이 뒤로 물러서고 있었기 때문이다.

케인은 손흥민과 원투패스를 시도할 수도 있었지만 타코우스키가 손흥민을 막기 위해 따라 내려가고, 로턴과 미의 커버 타이밍이 늦자 그대로 중거리슛을 시도했다. 주변에 누구의 견제도 받지 않아 훈련장에서처럼 편하게 슈팅할 수 있었고, 시원하게 골 망을 흔들었다. 적절한 위치를 점하고, 쇄도하며, 간결하게 패스한 손흥민의 패스는 케인이 시도한 슈팅의 질과 별개로 전술적 가치를 인정할 수 있는 어시스트였다.

델리 알리의 도움으로 기록된 전반 9분 루카스 모우라의 추가골도 손흥민의 지분이 크다. 모우라의 두 번째 골은 손흥민 원더골의 예고편과 같았다.

전개 과정은 선제골과 유사하다. 로턴의 공격 전개 패스를 차단함과 동시에 손흥민에게 역습 패스를 넣었다. 가차니가의 골킥을 로턴이 달려 나오며 자르고 앞에 있는 맥닐에게 패스했으나 맥닐이 다리 사이로 빠트리며 확보하지 못했다. 페르통언이 자르면서 그대로 손흥민에게 패스했다.

로턴이 이미 전진해서 자리를 비운 상황이라 손흥민이 편하게 공을 잡고 드리블을 시작했다. 번리 수비 두 명을 달고, 두 명을 가뿐하게 제치며 문전 왼쪽을 파고든 손흥민의 슈팅이 골키퍼 포프에게 걸렸고, 수비수 미를 튀어 오른 볼을 알리가 헤더로 연결, 모우라가 밀어 넣었다. 상대 공격 전개 실수를 공략한 전형적인 역습 공격이었고, 손흥민의 역습 상황 질주 능력이 주효했던 골이다.

대미를 장식한 전반 32분 손흥민의 직접 득점은 12초 만에 80야드를 주파하며 번리 수비 7명을 무력화했다는 통계 기록이 유럽

유력 매체들로 인해 화제가 됐다. 이 득점도 번리의 장거리 프리킥 공격을 차단하며 이어진 역습이다. 페르통언이 타코우스키와 경합에서 공을 따내며 바로 밀어준 공을 손흥민이 잡았다.

손흥민이 공 운반을 시작했을 때 뒤에 두 명, 앞에 네 명의 수비수가 있었다. 알리가 왼쪽으로 전진하고, 모우라가 오른쪽에 있었다. 케인은 공중볼 수비를 위해 수비 지역까지 내려가 있었다. 손흥민은 경기 후 인터뷰에서 밝힌 대로 본래 왼쪽 사이드로 빠진 알리에게 패스하려 했으나 주변 패스 동선이 막혀 그대로 돌파를 택했다.

오른쪽에 모우라가 공을 기다렸으나 손흥민이 돌파하는 과정에 살짝 공이 길었고, 이 공을 다리 잡고 패스하기엔 주변 수비의 압박이 거셌다. 손흥민은 계속 이 수비들을 따돌리는 과정에서 스프린트를 멈출 수 없었고, 그렇게 공간을 찾아 치고 가다 보니 자신이 가장 빠르게, 골문 가장 가까운 위치까지 올라가 슈팅까지 마무리한 것이다.

손흥민이 패스로 골의 길을 열기도 하지만 직접 치고 들어가 슈팅까지 할 수 있는 선수라는 점에서, 엄청난 속도를 갖춘 선수라는 점에서 번리 수비는 공을 잡은 손흥민 근처를 떠날 수 없었다. 상대 수비가 전술적으로 주도권을 잡을 수 없게 만드는 손흥민의 역습 능력이 결국 원더골로 이어졌다. 무리뉴 감독은 이 골을 보고 1996년 FC 바르셀로나의 코치로 일할 때 브라질 공격수 호나우두가 성공한 경이로운 득점을 추억했다.

"내가 여기에 온 지 12일 정도 된 것 같은데, 벌써 손흥민과 사랑에 빠진 것 같다. 손흥민은 환상적인 선수이자, 훌륭한 인간이다. 구단의 모든 사람들은 그와 있을 때 행복을 느낀다. 손흥민은 알렉스 퍼거슨 감독이 지도한 박지성과 같다. 한국 선수들은 매우 겸손하고 코치가 가능하다. 그들은 항상 배우길 원한다. 이는 문화적인 차이 같다. 손흥민을 부모님을 최근에 만났는데, 그의 모든 것이 어디에서 왔는지 알 수 있었다."

무리뉴 감독과 손흥민은 시작부터 좋은 화학 작용을 일으키며 토트넘의 새로운 전성시대를 만들고 있다. 와신상담 끝에 토트넘을 자신의 감독 경력 3막의 팀으로 택한 무리뉴 감독의 핵심 선수로 손흥민이 낙점됐다는 점은 손흥민이 월드 클래스 선수라는 점을 입증하는 증거다. 더불어 손흥민이 앞으로 무리뉴 감독 체제에서 더 큰 선수로 성장할 수 있다는 기대감을 준다.

손흥민을 위한 전술, 가레스 베일 합류

—

2019/2020시즌 토트넘은 코로나19 팬데믹으로 인한 락다운Lockdown 기간이 전화위복이 됐다. 토트넘 공격의 전부라고 해도 과언이 아닌 해리 케인과 손흥민이 나란히 부상으로 이탈해 시즌 막판 극심한 전력 손실을 맞았으나 6월 중순 리그 재개 시점에 맞춰 두 선수 모두 복귀했기 때문이다. 토트넘은 2020년 6월 19일 맨체스터유나이티드와 프리미어리그 30라운드 경기로 다시 축구를 시작했다. 1-1로 비긴 맨유전을 포함해 9경기에서 5승 3무 1패를

기록하며 최종 순위 6위로 2020/2021시즌 UEFA 유로파리그 진출권을 얻었다. 아스널이 FA컵 우승을 차지하면서 2차 예선부터 치러야 하는 강행군 일정표가 주어졌으나 유럽 대항전에 참가할 수 있다는 점은 여러모로 큰 성과다. 유로파리그는 우승 시 차기 시즌 챔피언스리그 진출권이 주어진다. 토트넘이 재정적으로 안정적으로 운영되기 위한 최대 목표가 유럽 대항전 출전이고, 궁극적인 목표는 챔피언스리그 출전이다. 토트넘은 2007/2008시즌 리그컵 우승 이후 13년째 무관의 시즌을 보내고 있다. 리그컵은 토트넘이 참가할 수 있는 대회 중 가장 권위가 낮은 대회다. 메이저 타이틀은 1961년 1부리그 우승, 1991년 FA컵 우승이 마지막이다. 유럽 대항전 우승은 1984년 UEFA컵 우승으로 거슬러 올라가야 한다.

무리뉴 감독은 시즌 중간에 부임한 토트넘에서 첫 시즌을 마친 뒤 계약 기간 안에 우승컵을 남기고 가고 싶다는 말을 했다. 첫 풀 시즌이자 2년 차 시즌에 무리뉴 감독이 노릴 수 있는 최고의 타이틀이 유로파리그다. 프리미어리그 우승 경쟁에 임하는 것이 현실적으로 쉽지 않다는 점에서, 포르투와 맨체스터유나이티드에서 유로파리그 챔피언이 되었던 전력이 있다는 점에서 현실성 있는 목표다. 그리고 무리뉴 감독은 이 목표를 달성하기 위한 전술적 플랜 A를 세밀하게 다듬었다. 락다운으로 3개월여 기간 동안 축구 경기가 멈춘 것은 오히려 무리뉴 감독이 토트넘 선수들에게 새로운 전술 구조를 이식할 수 있는 기회가 되기도 했다.

락다운 이후 토트넘 전술의 가장 극적인 변화는 손흥민의 평균 위치와 역할이다. 토트넘은 무리뉴 감독 체제에서 손흥민, 해리 케인, 루카스 모우라를 스리톱으로 뒀다. 델리 알리가 컨디션 난조를 겪으며 아르헨티나 미드필더 조반니 로셀소가 공격형 미드필더 주전으로 올라섰다. 로셀소는 알리와 비교했을 때 수비 가담 능력과 활동력이 더 좋다. 손흥민의 수비 부담을 덜어줄 수 있는 선수다. 락다운 전 손흥민은 왼쪽 측면에서 토트넘의 약점인 풀백 수비력을 커버하며 많은 거리를 뛰어야 했다. 락다운 이후에는 무리뉴 감독이 로셀소의 전방 압박 비중을 높이고 오른쪽 공격수 루카스 모우라를 오른쪽 미드필더에 가깝게 뛰도록 평균 위치를 내렸다. 그 덕분에 손흥민은 사실상 해리 케인과 투톱에 가깝게 높은 위치를 차지할 수 있다. 보다 공격에 집중할 수 있게 된 것이다. 왼쪽 측면에서 높은 위치를 차지한 손흥민은 마치 무리뉴 감독이 레알마드리드 시절 왼쪽 측면 공격수 크리스티아누 호날두를 중앙 공격수 카림 벤제마 보다 더 활발하게 문전으로 진입시켜 주 득점원으로 삼은 것처럼 골 사냥에 집중했다.

이러한 전술 구조는 2020/2021시즌에 더 명확해졌다. 다니엘 레비 토트넘 회장은 막대한 돈을 투자한 토트넘홋스퍼 스타디움이 당분간 코로나19 영향으로 무관중 경기를 치러야 하는 상황이 되자 구단 수익 모델을 스타 선수 영입과 챔피언스리그 참가를 통한 상업성 강화, 미디어 마케팅 가치 강화로 전환했다. 피에르 에밀 호이비에르(미드필더), 세르히오 레길론(레프트백), 맷 도허티(라이트백), 조 로돈(센터백), 카를로스 비니시우스(공격수) 등 필요한 포지션 보강뿐 아니라 가레스 베일 재영입이라는 특급 계약을 체결하며 토트넘 스쿼드의 깊이와 화려함을 강화했다.

원하는 전술적 카드를 손에 넣은 무리뉴 감독은 레알마드리드 시절의 속공 축구를 제대로 구현하기 시작했다. 득점 패턴의 중심은 손흥민이다. 벤제마를 9.5번 공격수로 썼던 무리뉴 감독은 최전방 스트라이커 케인이 2선으로 내려와 상대 수비를 끌어내고 공간을 만든 뒤 스루 패스를 찔러 넣은 유형의 플레이를 주문했다. 케인이 내려오며 생긴 공간으로 손흥민이 달려들고, 케인의 패스를 받아 득점한다. 이러한 플레이로 사우샘프턴과의 경기에서는 손흥민이 4골, 케인이 4도움을 기록하는 역대 최고의 경기가 펼쳐졌다. 맨체스터유나이티드를 상대로는 원정 경기에서 6-1로 크게 이겼고, 손흥민과 케인이 나란히 2골 1도움을 기록했다.

여기에 가레스 베일이 함께 하는 KBS 트리오가 구축되면서 무리뉴 감독 체제의 토트넘은 단숨에 강호로 부상했다. 해리 레드넙 전 토트넘 감독은 "토트넘은 프리미어리그 우승도 할 수 있는 전력이다. 내가 미친 소리를 하는 게 아니다"라고 말하기도 했다.

다니엘 레비 회장의 짠물 이적 협상 방식 속에도 토트넘이 좋은 선수들을 영입할 수 있었던 배경에는 무리뉴 감독의 축구계 위상이 있었다. 레알마드리드 소속 스페인 대표 풀백 세르히오 레길론의 경우 맨유와 인터밀란의 제안도 받았으나 무리뉴 감독이 개인적으로 전화를 걸어 설득해 토트넘 이적을 선택했다. 그 외 많은 선수들이 개인 조건이 낮더라도 무리뉴 감독과 함께 하고 싶다는 의지를 보였다.

무리뉴 감독은 2020/2021시즌 참가하는 세 개의 컵 대회를 통해 자신의 능력을 보여줄 전망이다. 주력 선수 다수가 이탈했던 첼시와 카라바오컵 16강전에는 케인의 휴식, 손흥민의 부상 이탈 속에 두 명의 윙어 스테번 베르흐베인과 에릭 라멜라를 투톱으로 배치한 3-5-2 변칙 포메이션으로 승부차기 승리를 끌어내며 8강 진출에 성공했다. 2019/2020시즌 무리뉴 감독의 토트넘 생활 내부 모습을 공개한 아마존 프라임 다큐멘터리 〈모 아니면 도–토트넘 편〉은 무리뉴 감독이 토트넘에서 인간적으로, 전술적으로, 그리고 직업적으로 얼마나 훌륭하게 감독 역할, 리더 역할을 수행하는지 보여준다. 그는 여전히 자신의 능력을 바탕으로 카리스마를 발휘하는 지휘자이며, 선수들을 마음으로 대하고, 솔직하게 대하며, 프로적으로 결정을 내리는 리더다.

물론, 이 모든 덕목은 프로 스포츠의 세계에서 '결과'를 가져와야 성공으로 평가받을 수 있다. 무리뉴 감독이 토트넘에 14년 만의 우승컵을 가져다준다면, 또 하나의 역사를 만들 수 있다. 유럽 무대에서 10년 이상 활약하고 있는 손흥민의 유일한 아쉬움이 우승 경력이 없다는 점이다. 무리뉴 감독은 손흥민에게 우승 커리어를 줄 수 있고, 토트넘을 빅클럽으로 도약시킬 수 있는 리더다. 실패를 통해 더 강해진 무리뉴 감독의 도전을 한국 축구 팬들이 주목하고 기대해야 하는 이유다.

문제의 원인을 내게서 찾아라

"나의 DNA를 잃지는 않았다. 뭐가 좋고 나쁜지를 떠나 내 정체성을 잃어버리지는 않았다. 하지만 많은 것을 생각했다."

토트넘 감독을 맡아 현장에 돌아오면서 무리뉴 감독은 자신의 지난 경력을 복기하며 실패의 원인을 분석하고 개선 방안까지 쥔 채 돌아왔다. 무리뉴 감독은 "내 경력을 분석하면서 원칙으로 삼은 것은 남을 비난하지 않겠다는 것"이라며 문제의 원인을 구단, 선수, 스태프 등 외부가 아니라 철저히 자신에게서 찾고 스스로의 개선을 도모했다. 무리뉴 감독은 이를 통해 "나는 더 강해졌다"라고 했다.

"더 준비되었다는 것은 아니다. 난 언제나 준비되어 있었다. 다만 더 편해졌고, 더 동기부여가 됐으며, 감정적인 면에서 더 강해졌다."

무리뉴 감독은 경기를 준비하고 팀을 운영하는 기조에 대해선 이전에도 철저했다고 자부했다. 새로운 트렌드에 맞추기 위해 그는 휴식 기간 자주 지켜본 프랑스 클럽 릴에서 주제 새크라멘투 수석코치를 영입했다. 만 30세에 프로 선수 경력이 없는 젊고 명민한 코치를 새로운 오른팔로 삼은 것이다. 이미 유럽 축구계에서는 무리뉴 감독은 새로운 사단을 꾸리기 위해, 젊은 코치를 찾아 유럽 전역을 돌고 있다는 소문이 있었다. 새크라멘투가 무리뉴 감독의 선택을 받았다.

무리뉴 감독 스스로도 포르투갈에서 개발된 전술 주기화를 통해 성공한 이론가다. 그의 성공 과정에는 내부 논의 과정에서 무리뉴 감독과 때로는 의견 충돌도 불사하며 토론한 사단이 있었다. 무리뉴 감독은 새로운 사단을 구성하고, 선수를 대하는 새로운 방식과 언론을 향해 더 부드러운 모습을 취하며 자신이 무기로 삼았다가 자신의 발목을 잡게 한 문제들을 고쳤다. 새로워진 무리뉴가 새로운 도전에 나선다.

"프리시즌 기간에 무언가를 잃어버린 느낌을 받았지만, 그것은 무언가를 배우는 과정이었다는 것을 깨달았다."

이보 전진을 위한 일보 후퇴. 계속 쳇바퀴 같은 시즌 속에 자신을 돌아보기 어려웠던 무리뉴 감독은 쉬면서 배우고 더 강해졌다. 본질은 같다. 그는 다시 승리로 자신을 증명하겠다고 말했다.

"나는 이기지 못하면 행복할 수 없는 사람이다. 경기에 지고도 행복하다면, 승자로 남을 수 없다. 나의 선수들은 무조건 패배를 증오해야 한다."

특별한 남자는 조금 겸손해졌지만, 여전히 특별한 카리스마를 잃지 않았다.

참고문헌

Luis Lourenco, 《Jose Mourinho: Made In Portugal》

Patrick Barclay, 《Mourinho: Further Anatomy of a Winner》

Bruno Oliveira 외, 《Mourinho Por que tantas victorias?》

Juan Carlos Cubeiro · Leonor Gallardo, 《CODIGO MOURINHO》

Sandro Modeo, 《Jose Mourinho: El Entrenador Alienigena》

Clive Batty, 《The Little Book of Jose Mourinho》

Ciaran Kelly, 《Jose Mourinho: The Special One Paradox》

Juan Cruz, 《Jose Mourinho, El Hombre Que Lo Arriesga Todo》

Manuel Pereira, 《Mourinho: El Unico》

UEFA Official Magazine, 《CHAMPIONS》

무리뉴
이펙트

MOUR NHO
EFFECT

초판 1쇄 펴낸 날 | 2020년 11월 27일

지은이 | 한준
펴낸이 | 홍정우
펴낸곳 | 브레인스토어

책임편집 | 박진홍
편집진행 | 양은지, 박혜림
디자인 | 참프루, 이유정
마케팅 | 김에너벨리

주소 | (04035) 서울특별시 마포구 양화로 7안길 31(서교동, 1층)
전화 | (02)3275-2915~7
팩스 | (02)3275-2918
이메일 | brainstore@chol.com
블로그 | https://blog.naver.com/brain_store
페이스북 | http://www.facebook.com/brainstorebooks
인스타그램 | https://instagram.com/brainstore_publishing

등록 | 2007년 11월 30일(제313-2007-000238호)

© 브레인스토어, 한준, 2020
ISBN 979-11-88073-60-3 (03690)

* 이 책은 저작권법에 따라 보호받는 저작물이므로 무단전재와 무단복제를 금하며, 이 책 내용의 전부 또는 일부를 이용하려면 반드시 저작권자와 브레인스토어의 서면 동의를 받아야 합니다.

이 도서의 국립중앙도서관 출판시도서목록(CIP)은 서지정보유통지원시스템 홈페이지(http://seoji.nl.go.kr)와 국가자료공동목록시스템(http://www.nl.go.kr/kolisnet)에서 이용하실 수 있습니다.(CIP제어번호: CIP2020047121)